地域ファミリー企業における
ビジネスシステムの
形成と発展

日本の伝統産業における
継承と革新

金泰旭　編著

東京 白桃書房 神田

はじめに

　昨今，日本の経済に明るい兆しが見えてきたとよく耳にするが，多くは輸出中心の大企業の業績が改善したことを意味する場合が多く，中小企業のレベルにまでその波及効果が現れるのにはしばらく時間がかかりそうである[1]。実際次頁の図のように大企業が輸出業績増加をリードしている半面，中小企業における輸出比率は低い。その中でも特に日本の伝統産業を担っている地域の中小企業の多くは苦境に立っている[2]。

　無論，東京や大阪，名古屋などの大都市における経済の活性化が地方の中小都市まで波及するまでにはある程度の時間を要する。だが，それと同時に円安による輸出産業の好調による日本経済の活性化は一部の産業に限定されたものであり，日本経済全体が活気を戻したとは言い難い。

　筆者は大学院時代から現在に至るまで，日本の地方都市に生活の基盤をおきながら地方の中小企業の研究を続けてきた。所属している大学が地方の公立大学ということもあり，産学官連携などを通じて大学の知識を社会に還元する様々なプロジェクトを経験してきた。なかでも，アートによる地域の活性化は地域住民と芸術家，大学や行政機関をも巻き込んで，芸術作品を通じて地域や観光産業の活性化を狙う意味で非常に斬新なものであった[3]。アートプロジェクトを実施しているうちに自分自身が住んでいる街の観光資源や伝統産業にも興味を持つことになり，伝統産業の活性化こそ地域活性化の鍵であることがわかってきた。

　このような地域経済の担い手として注目を浴びている伝統産業の多くはファミリー企業であり，おおよそ共通する悩みを持っている。それは技術者育成と事業継承の問題，新規事業創造の問題である。具体的には伝統産業に興味を持って弟子入りをする日本の若手技術者が圧倒的に少なく，後継者になるはずの家族ですら伝統産業に対する魅力を失い，家業を諦めてしまうケースが多く見られるようになった。さらに，伝統産業の国内需要が年々減少している中，

図　大企業と中小企業における輸出比率と業況判断DI（2013年9月調査）

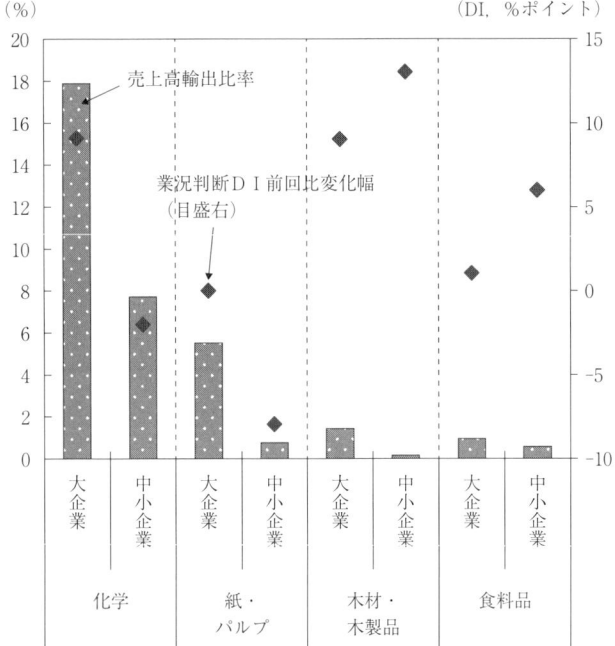

出所：内閣府「中小企業への景気回復の波及について」p.5。

　顧客の新しいニーズにあった新技術，新製品，新市場の発掘に苦戦している伝統ファミリー中小企業が少なくない。

　そこで，本書では京都，広島，北海道という比較的に知名度の高い地方都市の老舗ファミリー企業をインタビュー調査や2次データなどを通じて徹底的に調査し，それら企業の事業継承の問題，ビジネスシステムの進化，企業家活動，グローバル時代への対応を分析した。本研究で取り上げる刺繡産業の京都のかけはし株式会社，西陣織の京都の株式会社細尾，製針産業の広島の株式会社三宅，清酒製造の北海道の田中酒造株式会社は，それぞれ創業時期と業種は異なるものの共通点が存在する。筆者は1年ほど前に広島の伝統産業を中心に調査研究を行い，その成果を書籍としてまとめたことがある（金，2013）。そのときに，非常に残念だったのは，研究対象企業の多くが本来の事業の慣性から脱皮できておらず，革新的な事業展開をして業界を先導する立場にまで発展してきたとは言い難かったことである。本書はこのときに今後の研究課題として残

はじめに

していた広島地域以外の伝統産業に注目しながら，その革新的な事業展開にて全国的にも注目を浴びている企業らを研究対象にしたものである。本書では，伝統産業でポジショニングしながらも経営環境の変化にあわせて事業進化を遂げている革新的な地域の中小企業4社のマネジメントのあり方を検討する。

2014年5月

金泰旭

目　次

はじめに

序　章 ──────────────────────────── 1
1．地場産業の現状と新しい動き ……………………… 1
　(1)　地場産業とは　1
　(2)　地場産業を取り巻く現状と課題　3
2．本書の構成と内容 …………………………………… 6

第1章　先行研究のレビュー ────────────── 8
1．地域企業に関する先行研究 ………………………… 8
　(1)　地域企業の定義　8
　(2)　地域企業の戦略的特徴　9
2．ファミリー企業に関する先行研究 ………………… 11
　(1)　ファミリー企業の特性　11
　(2)　ファミリー企業と事業継承　14
　(3)　ファミリー企業における企業家活動　17
　(4)　イカロス・パラドクスからの脱却　19
　(5)　本節のまとめ　20
3．地域ファミリー企業のビジネスシステム（モデル）と
　　戦略的資源 ……………………………………………… 22
　(1)　ビジネスシステム（事業システム）とは　22
　(2)　ビジネスモデルとは　25

(3) 地域ファミリー企業における資源ベースの競争優位性　29
　(4) 本節のまとめ　31
4．グローバル環境における地域ファミリー企業の経営 ………31
　(1) 地域ファミリー企業を取り巻く環境　31
　(2) グローバル化時代の経営課題と戦略　33
　(3) 地場産業と地域の発展　34
　(4) 経済のグローバル化が地場産業に及ぼす影響　36
　(5) 本節のまとめ　38

第2章　本研究における分析枠組みの提示 ────── 39

第3章　地域ファミリー企業の事例分析1：かけはし株式会社
　　　　―観光事業を通じて刺繍文化の魅力を発信する企業― ──── 45

1．業界動向 ……………………………………………………45
　(1) 刺繍の歴史　45
　(2) 刺繍工程　46
　(3) 京都の着物　47
　(4) 京都市の観光産業　48
2．事例紹介 ……………………………………………………50
　(1) 創業の背景　51
　(2) 伝統産業としての刺繍業の確立　53
　(3) 伝統刺繍からミシン刺繍への挑戦　56
　(4) 伝統産業衰退への危機意識と観光業への参入　59
3．事例分析 ……………………………………………………63
　(1) 生成期（1900年代～1930年代）：「かけはしの刺繍」の発展　63
　(2) 形成期（1930年代～1970年代）：洋装化対応に向けた刺繍技術
　　　の応用　67
　(3) 成長期（1970年代～現在）：「刺繍作品」の価値を活かした観光業
　　　への進出　71

4．本事例のまとめ …………………………………………………………… 75

第4章　地域ファミリー企業の事例分析2：株式会社細尾
　　　　―技術革新を通じて新たな西陣織需要を創造する企業― ――― 79

1．業界動向 ……………………………………………………………………… 79
　(1)　1000年以上続く西陣織とは　　79
　(2)　西陣織産業を支える製織工程と流通構造　　80
　(3)　明治期以降の西陣織の伝統と革新　　81
　(4)　西陣織の近況　　83
2．事例紹介 ……………………………………………………………………… 85
　(1)　株式会社細尾の概要　　85
　(2)　株式会社細尾のはじまり　　85
　(3)　西陣織需要の大衆化と流通構造の変化　　86
　(4)　西陣織のピークと西陣織業界の変化　　90
　(5)　一貫生産体制の構築　　91
　(6)　海外事業の礎　　93
　(7)　国際見本市への出展　　94
　(8)　広幅織物技術の確立　　96
　(9)　後継者育成と技術継承　　98
3．事例分析 …………………………………………………………………… 100
　(1)　生成期（1688～1970年代）：製織業から問屋業への転換　　100
　(2)　形成期（1980年代～2000年）：卸機能と製造機能の「垂直統合」
　　　 に向けて　　104
　(3)　成長期（2000年～現在）：広幅織物事業による「第2の創業」　　107
4．本事例のまとめ …………………………………………………………… 111

第5章　地域ファミリー企業の事例分析3：株式会社三宅
　　　　―半歩先の事業展開で世界的企業への躍進を目指す企業― ――― 115

1．業界動向 …………………………………………………………………… 115

(1)　広島地域における製針業の発展と衰退　115
　　(2)　印刷業界の新しい潮流とバーコード印刷業　118
　　(3)　万引き防止システムの登場　120
2．事例紹介 …………………………………………………………… 122
　　(1)　「三宅製針株式会社」から「株式会社三宅」へ　122
　　(2)　セキュリティ事業への参入　126
　　(3)　産学共同によるダイカット製法の開発　128
　　(4)　分社化と世界市場への進出　129
　　(5)　防犯システム技術を応用した今後の事業展開　131
3．事例分析 …………………………………………………………… 133
　　(1)　生成期（1910年代〜1940年代）：製針業としての発展　133
　　(2)　形成期（1940年代〜1980年代）：印刷業への事業転換による
　　　　 更なる発展　137
　　(3)　成長期（1980年代〜現在）：セキュリティ事業への挑戦　142
4．本事例のまとめ …………………………………………………… 148

第6章　地域ファミリー企業の事例分析4：田中酒造株式会社
　　　　　—地域密着型の事業で発展を遂げる企業— ——————— 152

1．業界動向 …………………………………………………………… 152
　　(1)　国内の酒類業界の現況　152
　　(2)　清酒業界の現況　154
　　(3)　北海道における清酒産業の発展と衰退　155
　　(4)　北海道の清酒業界の現況　156
2．事例紹介 …………………………………………………………… 158
　　(1)　「造り酒屋」田中酒造の創業と発展　159
　　(2)　清酒需要の減少と造り酒屋の危機　164
　　(3)　観光造り酒屋としての発展　166
　　(4)　総合発酵食品企業への転換に向かって　168
3．事例分析 …………………………………………………………… 171
　　(1)　生成期（1890年代〜1930年代）：造り酒屋としての発展　171

(2) 形成期（1930年代〜1980年代）：企業合同と市場ニーズの変化　174
　　(3) 成長期（1988年〜現在）：観光造り酒屋として「第2の創業」　177
　4．本事例のまとめ ……………………………………………………… 183

第7章　本研究のまとめとインプリケーションの提示 ── 187

　1．比較事例分析 ………………………………………………………… 187
　　(1) ファミリー企業家（チーム）　189
　　(2) 事業機会の認識　192
　　(3) コア資源　195
　　(4) ビジネスシステム　200
　　(5) 地域との関係　203
　　(6) 海外との関係　206
　2．本研究のまとめ ……………………………………………………… 209
　　(1) かけはし株式会社　210
　　(2) 株式会社細尾　211
　　(3) 株式会社三宅　212
　　(4) 田中酒造株式会社　213
　3．インプリケーションと今後の課題 ………………………………… 214
　　(1) 理論的インプリケーション　214
　　(2) 実践的インプリケーション　216
　　(3) 今後の課題　217

　注
　参考文献

序　章

1．地場産業の現状と新しい動き

　地方都市における老舗ファミリー企業論と実態に関する考察を繰り広げる前に，まずは老舗ファミリー企業はある特定の地域において事業を営んでいるという点で関連性のある「地場産業」について言及する。そして地場産業の現状から見えてくる課題を把握することによって，本研究における論理を展開するための構成要素を模索する。

(1)　地場産業とは

　地場産業は，ある特定の地域の歴史，文化，風習，社会と密接に関係して発展を遂げてきた地域の産業を示す言葉である。その意味で，地場産業の企業から作り出される製品は，地域性を反映した「伝統工芸品」として見ることが出来るかもしれない。

　伝統的工芸品とは，「伝統的工芸品産業の振興（伝産法）」に基づき，経済産業大臣が指定した工芸品のことである。指定のための条件は5つあり，それを満たすものが，伝統的工芸品として登録される[1]。2013年現在，全国で218品目が登録されている[2]。

　ただ当然のことながら，伝産法には指定されないものの，全国には地域性を反映した多くの工芸品が存在している。上野（2007）は伝統的工芸品を含めた広い意味での地場産業の分布構造を提示している。

　上野によれば，小規模な工芸品は広く全国に分散的に立地し，それが発展し産地を形成するようになり，同時に産地間競争が生じ，その中で競争優位を持つ産地が地場産業産地化するのだという。伝統的工芸品に指定される工芸品の産地は，その中でも伝統性が重視されたものに限られる。[3]

表序1-1　各種伝統工芸品に登録されている件数（2012年度現在）

織物	36	文具	9
染色品	11	石工品	4
その他の繊維製品	4	貴石細工	2
陶磁器	31	人形・こけし	8
漆器	23	その他の工芸品	17
木工品・竹工品	31	工芸材料・工芸用具	3
金工品	14		
仏壇・仏具	16		
和紙	9		
合計		218	

出所：伝統工芸青山スクエアホームページをもとに筆者作成。

図序1-1　地場産業の分布構造

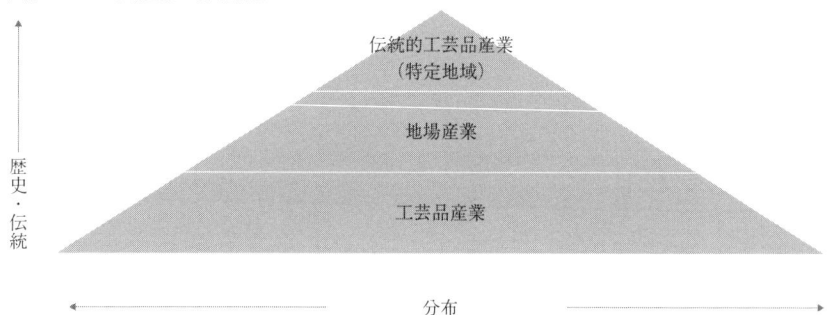

出所：上野（2007），p.20。

　次に，地場産業製品の類型を見てみよう。同じく上野（2007）によると，地場産業は「日常的用品か，あるいは非日常的用品か」と，「日本的生活形態（和装化）か，あるいは欧米の生活形態（洋装化）か」という2つの軸から4つの類型に分けて考えることが出来るという（上野，2007，p.20）。

　この中でも類型Ⅳは，かつて地場産業の多くが該当していた。高度経済成長期には，戦後の物不足・所得水準の向上・生活スタイルの変化もあって，類型Ⅲ・Ⅳの製品を中心に発展を遂げていった。その後多少の変動を見せながら推移していた地場産業であるが，1990年代以降のバブル経済の破たんとグローバル経済の進展によって，消費市場が大きな変化を遂げることとなった。これによって，類型Ⅲは国際競争に巻き込まれるようになり，発展途上国との価格競争に対応出来ない産地は市場から撤退することを余儀なくされてしまった。ま

図序1-2　地場産業製品の類型

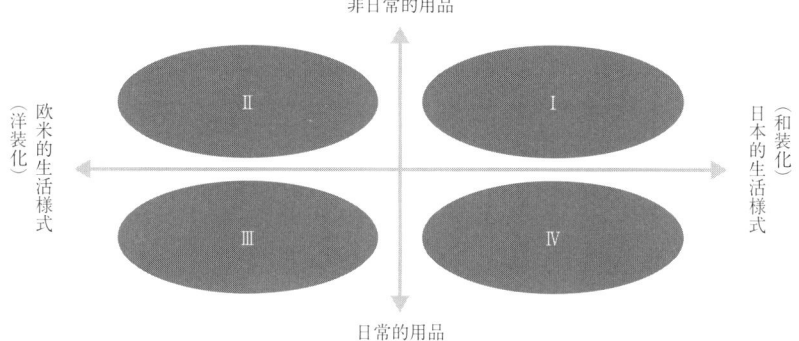

出所：上野（2007），p.66。

た，類型Ⅳに関しても生活スタイルの変化によって，需要が長期的に落ち込み，市場も縮小傾向を強めていった。これを乗り越えるために各産地では様々な取り組みが行われているが，多くの地場産地の企業はいまだこのような市場環境の変化に十分対応することが出来ていない。

このように，伝統産業は日常生活用品である消費市場を中心として発展してきたが，経済のグローバル化や生活スタイルの変化によって，長期的な停滞傾向を見せており，いまだそれを脱することが出来ていない。次項では，その問題について統計資料を参考にしながらより具体的に見ていくことにしよう。

(2) **地場産業を取り巻く現状と課題**

伝統的工芸品産業は，経済のグローバル化や生活スタイルの変化に加え，バブル経済が崩壊したことで，1990年（平成2年）を境に長期的な減少傾向を見せている。2006年（平成18年）は1773億円（前年比3.3％減）に減少し，厳しい環境であるもののここ数年は横ばいで推移し，下げ止まり傾向にある。また，企業数・従業員数についても，生産額数の落ち込みによる労働市場における人気の低下，従事者の高齢化による自然減が続く中で，微減で推移している。

経済産業書（2011）によると，伝統的工芸品産業が直面する課題として，①需要の低迷，②量産化が出来ない，③人材，後継者の不足，④生産基盤（原材料，生産用具など）の衰退・深刻化，⑤産地の知名度の不足があるという。

ここで特に懸念されるのが，①市場創造が出来ていない点，②事業・技術の継承が上手く図れていない点，③地域の関連産業の廃業によって地場産業が崩

図序1-3 伝統的工芸品産業の推移

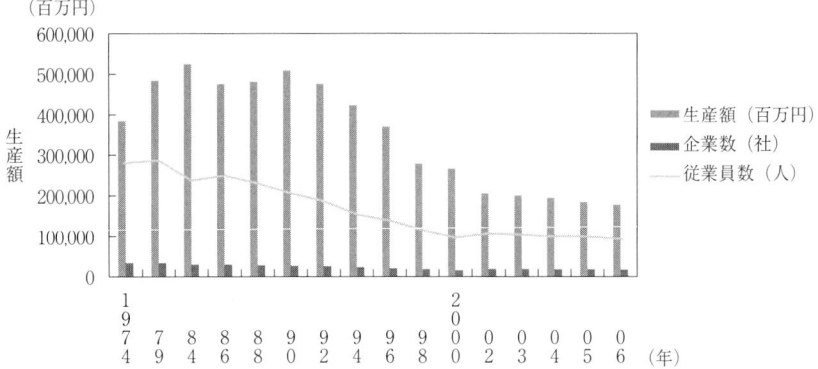

出所:伝統的工芸品産業振興協会(2006)。

壊する恐れがある点である。経済のグローバル化に伴って,企画・開発機能を担っていたプロトタイプ企業が国内の都市圏,さらには海外に流出し,優れた技術を持っているものの,その活かし方を知らない企業が増加している(関,1995,pp.25-26)ことが,新市場の創造が出来ない理由である可能性がある。また,地域外あるいは海外との間に分業体制を構築する企業が増加したことで,地域内で産業の空洞化が進み,地場産業の高度な技術が急速に失われつつある。そして,多くの中小企業がそうであるように,地場産業を担う多くの零細企業では,技術の継承もさることながら,事業の継承それ自体も深刻な問題である。

地場産業を担う企業の多くが該当する中規模事業者・小規模事業者における現経営者と先代経営者の関係を見てみると,息子・娘の占める割合が61.3%,43%,息子・娘以外の親族が占める割合が11.0%,14.4%と中規模事業者では家族構成員以外が占める割合が高いものの,それでも依然として大半が家族構成員から成り立っていることが分かる。

また,中小企業庁(2013)によると,親族に事業を引き継ぐ際に問題になりそうなことがあると答えた企業は,中小規模事業者・小規模事業者のうちそれぞれ64.8%,72.7%を占めている。具体的な問題を見てみると,最も多いのが経営者としての資質・能力(中規模事業者:60.7%/小規模事業者:58.5%)で,次いで相続税,贈与税の負担(中規模事業者:41.2%/小規模事業者:29.8%),経営における公私混同(中規模事業者:23.7%/小規模事業者:25.5%),本人から承諾が得られない(中規模事業者:13.0%/小規模事業者:

図序1-4 規模別・事業継承時期別の現経営者と先代経営者の関係

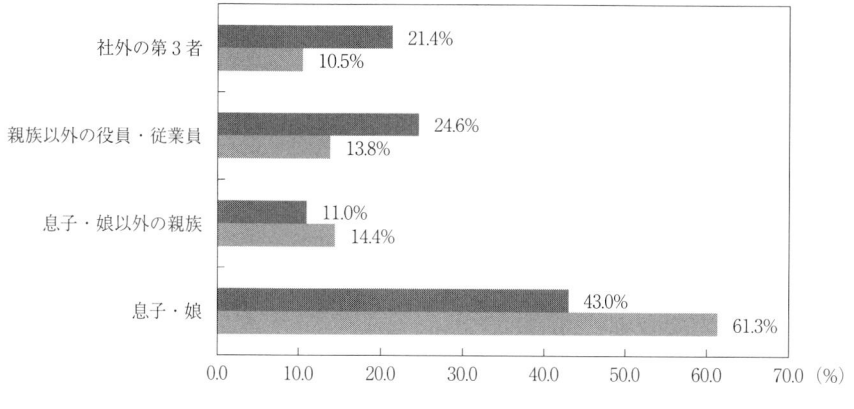

出所：中小企業庁（2013）「2013年度版 中小企業白書」p.126。中小企業庁委託「中小企業の事業継承に関するアンケート調査」（2012年，株式会社野村総合研究所）より。

16.8%），役員・従業員の士気低下（中規模事業者：14.5%／小規模事業者：8.2%），親族間での争い（中規模事業者：11%／小規模事業者：6.8%）となっている（中小企業庁，2013，p.145）。すなわち，企業家自身の能力・資質不足もさることながら，家族構成員に事業を継承する際に生じるファミリー企業特有の問題も事業者の大きな悩みの種となっているのである。

以上のようなことを踏まえると，本書において解明すべき課題は以下の3つに整理することが出来るだろう。

まず，第1にどのような経緯を経て，事業継承に至ったのかである。地場産業の企業の多くが家族構成員によって代々継承されてきたことを考えると，実質的にはファミリー企業におけるマネジメント及継承の議論を念頭に置いて考える必要があるだろう。

第2に，伝統と革新の融合をどのように図るかである。地場産業は職人の優れた技術から作られた商品が強い競争力を持ち，顧客から必要とされていたからこそ大きく発展を遂げてきた。しかし，生活様式の変化と経済のグローバル化の影響で顧客のニーズは変化し，発展途上国に比べ価格競争力の面でも劣るようになった。従来の伝統的な技術を活かしながらも効率化を図り，新たな顧客価値を創出する手法を検討する必要がある。この課題を考える上では，企業の経営資源をいかに蓄積・活用するのかを扱う「資源ベース論」，またそれを

用いていかなる「仕組み」を作り上げるかを扱う「ビジネスシステム論」が参考になるだろう。

第3に，地域が果たすべき役割は何かである。国内の都市圏，海外との分業体制の構築が進む現在，地域は従来果たしてきた機能に変わる「新たな役割」を見出せないでいる。この課題を考えていく上では，海外と地域の違いを明らかにし，それぞれのメリット・デメリットを上手く活用するような地域の企業ならではの戦略を検討していく必要があるだろう。

2．本書の構成と内容

本書は以下のように構成されている。

序章では，地場産業の現状と新しい動きを簡略に紹介した上で，地場産業を担う企業の多くに見られる「ファミリー企業」としての課題についても軽く触れつつ，本研究の研究課題について言及する。

第1章では，本研究に関連する先行研究のレビューを行うことにする。先行研究は大きく3つの分野に分かれている。ファミリー企業と企業家活動，地域ファミリー企業のビジネスシステム（モデル）と戦略的資源，グローバル環境における地域ファミリー企業の経営と地場産業の3つである。各分野について，詳細な先行研究のレビューを行った上で先行研究の貢献と限界について論じる。

第2章では，第1章の先行研究のレビューを踏まえ，本研究における分析フレームワークを提示し，その構成要素について詳しく解説をする。これによって，地域ファミリー企業におけるビジネスシステムの構築，再構築のメカニズムを明らかにすることを目指す。

第3章から第6章では，まずそれぞれの分析対象企業の属する主要業界の歴史と近年の動向について紹介し，その後，緻密なインタビュー調査と2次データをもとに，本研究の分析枠組みを用いて地域ファミリー企業4社の分析を行う。

第7章では，第3章から第6章までの各社の事例分析の結果を踏まえ，比較事例分析を行い本研究の内容を整理する。ここでは，先行研究から抽出した要素を用いてマトリックス図を作成し，各事例の経営革新のあり方の変遷を明らかにする。

また検討を行った結果，明らかになった本研究のインプリケーションと今後の課題を述べる。
　それでは，次章から本格的な先行研究のレビューを行っていくことにしよう。

第1章
先行研究のレビュー

　先述したように，本研究の目的は地場産業を担う地域ファミリー企業が激変するグローバル環境下でいかに事業を継承し，競争力のあるビジネスを確立していくか分析することにある。本章ではまず地域企業の本質に言及した後，地域企業の多くを占めるファミリー企業のレビューを行う。さらに地域ファミリー企業が独自のコア資源を生かしながらいかなる方法でビジネスシステムを構築及び再構築して長年にわたり事業継承を行っているのか，ビジネスシステムと戦略的資源に関して考察していく。最後に地域ファミリー企業のグローバル化という環境変化への適応可能性について見ていくこととする。

1．地域企業に関する先行研究

(1) 地域企業の定義

　企業にとって，「地域（社会）」はどのように定義されるだろうか。まず，シンプルなアプローチとして，企業の「立地」に注目して考えてみることにしよう。企業は規模の大小に関係なく，ある特定の地域に活動の拠点を置き事業を営んでいる。その意味で言えば，規模の大小に関係なくどの企業も「地域企業」であるといえるだろう。全国的な規模で経済活動を行っている企業は国内の複数の「地域」に立地し活動を行っているし，グローバルな規模で経済活動を行っている企業は，活動拠点となる「地域」が国境を越え世界にまで広がっている。

　では，企業と地域との接点となる環境要素として何が考えられるだろうか。金井（2006, pp.269-270）は企業環境を大きく分けると「原材料などのインプット面での環境」，「製品やサービス市場にかかわるアウトプット面での環境」，「政府」という3つの環境要素に分類できるとし，地域企業のタイプによって，直面している環境が異なると指摘している。

彼によれば，インプットとアウトプットの両面を特定の地域に依存している地域企業（第1のタイプ），主要なインプットは特定の地域に大きく依存し，集中立地しているが，アウトプットは全国あるいは国際的に展開しているいわゆる地場産業型の地域企業（第2のタイプ），インプット，アウトプットの様相は第2のタイプと似ているが，特定の地域に集中立地していない地域企業（第3のタイプ）があるという。

ここで重要な点は，インプット面もしくはアウトプット面，あるいはその両面で地域と依存関係にある企業とそうでない企業では，地域社会との共存共栄関係が異なるという点である。地域社会との共存共栄関係が明確であれば，企業と地域の関係構築が促進される。反対に地域社会との連帯感が薄まれば企業と地域との関係は希薄なものとなり，両者間の協力・協調はあまり期待できないだろう。つまり，企業が活動領域として「地域」をどのように認識するのかによって，企業を取り巻く「環境」とのかかわり方が大きく異なってくるのである（金井，2006，pp.205-206）。

現在は成長して大企業となった企業でも，事業を立ち上げて間もないころから現在に至るまで「地域社会」との関係を上手く構築・活用して発展してきた経緯がある。そして，多数ある「地域」の中でも企業の発展において重要な役割を果たしてきたのが，「本社機能」を置いている地域である。以上を踏まえて，本研究では地域企業と言った場合，「特定の〈地域〉に本社機能を置く企業（多くの場合中小企業である）」（大東和・金・内田，2008，p.20）であることを念頭に置いて考えていくことにしたい。

(2) **地域企業の戦略的特徴**

先述したように，地域企業の多くは中小企業である。そのため，中小企業の戦略と地域企業の戦略には類似点が見られる。金井（2006，pp.271-272）は地域企業の経営戦略の特徴として，①地域独特のニーズを発見し，そのニーズに応えるような事業を創造・展開していること，②地域資源を活用すること，③ネットワーク創造（活用）による連携戦略の3つを挙げている。言い換えると，地域企業は人・モノ・金・情報といった経営資源が一般的に不足しているため，大企業との競争に巻き込まれないようなニッチな市場に，地域特有の資源を活用した独自性のある製品を，地域のネットワークを活用して資源の不足をカ

バーしながら開発・製造・流通させていくことが必要なのである。

ところで，地域企業論に関連した研究分野に老舗企業論がある。老舗企業論とは，長期存続する企業には永続するためのメカニズムが存在していると考え，そのメカニズムを明らかにしようとする学問分野である。

老舗企業の研究を大まかに分類すると，次の2つに分けられる。まず，第1に「暖簾」や「家訓」，「伝統的製品」，「創業一族支配」，「組織文化」といった組織の内部的要因が他の企業に対する模倣困難性を生み，長期存続をもたらしているのだとする研究である（加藤，2009, pp.55-76；前川，2010, pp.51-74；曽根，2010, pp.83-86；横澤，2011, pp.103-117になど）。第2に，顧客や取引先，地域住民といった地域内の利害関係者との信頼関係の構築が長期存続をもたらすのだという研究である（加藤，2011, pp.64-75；横澤，2011, pp.103-117）。言い換えれば，前者は，老舗企業特有の経営資源に着目したミクロ的な視点の研究であり，後者は企業を取り巻く利害関係者（ステイクホルダー）との関係性構築が企業の存続を左右する要因であるというマクロ的な視点に立った研究であると言えるだろう。

ただ，老舗企業のミクロ・マクロ的視点に共通する問題として，伝統の継承や，リスク要因を極力軽減するといった保守的な側面に焦点を当てる傾向があり，絶えず変化する環境の中でいかにコア資源を蓄積・活用し，ビジネスシステムを構築していくのかについては十分な示唆を与えてきたとは言い難い（加藤，2011；曽根，2013）。長期的に存続するということは変容する環境に適合しながらも伝統の継承等を行ってきた結果であり，その適合性に関するメカニズムを明らかにしないことには長期存続のメカニズムを明らかにしたことにはならないのではないだろうか。

一方で，老舗企業の創業者一族，いわゆる家族経営者が企業に長期存続をもたらしているという事実は注目に値する。実際，地域企業の多くがファミリー企業であり，ビジネスシステムを構築していく主体となるのも創業者一族であることを考えると，地域企業の分析項目としてファミリー企業について考慮していく必要があるだろう。

そこで，次節からはビジネスシステムを構築する主体として家族経営者を捉え，ファミリー企業がいかにしてイノベーションと長期存続を可能にしていくのか，そのメカニズムについて検討していくことにしたい。

2．ファミリー企業に関する先行研究

(1) ファミリー企業の特性

　日本は長い歴史を有するファミリー企業が世界一多い，老舗大国である。アメリカでは，垂直統合や水平統合によって巨大化した組織を運営するために専門経営者による効率的な経営が求められるようになり，ファミリービジネスはもはや遅れた企業形態であると認識されるようになってしまった。日本においても，ファミリー企業経営の閉鎖性やネポティズム（縁故主義）といった負の側面が問題視されているのが現状である（後藤，2005, p.205）。しかし，トヨタやキヤノン，武田薬品などといった国内有数の大企業がファミリー企業であることや，日本国内のファミリー企業比率が企業全体の95％，上場企業比率でも3割を超えているといわれていることからも分かるように，日本経済においてファミリー企業の影響力は強く，無視できない存在であると言える。このように長く存続し続けている日本のファミリー企業には何らかの長期存続のメカニズムが存在しているはずである。それにもかかわらず日本におけるファミリー企業の研究は他国と比較すると低調である。また，系統的な調査があまり行われていないために，データそのものさえも不足しているというのが現状である[1]。

　本節では，ファミリー企業に関する先行研究をレビューしながら，ファミリー企業特有の課題として事業継承問題に注目し，ファミリー企業存続の鍵が企業家活動にあることを導出する。

　ファミリー企業に関する先行研究には，ファミリー企業を対象とする計量的・実証的研究，事業継承や企業家活動，コーポレート・ガバナンスといった研究領域の中でファミリー企業を取り上げた事例研究などがある（表1-1）。以下ではこれらの研究内容の詳細を見ていきたい。

　ファミリービジネスを分析するにおいて最も基本的なモデルはTagiuri & Davis（1996, pp.199-208）が提唱したスリーサークル・モデル（図1-1）であるが，これは，非ファミリー企業を考える際に重視される「所有（オーナー）」と「経営」の視点に「ファミリー」の視点を加えたものである。この

理論によると，ファミリー企業の構成員は7つのセクターのいずれかに入るが，それぞれ異なる立場にあるので各自異なる見方を持つ。スリーサークル・モデルは各々のファミリービジネスにかかわるメンバーの役割が持つ課題や優先順位を明らかにしており，ファミリービジネスの仕組み全体を理解するのに貢献している。

　Kenyon-Rouvinez & Word（2005, pp.36-37）は，スリーサークル・モデルに「個人」という視点を加えている。個人という円をスリーサークル・モデルに加えるとファミリービジネスが本質的に抱えるジレンマが見えてくるとし，それは「個人のニーズや興味，関心をどうやってファミリーというコミュニティ集団のニーズや興味，関心と一致させることができるか」というジレンマであるという。このジレンマを克服するためには，「個人はコミュニティの一員として支援されるべきである」という認識を組織全体に広めることが求められると主張している（ケニヨン＝ルヴィネ＆ウォード，2007, pp.36-37）が，そのための具体的な方法については語られていない。

　ミラー＆ブレトン＝ミラー（2005, p.56）も非ファミリー企業とは対照的な視点で，ファミリー企業を分析している著名な学者の一人である。彼によると，ファミリー企業は以下のような「4つのC」というプライオリティを持っているという（ミラー＆ブレトン＝ミラー，2005, p.56）。まず，継続性（Continuity）である。ファミリー企業は先祖から与えられた，または子孫に伝えるための長期的なミッションを達成するために必要なコンピタンスの構築に長期にわたって大胆な投資を行う。また，経営幹部の修業訓練に時間をかけた上で，長い在任期間を与えている。第2に，コミュニティ（Community）である。強い価値観を核にして従業員をまとめ上げ，彼らとの交流を通じて価値観の普遍性を納得させ，従業員を厚遇することで忠誠心と協力を引き出す。第3に，ビジネスパートナー，顧客だけでなく，広く社会一般に対して永続的でオープンな互恵的関係を築き上げるコネクション（Connection）である。第4に，一族が発言と決定に一定の権限を持っていることから指揮権を発揮できるというコマンド（Command＝指揮権）である（ミラー＆ブレトン＝ミラー，2005, pp.56-57）。このようにファミリー企業は非ファミリー企業と異なる特性を持っており，分析の仕方においても非ファミリー企業とは異なる視点が必要となってくる。先代から後継者に受け継がれてれていくことを一般的に「継承」

第1章 先行研究のレビュー

表1-1 ファミリー企業に関する主な先行研究の流れ

研究者	主な研究内容	分析対象	分析キーワード
Davis & Tagiuri (1982, 1996)	ファミリー企業をファミリー，経営，オーナーシップの3つの視点から分析するフレームワークを提示（スリーサークル・モデル）	ファミリー企業を対象とする計量的研究	ファミリー，経営，オーナーシップ
Handler (1989, 1994)	ファミリー企業の継承プロセスを分析	ファミリー企業を対象とする実証的研究	設立者の役割，後継者からの視点，効果的な継承
Denise & Jone (2005, 2007)	ファミリー企業のジレンマと克服の道を提示 スリーサークル・モデルを応用し，ファミリー企業にはファミリー集会，ファミリー評論会，株式委員会の3つのガバナンス制度が必要であると主張 スリーサークル・モデルに個人の視点を追加	ファミリー企業を対象とする計量的・実証的研究	ファミリーの結束，ビジネスの業績，争い リーダーシップ，意思決定の方法 ファミリー，事業戦略
Miller (2005)	ファミリー企業の特長として継続性（Continuity），コミュニティ（Community），コネクション（Connection），コマンド（Command）の4つのCを提示 イカロス・パラドクスと4つのCの関連性について言及	ファミリー企業を対象とする計量的・実証的研究	継続性，コミュニティ，コネクション，コマンド
森川 (1996)	Chandlerの「所有と経営の分離」の概念を応用し，ファミリー企業を定義 事例研究を通じてファミリー企業の経営者企業への移行を検討	規模の大きい経営者企業とファミリー企業の比較事例研究	事業継承，人材育成と確保
Kellermanns & Eddleston (2004)	ファミリー企業に生じる葛藤を成果に結びつけるための方法を提示	ファミリー企業を対象とする計量的研究	葛藤，コントロール，ファミリーの経営関与
星野 (2004)	世界各国のファミリー企業に関する事例分析を通じてファミリービジネスの成功パターンを導出	規模の大きいファミリー企業を対象とする事例研究	ファミリーの経営関与，人材の制約，継承
星野＆末廣 (2006)	業務執行における俸給経営者の浮上と経営者のキャリアに焦点	規模の大きいファミリー企業を対象とする事例研究	経営者の学歴と経歴
倉科 (2008)	オーナー経営者の事業継承・資産相続対策に焦点	規模の大きいファミリー企業を対象とする事例研究	後継者育成，後継者の経験
加藤 (2013)	事例分析を通じてファミリー企業家の企業家活動と戦略創造のダイナミックな関係を証明	規模の大きいファミリー企業を対象とする事例研究	企業家活動

出所：筆者作成。

13

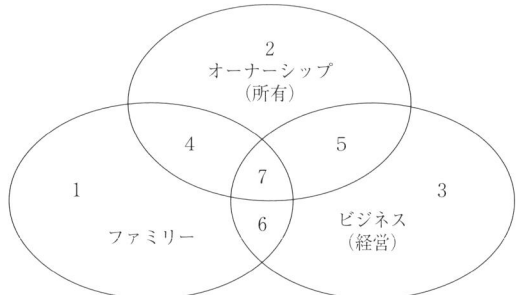

図1-1　スリーサークル・モデル

1番：株を所有せず，役員・従業員ではない親族
2番：親族と社員以外の株主
3番：一般の役員と従業員
4番：株を保有し，役員・従業員ではない親族
5番：親族以外で株を保有する役員と従業員
6番：株を保有しない親族の役員と従業員
7番：オーナー社長と株を保有する親族の役員・従業員
出所：Tagiuri & Davis（1996），pp.199-208.

と呼ぶが，まさに上述したファミリー企業の特性は継承が家族同士で行われるため生じるものであると考えられる。

　ファミリー企業であれ，非ファミリー企業であれ，この事業承継にかかわる問題点としては「最適な後継者探し」が最も多く挙げられているが（谷地向，2009，p.9），後継者を家族構成員の中で探すファミリー企業の場合は選択肢の範囲がより狭くなるので，家族同士の継承は非ファミリー企業に比べ，利害関係において複雑なプロセスを要する。それゆえ，継承問題はファミリー企業の企業家に最後まで残される最大の課題である。

(2) ファミリー企業と事業継承

　Chandler（1977，pp.15-17）が提唱した所有と経営の主体に即した企業分類によると，ファミリー企業とは，創業者の相続人を含む家族が所有し，経営する企業である。つまり，Chandler は家族である相続人が創業者と一緒に所有経営する場合もファミリー企業に分類したが，それに対して森川（1996）は，創業者が実質的に引退するか，死去しない限りファミリー企業とはいえないと述べている。また彼は，長期の企業成長を志向する限り，ファミリー企業は経営者企業[2]に移行せざるを得ず，経営者企業が資本主義経済を制覇するという

図1-2 ファミリー企業における継承プロセス：先代と後継者間の相互役割

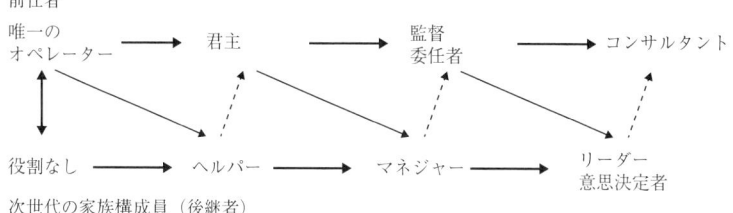

出所：Handler (1989), p.194.

一般的理論を打ち出すことは妥当であると述べている（森川，1996, p.54）。

しかし，実際に中小企業では親族内での後継者選択が大多数を占めている。その理由としては，親族への情が要因となる一方で，資金調達などの問題（倉科編著，2008, p.166）もあげられる。それゆえ今は「家族構成員を後継者にすべきか」という議論よりは，「どういった場合に家族構成員を後継者にするか（又は，俸給経営者を雇うか）」そして，「家族構成員を後継者にするとしたら，どういった継承プロセス・方法が求められるか」といった議論が主流となっている。例えば，ファミリー企業の継承プロセスを分析した Handler (1989) によると，企業の創業初期の段階では，先代は経営組織内の家族構成員が自分のみの状況で事業を始めるため，この時点においては，次世代の後継者はまだ存在していない（上述した森川の分類でいうと，この段階ではまだファミリー企業とはいえない形態である）。事業が成長し先代が独裁君主として働く間に，後継者は仕事を手伝いながら仕事を覚えていく。後継者が仕事全般を理解すると先代の役割は次第に監督者兼代表者に代わり，後継者は経営者として事業に取り組む。後継者が試行錯誤を通じてリーダーに成長すると，先代は次第に諮問者として仕事に対する直接的な関与から退くというプロセスを経る（図1-2）。

この一連の継承プロセスにおいて先代と後継者は常に相互に影響し合う関係にあるが（Handler, 1989, p.194），必要になるスキルや行動様式を自分では受け継げないかもしれないという後継者の不安や気後れ，若しくは先代のやり方を変えて変革を成し遂げたいという強い意志を持った後継者と先代との間に葛藤が生じる可能性がある。また，ファミリーの視点からもビジネスの視点からもそれぞれのニーズと目標があり，それぞれ成功するためのルールが異なる。

それゆえ，ファミリーを優先すべきか，ビジネスを優先すべきかに対する葛藤が耐えない（ケニヨン＝ルヴィネ＆ウォード，2007, pp.29-31)。

　しかし，変革に対する抵抗や葛藤を一概に否定的に捉えるべきではない。Kellermanns & Eddleston（2004）は，事業継承のために生じるある程度の葛藤はファミリー企業の成果に好影響を与えると指摘している。事業継承プロセスで述べたように先代と後継者は常に互いに影響し合っており，そこで生じる葛藤は先代の制御（コントロール）と家族の参加を通じて管理することができるが，その葛藤を適切に管理することができれば，葛藤は企業の成果に好影響を与えることが出来るのである（Kellermanns & Eddleston, 2004, pp.209-223）。ファミリー企業において事業継承問題は企業家に最後まで残された大きなタスクである。企業家は継承問題に取り組むにあたって，このような事実を認識した上で前向きに葛藤に向き合うべきである。

　事業継承問題に関する研究の中には，上述したような事業継承のプロセスやその過程で生じる問題に関する研究の他にも，先代や継承者という「人」そのものに焦点を当てたものがある。例えば，星野（2006）らは，世界各国の代表的なファミリー企業が後継者問題という危機にどのように対応しているのかについて実証分析を行っている。結論として，多くのファミリー企業は「後継者の問題」を「財産の相続」と「事業の継承」の問題に明確に区分しており，同族を後継候補者とする場合は，後継候補者の学歴，キャリア，能力などを判定基準にし，場合によっては外部の審査機関を導入することによって，いわば「継承の制度化」を図るということを明らかにしている（星野編著，2006, p.279)。つまり，家族構成員を儀礼的に後継者として決めるのではなく，組織内外から公式的に認められるような仕組みを構築しているのである。そして，家族構成員を後継者とすることを公式的に認めさせるためには，早い段階からの後継者に対する教育や訓練を通じて専門的経営能力を向上させる必要がある。これを星野（2004）らは「ファミリーの専門経営者化」と呼んでいる（星野編著，2004, p.19)。それでは，組織内外から認められる企業家になるために後継者はどのような能力を持つべきだろうか。次項では企業家に関する先行研究をレビューし，その答えを探っていくことにする。

図1-3　起業家活動の要件とプロセス

```
          起業機会の認識
         ↗        ↖
        ↙          ↘
           起業家
         ↗        ↖
        ↙          ↘
    資源 ←――――――→ 事業コンセプトと計画
```

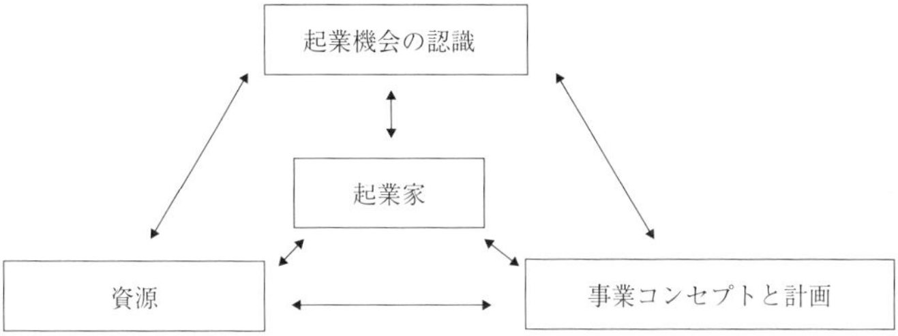

出所：金井・角田（2002），p.62．

(3) ファミリー企業における企業家活動

　企業家とその役割に関しては多くの研究がなされており，その定義も無数に存在する。米倉（2003）は，企業家とは組織の中で「起業する」社内調節のコーディネータであるという（米倉，2003，p.189）。また，シュンペーター（1998）は，「組織の発展は生産手段の『新結合』を通じて非連続的に現れ，これを革新的に担っていくのが企業家である」と述べ（シュンペーター著，清成編，1998，p.156），新結合の内容として，①新しい生産物または新しい品質の創出と実現，②新しい生産方法の導入，③産業の新しい組織の創出，④新しい販売市場の開拓，⑤新しい買い付け先の開拓を挙げている。これをより簡単に言うと，企業家には「新しさを生み出す」こと，つまり「革新性」が求められるということになる。革新性は，ファミリー企業の企業家においても欠かせない必要条件として挙げられる。前任者までの世代が培ってきた経営資源と戦略が持続的に有効であるという保証はどこにもない（倉科編著，2008，p.168）ので，創業者だけでなく後継者にも新しい環境に対応するための耐え間ない革新が求められるのである。

　金井（2002）によると，企業家は，環境の変化に適応して収斂から新しい方向づけのプロセスを経て，さらに異なった収斂のプロセスへと進化していく必要があるという。つまり，予想のつかない環境に対応していく不連続的変革においてはシュンペーター的企業家が主体とならなければならないのである。そして，彼らは，革新性を持つ起業家による起業家活動は，「起業家」，「起業機会の認識」，「事業コンセプト」，「資源」の要件から構成されているとし，図1-3のような起業家活動の要件とプロセスという分析フレームワークを提示し

ている（金井・角田，2002，pp.61-62）。企業の発展に従った成長プロセスの中で，3方向に置かれた「起業機会の認識」，「事業コンセプトと計画」，「資源」をコントロールし続けていくことが起業家活動の全容だとしているのである（大東和・金・内田，2008，pp.43-44）。

「起業家」とは，新しい事業を起こす人を指す。それに対して，既存企業の中で，新しい技術あるいは製品開発，製品方法，マーケティングなどの新基軸を導入し，既存の事業をリニューアルあるいは再構築を行う人を含めて「企業家」と呼ぶ（金井・角田，2002，p.27）。本研究では地域のファミリー企業を対象としているが，このような企業は事業を長年継承しながら環境の変化に対応して新しい事業機会を認識すること，そしてその主体が家族構成員の後継者であることを踏まえ「ファミリー企業家」と称することにする（金編，2013，p.69）。

他方，企業家の企業外部への働きに注目している研究もある。例えば，ドラッカー（1985）は，企業家精神は「企業家的経営管理，つまり企業の内部における政策と実践を必要とすると同時に，企業家的戦略，つまり企業の外部たる市場における政策と実践を必要とする」（ドラッカー著，小林訳，1985，p.351）と述べている。また金井（2004）は，企業者活動に求められる要件として，①コンセプト創造力，②仮説構築力，③ネットワーク構築力，④対話力の4つを挙げており，この内部組織管理と外部の環境変化への対応を両立することで企業は持続的かつ発展的な成長力を得るとしている（金井，2009，pp.1-12）。

前述したように，前任者までの世代が培ってきた経営資源と戦略が，後継者が事業を引き受けた以後の時代にも持続的に有効である保証はない。むしろ，グローバル化とIT化が進んでいる現代においては，一世代前の経営戦略が次世代にも効果的なものである可能性は極めて低くなっている。それゆえ，後継者の革新性に富む企業家活動の重要性はますます高まっている。それを裏付けるように，ファミリー企業における企業家活動を強調する研究が発表され始めている。例えば倉科（2008）は，優れたファミリー企業の成功要因の一つとして代々のファミリー企業家の旺盛な企業家精神を挙げている（倉科編著，2008，p.206）。また，加藤（2013）は，ファミリー企業の保守的なガバナンス構造が新たなファミリー企業家を生み出し，ファミリー企業家の継承にとも

なってビジョンや戦略が新たに再構成される（加藤，2013，pp.129-132）と主張している。問題は，ファミリー企業において創業時代に旺盛であった企業家活動を長期に渡って持続させることは容易ではなく，特に2代目以降で大きな課題となることである（後藤編著，2012，p.107）。特に，ファミリー企業における企業家活動の意思決定は，多くの制約条件下でくだされるものである。それゆえ，企業家活動を検討する際にも家族構成員の事業参加の程度や価値観などといった複雑な利害関係の調節を視野に入れた研究が必要となるのである。

(4) イカロス・パラドクスからの脱却

本書においては，ファミリー企業の中でも地域の伝統産業の担い手として長い歴史を誇る地域伝統ファミリー企業を研究対象としている。あらゆる環境の変化に対応しながら存続してきている地域伝統ファミリー企業は，今までに危機とそれを乗り越えた成功の経験を多数持っていると考えられる。ミラーによると成功体験はイカロス・パラドクスに陥る引き金となるという。ここではファミリー企業が陥りやすいイカロス・パラドクスから回避するために必要とされる企業家活動に焦点を当てていくことにする。

イカロス・パラドクスとは，ミラー（2006）が提唱した，傑出した企業で非常によく見かけられる4つの衰退「軌道」のことである（表1-2）。企業が勝ち進む公式を作り上げたヒーローは過度な賞賛と絶対的な権力を獲得する。他

表1-2 イカロス・パラドクスの4つの軌道

集束軌道	几帳面で品質を重視する熟練工に取り憑く。つまり，優秀な技術者を抱え，水も漏らさぬ緻密な経営を行う組織に取り憑いて，硬直した管理が行われ，熟練工を些細なことに拘る下手な職人にしてしまうのだ。すなわち，狭量な専門家の文化に支配され，完璧ではあるが見当外れの物を提供して，顧客が離れていってしまうような会社になる。
冒険軌道	成長を重視する企業人である建設者，さらには構想力に富むリーダーが管理し，独創的な企画及び財務社員を有する会社を，衝動的で貪欲な帝国主義者に変えてしまう。自分たちが何も知らないことを無秩序に事業に取り入れ拡大していくことで，資源を過度に浪費してしまう。
発明軌道	飛び切りの研究開発部門，柔軟な頭脳集団を抱えて経営を行い，最高技術水準の製品を提供している開拓者に取り憑き，彼らを空想的な現実逃避者に変えてしまう。その結果，混沌を愛する科学者が組織を経営することになるのだ。彼らは現実の見込みの無い，壮大な超現実的な発明を追い求めて資源を浪費する。
分析軌道	販売員，すなわち無比のマーケティング・スキル，著名なブランド名，広範な市場を持つ組織を，無目的な官僚的な漂流者に変えてしまう。盲目的に販売に固執する為，設計の問題が曖昧となり，陳腐で一貫性の無い「模造品」を生産するようになる。

出所：ミラー著，イカロス・パラドックス刊行会訳（2006），p.3, pp.273-326。

方でその他の人々は三流の市民に成り下がる。それによって会社は狭い視野でしか環境を捉えることが出来ず，勝つための狭い道に結集するようになる（ミラー，2006，p.2）。言い換えると，事業機会を認識し，企業内外の資源を適材適所に配置させ，企業独自のビジネスシステムを構築することで企業を成功に導いた企業家が，その成功パターンだけに没頭し過ぎると変化を拒むようになる。その成功パターンに固執し続けることによって，結果的には衰退の道をたどることになるのである。

　ファミリー企業の組織形態は，企業経営や事業戦略において経営者の権力が強く独裁主義につながりやすい。また同族によって経営陣が構成されるため，外部環境の変化に疎くなり，情報の固定化が起こる可能性が高くなる。このようなファミリー企業のデメリットはイカロス・パラドクスに陥る原因になる可能性がある。また，権力者の在任期間が長く，引退後にも間接的または直接的に事業に関与する場合が多い。それゆえ，企業家が1つの成功方式にこだわる場合，事業継承の後にも影響を与え，イカロス・パラドクスから脱却できない恐れがある。企業家が後継者に事業を継承することは当然のことであるが，前項での議論からも推測できるように，先代は後継者に事業全般を営む方法より，新しい事業を創出していく能力つまり企業家活動を実行する能力を培わせるべきであることが見えてくる。これに関して後藤（2012）は，ファミリー企業の後継者の成功にとって，社内教育ならびに社外勤務経験が持つ重要性を強調している（後藤編著，2012，pp.107-111）。また，曽根（2013）の事例研究からファミリー企業で環境の変化に対応し新事業機会の認識に成功している後継者は，社内で蓄積した経験や教育と社外での経験やネットワークをバランスよく結合していることが分かる（曽根，2013，pp.91-102）。つまり後継者の企業家活動の支援は，先代からの方針に安住しない革新性に富む企業家の創出を意味しているため，イカロス・パラドクスの克服にも有効な手段であると考えられる。

(5)　**本節のまとめ**

　本節では，ファミリー企業に関する主な先行研究の流れを踏まえながら，レビューをしてきた。その中でファミリー企業の特徴や事業継承問題に注目し，ファミリー企業の存続の鍵が企業家活動にあることを示した。また，企業家活

動における革新性がファミリー企業の陥りがちであるイカロス・パラドクスの克服にも有効な手段であると述べてきた。

　ファミリー企業は継続性，コミュニティ，コネクション，コマンドといったプライオリティを持っている。その反面，企業経営や事業戦略において経営者の影響力が強いことは独裁主義につながりやすい。また同族によって経営陣が構成されるため，外部環境の変化に疎くなる可能性が高くなるなどといったデメリットも存在している。このようなファミリー企業の特性は，ファミリー企業をイカロス・パラドクスに陥りやすくする原因となる。

　またファミリー企業研究の特徴としては，家族への「継承」が挙げられた。後継者の新しい挑戦や変革は継承のプロセスにおいて多少の葛藤を引き起こす。しかし，ファミリー企業はその過程を新たな成功に向けたターニング・ポイントの機会として捉えるべきである。そして，そのために後継者が持つべき能力は変革性であり，その中心となるのが企業家活動である。

　一方，今までのほとんどの先行研究は，規模の大きいファミリー企業を研究対象としているが，実際，ファミリー企業の形態を維持していく可能性が高いのは，大企業より中小企業である。特に，本書で研究対象とする地域伝統ファミリー企業では，特定の地域に位置し，その地域の資源を活かしながら，長年意図的であれ必然的であれ，家族構成員が後継者として事業を継承してきている。しかし，長年に渡って成長し続けている中小規模の地域伝統ファミリー企業の成長過程に関する研究はいまだ少なく，それを分析するフレームワークも提示されていない。また，日本のファミリー企業においてもグローバル化が進んでいるにもかかわらず，それに関連する研究はまだ始まったばかりである。後藤（2012）は，ファミリー企業の国際化におけるファミリー企業ならではの3つの特徴を述べている。1つ目は，オーナー経営者の国際化志向と国際化への長期的なコミットメントが必要であること，2つ目は，家族構成員の役割，そして家族構成員を含むガバナンス体制が国際化に適していること，3つ目は，ファミリー企業の特徴である世代や継承といった要素も国際化に影響を与える要因となることである（後藤編著，2012，pp.217-218）。

　本研究はファミリー企業の存続において企業家活動の役割が注目されていることに着目し，地域伝統ファミリー企業の企業家（特に後継者）がグローバル化時代を始めとする現代の環境の変化に応じてビジネスシステムを再構築して

いくプロセスとその分析フレームワークを明らかにしたいと考えた。次節からは，ビジネスシステムの先行研究を通じて，地域伝統ファミリー企業の企業家が構築していくべきビジネスシステムの本質に触れていきたい。

3．地域ファミリー企業のビジネスシステム（モデル）と戦略的資源

(1) ビジネスシステム（事業システム）とは

ビジネスシステムに関する研究は，加護野・石井（1991）を筆頭に様々な形で蓄積されてきた。本節ではまず，ビジネスシステム研究でどのような議論がなされてきたか，先行研究を振り返りながらレビューしていくこととする。また，レビューを通じて，地域ファミリー企業が活力ある経営を取り戻し，更なる成長・発展に導くためのビジネスシステムの再構築に，どういった視点を取り入れるべきかを，検討していくこととする（表1-3を参照）。

表1-3　ビジネスシステムに関する研究

研究者	分析レベル	研究内容	研究キーワード
Porter (1985)	企業レベル 産業レベル	価値をつくる主活動及び支援活動と，マージンから成り立つ価値連鎖とそれを取り巻く価値システムを提唱。差別化やコスト優位性の源泉を見極める。	価値連鎖，価値システム
加護野・石井（1991）	酒類産業	酒類産業における流通・生産システムの構造変貌のメカニズムを分析。	個々の企業の担当範囲（企業の境界を越えたシステム），付加価値の奪い合い
加護野（1999），加護野・井上（2004）	企業レベル	企業の持続的な競争優位の源泉が商品やサービスによる差別化から顧客に価値を届けるための「事業の仕組み」に移行してきたことを主張。	事業の仕組み，事業の幅と深さ，社外パートナーとの関係選択
伊丹（2003）	企業レベル	戦略論の中でビジネスシステムは，企業が市場適合を果たすための手段であると主張。	ビジネスシステム適合，組織と市場のインターフェース
小川（2003）	企業レベル（特に中小企業）	中小企業のビジネスシステムの根源が資源に帰着しその資源を適合させるケイパビリティ蓄積の必要性を主張。	ビジネスシステムとケイパビリティ，資源
内田（2003）	企業レベル（特にeビジネス）	多様なビジネス・コンセプトと実現を可能にするコア資源の「活用」と「蓄積」の関係性を分析。	ビジネスシステムの階層モデル，コア資源の「蓄積」と「活用」

出所：筆者作成。

第1章　先行研究のレビュー

　経営戦略論におけるビジネスシステムの本格的な研究は，加護野・石井 (1991) に求めることができる。加護野・石井 (1991) は，酒類産業における流通・生産システムの構造変貌のメカニズムを検証し，ビジネスシステムとは「生産・流通システムのなかで，どこまでを自社のなかに統合するか，どこまでを準統合するか，そしてどこまでを自由な競争にゆだねるのか」という判断の結果として生じる個々の企業の担当範囲として捉えた。その上で新しいビジネスシステムの構築は，付加価値の奪い合いであると同時に付加価値分配の方法の工夫が必要であることを指摘しており，基本的にビジネスシステムの変革の源泉は「競い合い」であるとする（加護野・石井編著, 1991）。彼らの研究は，ビジネスシステムの設計の本質を企業の境界を越えたシステムに捉えるという視点，さらに酒類流通の変遷を通じて多元的な競争を描きビジネスシステムの差別化の視点を与えてくれた（加護野・井上, 2004）。

　その後加護野 (1999) によって，あらゆる産業界で起こっている「仕組み」の違いが競争優位の源泉であるという視点がもたらされた。つまり企業の持続的な競争優位の源泉は，製品・サービスレベルでの差別化ではなく仕組みレベルでの差別化にあることを指摘したのである。企業はそれまでのシステムでは提供できなかった価値を顧客に提供するために，「事業の幅と深さ」を選択することで自社の担当範囲を決定でき，「社外パートナーとの関係」を選択することで，事業活動間の調整につながり，結果として生み出されるのがビジネスシステムであるとした（加護野, 1999）。

　一方，価値を提供するビジネスシステムの理論と深い関連を持つ研究としてポーター (1985) の価値連鎖がある。ポーターの価値連鎖は2つのレベルから捉えられている。価値を作る主活動（購買物流，製造，出荷物流，販売・マーケティング，サービス）及び支援活動（全般管理，人事・労務管理，技術開発，調達活動）と，マージンから成り立つ価値連鎖である（ポーター著, 土岐・中辻・小野寺訳, 1985）。ポーターの価値連鎖は企業の価値構造を機能に分解することで，差別化やコスト優位性の源泉を見定めたり，あるいは決定したりといった文脈で使われることが多い（金・内田, 2008）。また，価値連鎖は価値システム（供給業者，チャネル，買い手の価値連鎖を含んだ活動）と呼ばれるさらに大きな活動群の中に位置づけられる。価値システムは企業を取り巻く価値構造の全体像を，業種を定めつつ把握することが重要とされており，業界の

構造分析を目的にしたポジショニングの観点を色濃く持っている（金・内田，2008）。

　伊丹（2003）は，戦略論の中でビジネスシステムとそれを機能させる技術を，企業が内部の資源と組織をつかって市場に働きかけるインターフェース，つまり市場適合を果たすための手段であると捉えている。その上でビジネスシステムは顧客を終着点としてそこに実際に商品を届けるまでに企業が行う仕事の仕組みであるとし，ビジネスシステムの基本的な設計は，自分で行う仕事と他社に任せる仕事をどのようにコントロールするかを決定することだとしている（伊丹，2003）。このシステム設計の視点は，加護野（1999）のビジネスシステムとほぼ同義と捉えることができるだろう。

　小川（2003）は，中小企業の様々なビジネスシステムの開発事例を交えながら，中小企業の生存と成長の鍵概念としてビジネスシステムとケイパビリティの視点から捉えている。小川は，ビジネスシステムは事業概念と業務プロセス，組織，資源から構成され，これらの要素をうまく組み合わせるケイパビリティがビジネスシステムの基盤であるとした（小川，2003）。特に彼は，中小企業のビジネスシステムの根源も競争力の根源も資源に帰着するとし，その資源を有効に結び付け，適合させるケイパビリティの蓄積が求められていると指摘している。

　一方，内田（2003）は，企業がeビジネスを企業戦略の中に位置づけ新たに事業展開する際に有用な戦略プランを導くことを目的に，ビジネスシステムの枠組みに基づいてeビジネスの価値創造プロセスに関する実証研究を行っている。内田はビジネスシステム構築の発想の源は顧客に何らかの価値を提供するビジネス・コンセプトを作ることにあるとし，コア資源を価値創造の重要な要素として位置付けている。さらに，コア資源は異なるビジネス・コンセプトの実現に活用できるとし，コア資源の多重利用を展開する企業のビジネスシステムの全体像を捉えるために「ビジネスシステムの階層モデル」を提唱している（内田，2003）。内田の階層モデルはビジネスシステムの機能を階層として見立て，内部経営資源，外部経営資源，コア資源をあてはめていく。そうすることで複数の事業間における相関関係の分析を可能にしている。小川や内田の研究は，ビジネスシステムの根源を資源に求めており，コア資源を活かした経営を行う地域ファミリー企業を研究対象とする本書に重要な示唆を与えてくれる。

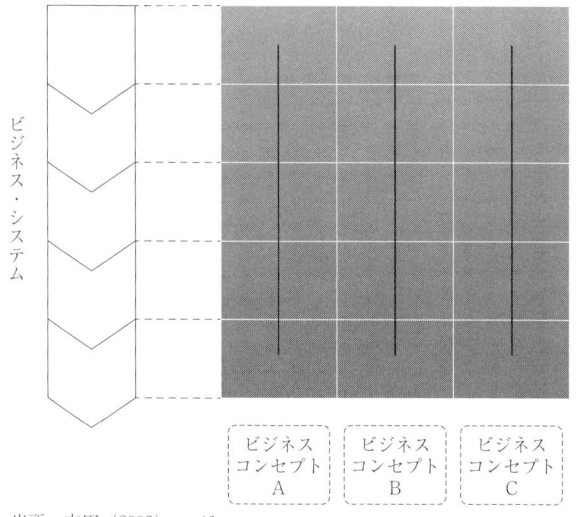

図1-4　ビジネスシステムの階層モデル

出所：内田（2003），p.46。
注：本図は具体的な経営資源を書き込んでいない状態で載せている。

(2) ビジネスモデルとは

　これまでビジネスシステムについてレビューしてきたが，実業界においてはビジネスモデルという言葉がよく用いられる。ビジネスモデルは2000年代のネットビジネスの高まりに伴って注目されるようになった概念で，「収益性を上げるためのもの」といった意味で解釈されることが多い。それと同時に，戦略論でも様々な視点からビジネスモデルを取り扱う学術的な研究も多くなされてきた。ビジネスシステム同様，これまでどういった研究がなされてきたか，またビジネスシステムとビジネスモデルとの間にはどのような差異が見られるのか検討を行っていくこととする（表1-4を参照）。

　国領（1999）は，ネットワーク上に生まれた新しいビジネス空間においては，多様な主体が発信する情報を結合させることで価値増大が図られるとし，商品や事業の構成要素を公開しモジュール化するオープン・アーキテクチャ戦略の中にビジネスモデルの視点を導入している。国領は，情報技術の革新を現実の価値創造の仕組みとして具現化していくのが新しいビジネスモデルであるとした。つまり，製品や価値生産プロセスにモジュール化原理を取り込み，情報の

表1-4 ビジネスモデルに関する研究

研究者	分析レベル	研究内容	研究キーワード
国領 (1999)	情報技術の革新を利用したビジネス	多様な主体が発信する情報を結合させることで価値増大が図られるとし、オープン・アーキテクチャ戦略の中にビジネスモデルの視点を導入。	オープン・アーキテクチャ戦略、情報結合、価値増大
Hamel (2000)	企業レベル	ビジネス・コンセプトのイノベーションの必要性を主張し、ビジネスモデルの構成要素を定義。	ビジネス・コンセプトのイノベーション
Afuah (2003)	企業レベル	戦略と収益性を捉えたビジネスモデルを主張。資源ベースの視点とポジション、産業レベルの視点を含んだビジネスモデルを提唱。	戦略と収益性、業界圧力、企業特有の要素（資源、活動、ポジション）
金・内田 (2008)	企業レベル (特に地域企業)	地域企業の経営に必要な視点をマクロとミクロの視点から捉えるビジネスモデル論を主張。	コア資源、ビジネスシステムとビジネスモデルの視点の融合

出所：筆者作成。

オープンな流通と結合を前提とし、顧客側が発信する情報を重視するようなビジネスモデルの検討が必要であるというのである。国領のオープン・アーキテクチャ戦略におけるビジネスモデルの設計思想は、向き不向きの業界があるにせよ、囲い込み経営を行ってきた日本企業の経営にインパクトある視点を提供したと言えよう。

また、ハメル（2000）は、ビジネスモデルについて首尾一貫した明確な定義がこれまでなされてこなかったと指摘し、企業が革命を起こすための新たなビジネス・コンセプトには共通の理解が必要であるとした上で、ビジネスモデルの構成要素を定義している（ハメル，2000）。彼は、ビジネスモデルの構成要素としてコア戦略（中核）戦略、戦略的資源、顧客とのインターフェース、価値のネットワークを挙げ、さらにそれらを結びつけるブリッジ要素やビジネスモデルをサポートする要素である利益決定要素を示した。

また、彼はビジネスモデルイノベーションの根源はビジネス・コンセプトのイノベーションにあるとした。つまり、ビジネスモデルの背景にある思考的枠組みが「ビジネス・コンセプト」であることを示唆しているのである（新藤，2003）。金井（2002）（金井・角田，2002, pp.61-62）はビジネス・コンセプトについて、「どのような顧客」の「どのようなニーズ（価値）」を「いかなる方法（能力）」で満たすのかを明確にするためのステートメントであるとしてい

る（新藤，2003）。また新藤（2003）はビジネス・コンセプトを考える際，ドメイン定義のレベルが「企業ドメイン」，「事業ドメイン」のどちらに対応するかという点を明確にしなければならないとしている。加えて，ビジネス・コンセプトがドメインの定義に対応することから，1つの企業が成長・発展段階を経て複数のビジネス・コンセプトやビジネスモデルを持つケースは十分想定されうるものとし，ビジネス・コンセプトを「事業ドメイン」に対応する概念として捉え，それを具体化したビジネスモデルについても「事業レベル」の存在として位置付けている。新藤（2003）の指摘は，地域ファミリー企業のビジネスモデルの再構築のプロセスにおいて，どのようにコア資源の多重展開（内田，2003）をするべきかという問いに重要な示唆を与えてくれる。自社がコア資源として蓄積している強みを，どのような顧客の，どのようなニーズに生かすことができるのかを，地域ファミリー企業の経営者は改めて考えなおすことで，第2の創業への道筋が見えてくるであろう。

　一方でAfuah（2003）はビジネスモデルを「儲かる仕組み」として捉え，ビジネスモデルの収益性に着目した研究を行っている。彼は従来の戦略論は企業が必要とする以下の2点を欠いていると指摘した。1点目は，戦略コンセプトが散漫しており，企業が望む戦略の面には触れていないという点である。つまり，戦略と収益性の関連性に焦点を当てていないというのである。2点目は，企業の収益性の中で重要な役割を担う要因を説明していないということである。収益性に関して彼は，大きく分けて2つのレベルの「業界圧力」と「企業特有の要素」が影響するとしている。業界圧力には競争圧力，協調圧力，マクロ環境という企業を取り巻く外部要因を3つの主要な要素として取り上げている。一方，企業の収益性を補完するもう1つのレベルの企業特有の要素には，ポジションと活動と資源が関係しているとした。その上で彼は，企業はいかなる活動，戦略を取る場合でもコストが生じるためビジネスモデルの構成要素に「コスト」を加える必要があると述べ，最終的にビジネスモデルの構成要素を図1－5のようにまとめている（Afuah，2003，p. 2）。

　Afuahのビジネスモデルは産業要素とポジションが意識されているために事業システム論とは明確に異なる概念を示しており，資源ベースの視点とポジションの視点が融合しているだけでなく，それと同時に産業レベルの視点を備えたものとなっている（大東和・金・内田，2008）。大東田・金・内田（2008）

図1-5　ビジネスモデルの構成要素

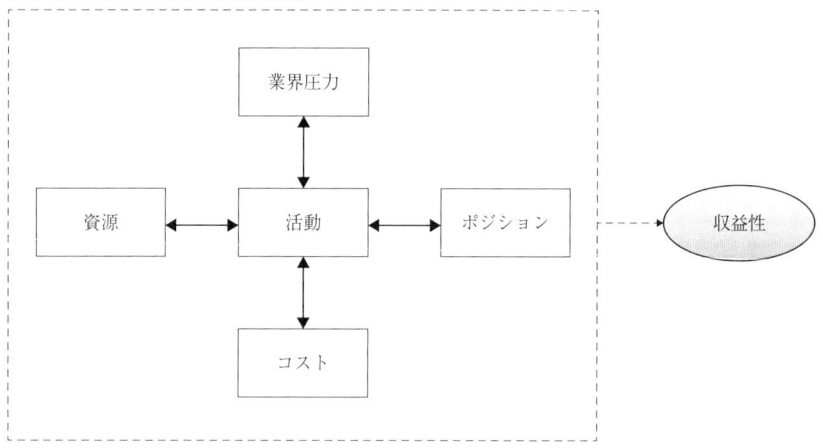

```
           業界圧力
             ↕
資源 ←→ 活動 ←→ ポジション  ----→ 収益性
             ↕
            コスト
```

出所：Afuah (2003), p.10.

は，AfuahのこのビジネスモデルIII論を基本的には踏襲し，地域企業の経営に必要なミクロからマクロにわたる複眼的視点を持った地域企業のビジネスモデルを分析するためのフレームワークを提示している。彼らは，従来のビジネスシステム論は事業ベースのみの視点からとらえているため複数事業の構造を包括的に捉える際の有効なツールを提供していないとし，その上で，ビジネスモデル論とビジネスシステム論の双方の理論を取り入れることによって地域企業の経営者に必要な複眼的な視点を獲得できると考えたのである。

最後に，ビジネスモデルとビジネスシステムの違いについて言及しておきたい。加護野・井上（2004）によると，「システム」は独自性から出発する傾向がある一方，「モデル」は汎用性から出発する傾向があるという。その違いは決定的なものではないが，「現実のもの」と「理念型」のどちらの視点を重要視するかによって使われ方が異なるとした。つまり，「設計思想」か「その結果として生み出されるシステム」かの違いであるという。その考えを受けて，大東和・金・内田（2008）は，ビジネスモデルは他社のビジネスを模倣するための外からの視点，ビジネスシステムは他社に対して優位性を築く仕組みづくりの内からの視点であるとし，産業規模に目配せされているビジネスモデル論と企業視点に立つビジネスシステム論とを分ける必要性を指摘している。

これまでビジネスモデル論とビジネスシステム論の先行研究のレビューを行ってきた。本書の目的は，地域ファミリー企業の企業家が成長・発展，第2

の創業を目指す上で必要となる見解を提示することである。したがって，地域ファミリー企業を率いる企業家が独自のビジネスシステムを構築するにはどうすればよいのかという問いに応えなければならない。その点で，小川（2003）や内田（2003）のビジネスシステムにおけるコア資源の果たす役割を重要視する視点は，本書の研究対象である地域ファミリー企業の経営を考える上で参考にすべきものであると考える。また，収益性と戦略論に触れ，実行適用においても有効な示唆を示した Afuah のビジネスモデル論や，Afuah のビジネスモデル論と従来の資源ベースの視点を持ったビジネスシステム論を統合したフレームワークを提示した金・内田（2008）のビジネスモデルの研究も大いに参考にしていくべきだろう。ところで，地域企業のビジネスシステムにおいて資源ベースの考え方が重要であることは先行研究のレビューの中でも明らかになっていた。金・内田（2008）は，限られた資源しか持たない地域企業が特定事業で蓄積されたコア資源を複数の事業で生かす多角的活用の必要性を指摘している。なぜなら，ビジネスシステムや競争力の源泉は資源であり，蓄積され続けるべきものであるからだ。しかし，地域ファミリー企業が何を独自の「コア資源」として蓄積・活用し，ビジネスシステムの差別化を図るべきか，また何が長期的な生存や発展を可能にするのかについてはまだ明らかになっていない。この点を明らかにしていくために，次項では資源ベースの戦略論について検討していくこととしよう。

(3) 地域ファミリー企業における資源ベースの競争優位性

競争市場において競合企業が模倣できない独自の経営資源はコア・コンピタンスまたは中核資源と呼ばれ，競争市場において優位性をもたらすとされている。Prahalad & Hamel（1990）は企業の競争優位の源泉は製品・サービスという最終的な段階ではなく，その根幹にあたる他社には模倣できない自社特有の経営資源にあるとし，コア・コンピタンスをベースにした組織的な事業展開を行うことが経済的かつ効率的な事業展開であると述べている（Prahalad & Hamel, 1990, pp.136-155）。ここではコア・コンピタンスを技術や人材といった企業の資源の一部として捉えるのではなく，企業の資源が統合された集合体として認識している。つまりコア・コンピタンスとは企業内の資源の一部を強化したからといって競争力を獲得できるわけではないのである。また，コア資

源は短期的に獲得できるものでもない。伊丹・軽部（2004）は長い歴史の中で先代から受け継がれた熟練技術や暖簾，組織風土という経営資源を，「見えざる資産」としている。見えざる資産とは，表面的・物質的に見えたり触ったり計ったりすることのできない「情報的経営資源」である（伊丹・軽部，2004, pp.20-38）。「情報的経営資源」は，他社が金銭を用い容易に獲得できるものでなく，また単に会社の資源の一部ではないため，多重利用可能な資源であると考えることが出来るだろう。

　Barney（2003）は，企業資源が集合体として競争優位を発揮するとして，経営資源の競争優位の根源を分析するための VRIO モデルを提示している。Barney は企業の経営資源が外部環境における脅威や機会に適応することを可能にしているかという経済価値（value），市場において経済資源をコントロールする競合企業がわずかであるかという希少性（rarity），他社がその経営資源を獲得する際にコスト上の不利益に直面するかという模倣困難性（inimitability），企業が経営資源を活用するために組織的な方針や手続きを取っているのかという組織（organization）の 4 つの要素が総合的に組み合わさることで，市場において企業の競争優位性が確立されるとする（バーニー著，2003, pp.250-290）。

　しかし，Barney の VRIO モデルは，経営資源が価値を生み出しているかどうかの判断は，Porter 流のポジショニングの視点に頼らざるを得ない（内田，2003）。この限界を踏まえ，内田（2003）はコア資源の「活用」と「蓄積」という視点から，外部環境が不明確な状況においてもコア資源の多重展開が見込める場合は価値が高いと考えることができると述べている。コア資源を活用した事業展開は，限られた資源を持つ地域ファミリー企業にも有用な示唆を与えてくれる。

　また，Afuah（2003）は，ビジネスモデルの競争優位性を分析するための VRISA モデルを提唱している。彼によれば，価値（value），希少性（rareness），模倣性（imitability），代替可能性（substitutability），専有可能性（appropriability）が，企業の競争優位性が安定的か一時的なものになるかを決定付けるという（Afuah, 2003, pp.110-128）。さらに VRISA モデル（金・内田，2008）はモデルそのものの代替可能性や占有可能性を含めた収益性まで意識されている点で，VRIO フレームワークとは異なるレベルでの分析を可能にして

いる。ただ，長期的な競争優位性を獲得するためには，ビジネスモデルを絶えず変革させ，競争優位を獲得していく必要がある。そういった意味で，コア資源の多重展開の可能性を探ることが，地域企業の存続を考える際により重要視されるべきであろう。

(4) 本節のまとめ

本節では，地域ファミリー企業がビジネスシステムを再構築し，活力を取り戻すために必要な処方箋について探ってきた。まず，ビジネスシステムに関するレビューをする中で，ビジネスシステムが独自の視点を持つからこそ競争優位を築き上げることができると論じてきた。またビジネスシステムの独自性の根源となるのがコア資源であり，それが多重展開可能なものとして活用・蓄積されているほど経営資源としての価値が高いものであると言及してきた（内田，2003）。そして，自社独自のコア資源をもとに，ビジネス・コンセプトを構築することが，独自のビジネスシステムを再構築する道が見えてくる可能性を示してきた。つまり，地域ファミリー企業がビジネスシステムの再構築を行う際には，自社の強みの根源が一体どこにあるのかをファミリー企業家が見極めた上で経営資源を蓄積していく必要があるのだ。以上の理由から，本書では地域企業の独自性を踏まえた研究を行っていくため，「ビジネスシステム」の考え方を採用して研究することとする。

先行研究では地域ファミリー企業を対象としたビジネスシステムの構築に焦点を当てた研究が少なく，地域ファミリー企業ならではのビジネスシステムの構築について，十分な示唆を与えきれていなかった。よって，本研究では地域ファミリー企業のビジネスシステム構築と関連の深い地場産業や，グローバル環境における地域企業の戦略に関するレビューを行っていくこととする。

4．グローバル環境における地域ファミリー企業の経営

(1) 地域ファミリー企業を取り巻く環境

資源の優位性を高めることは，既存市場における優位を確立するだけでなく，海外市場も含めた新規市場の開拓の機会にもなる。先述したように，昨今の経済のグローバル化は，安価な外国製品流入による価格競争をもたらし，また円

高をはじめとした国内の高コスト構造によって,体力を消耗している地域企業も多い。そうした環境変化の中で,自社資源を生かして海外展開を積極的に行い,新規市場の開拓に成功している地域企業も見られる。そこで,本節では地域ファミリー企業のグローバル化がビジネスシステムにどのような影響を与えるのか,また地域ファミリー企業がグローバル化を目指すにあたってどのようにビジネスシステムに変革を起こすべきなのかを探っていくこととする。

地域企業のグローバル化について議論する前に,企業を取り巻く経営環境の国内と海外の違いについて見ていこう。岩田（2006）は,個別（タスク）環境と一般環境について,表1-5のように整理している（岩田,2006,pp.233-234）。表を見て分かるように,海外進出は企業にとって大きな不確実性を伴うものである。したがって,海外の経営環境に適応するためには,一定の「コスト」と「時間」を考慮しなければならない。

海外の経営環境に対処するために必要となるのが,「グローバル戦略」である。グローバル戦略には大きく分けて「輸出」,「海（対）外直接投資」,「ライセシング（技術供与）」という3つの代表的な手法がある。日本企業は輸出を中心としたグローバル化を行ってきた。しかし,各国の輸入規制策や円高により輸出が困難になり,海外直接投資がなされるようになった。日本企業の海外直接投資には,輸入規制などの外圧に対する消極的な投資,横並びまたは他社追随的という特徴が見られたが,その後,自社の意思で積極的に経営のグローバル化を進める企業が増え,生産や販売に加え研究開発などのグローバル化が進んだ。それに伴い人,モノ,カネ,情報などの様々な経営資源がセットになって移転するようになったのである（岩田,2006）。ただ,これは比較的に大規模な企業を念頭において考えてこられたものであり,地域ファミリー企業を分析するためには,地域ファミリー企業が置かれている環境を踏まえたうえ

表1-5 企業を取り巻く経営環境の国内と海外の違い

個別（タスク）環境	市場環境	製品市場　国内よりも多くの多様性や競争度に直面する
		供給市場　人材の量,質,人件費や原材料の入手困難性が異なる
	技術環境	高度な技術の入手困難性が異なる
一般環境	社会環境	言語,宗教,価値観などに大きな社会的差異が存在する
	政治環境	異なる政治制度や法体系が存在し,経営活動に影響を与える
	自然環境	予想を超える自然環境の変化が,製品サービスの研究開発・生産・販売などに影響を与える

出所：岩田（2006）を参考に筆者作成。

で取るべき戦略を考えていかなければならない。

　そこで，次項では中小企業に関する既存の調査結果を参考にしながら，地域ファミリー企業がとるべき戦略について考えていくことにしよう。

(2) グローバル化時代の経営課題と戦略

　中小企業基盤整備機構（2011）が行った調査によると，海外展開企業の大半は製造業及び卸売業で，関東（46.9％）・中部（16.8％）・近畿（23.5％）といった比較的規模の大きい都市圏の企業に集中していた。また，海外展開業の約4分の1超が，海外の現地法人や支店，営業所などを設置し事業活動を行っており（27.2％），海外企業と業務提携・技術提携をしている企業が39.2％，商社を介さず輸出・輸入を行う企業がそれぞれ41.6％と72.5％といった具合になっている。

　次に，最も重要な業務提携・信頼関係において抱えている問題を見てみると，「提携先企業の技術力・生産能力」（53.8％），「提携先との全面的信頼関係，パートナーシップ」（52.7％）が上位を占めている。また，海外展開（直接投資）における課題を見てみると，生産コストの上昇や，質の高いマネジメント層人材の確保，収益性の悪化，現地労働者の労働水準上昇によるコストアップ，現地での販売先の開拓，現地製造品の品質管理問題が上位を占めていた。すなわち，「商品競争力」，「マネジメント人材力」，「現地での販売力」が大きな課題となっているのである。

　日本経済団体連合会（2013）の調査でも同様の指摘が見られ，中小企業が海外進出するにあたって直面する課題として，①海外実務を任せられる人材の確保，②現地従業員の管理職層の育成と定着，③信頼できるビジネスパートナーの確保が挙げられている（日本経済団体連合会，2013）。

　次に，金井（2006）は学術的な観点から，経済のグローバル化という環境の中で成果を挙げている地域企業には，①製品の高付加価値化戦略，②コストダウン戦略，③新市場・新事業の創造といったイノベーション型の戦略が見られると述べている（金井，2006，pp.227-283）。まず，「高付加価値化戦略」では，デザイン活動，素材や技術開発などのソフトテクノロジーを強化するために，その分野ではるかに進んでいる海外とのネットワーク構築を通じた資源導入の必要性を指摘している。次に，コストダウン戦略とは，設計変更による伝統的

なコストダウンの方法に加え，国際間のネットワーク構築によって生産プロセスを変化させ，コストダウンを行うものである。また，「新市場・新事業の創造」では，経済の構造的変化やグローバル化によって生じた潜在的ニーズの発見・探索を通じて，ニッチ市場を開拓し，「第2の創業」に結び付ける必要性について言及している。そして，新規事業を創造するためには，①地域独自のニーズに対し，コア資源をベースとして，異業種交流や産学官のネットワーク戦略によって「エコノミー・オブ・スコープ」，「エコノミー・オブ・スピード」を追求すること，②企業家活動を活発化させることが必要であるとしている。

以上の調査・研究を踏まえると，グローバル時代の地域ファミリー企業で中心的な役割を果たすのは企業家（活動）であり，海外の経営環境に対応していくためには，経営資源（特にコアとなる資源）の競争力の向上と，海外の競争環境に対応するためのビジネスシステムの管理及び変革が必要であることが分かる。

一方で，本項で見てきたように海外の提携パートナーには技術力や生産能力，信頼性などといった面で常に不安が付きまとう。そのため，企業の競争力の源泉となる資源や活動を海外に移すことに対しては議論の余地があるかもしれない。また，企業家活動を行うにあたって，地域の風土や文化が企業家活動にどのような影響を与えているのかについても検討していく必要がある。

本研究では，特に地場産地に立地する地域ファミリー企業を分析対象として考えている。そこで，以下では地域ファミリー企業と地場産地の関係について検討することにしよう。

(3) 地場産業と地域の発展

日本経済が停滞する中で，地場産業に再び注目が集まるようになってきている。地場産業は，第1次オイルショック前後まで活発に研究が行われていた。当時は産業の高度化が不十分であった反面高度経済成長によって市場が拡大している状況にある中で，地方を代表する産業である地場産業は，日本全国はもちろん海外に向けて積極的に輸出されていたからである。しかし，第1次オイルショックやプラザ合意以降の円高が進む中で，地場産業は急速な落ち込みを見せるようになり（清成，2010），その産業的な地位を大きく失うこととなっ

第1章　先行研究のレビュー

た。近年，地場産業の価値が再評価され始めたのは，社会学の分野で地域再生・活性化の担い手として地場産業が注目されるようになったからである（東邦学園大学地域ビジネス研究所，2003）。経営学の分野で再び注目されるようになったのも，このような地場産業あるいは地域産業に対する社会的ニーズの高まりを受けたからである。本研究では，地場産業において地域ファミリー企業が果たすべき役割についても言及するが，地域ファミリー企業のビジネスシステム構築において，地場産業が重要な役割を果たすと考えられるため，その部分を重点的にレビューしていくことにする。

では，具体的な議論に入る前に地場産業の定義について触れておきたい。山崎（1977）は地場産業について，次に挙げるような5つの条件をもって定義付けを行っている（山崎，1977，p.6）。

1．特定の地域に起こった時期が古く伝統のある産地
2．特定の地域に同一業種の中小零細企業が地域的企業集団を形成して集中立地している
3．多くの生産，販売構造が社会的分業体制になっている
4．地域独自の「特産品」を生産している
5．地域産業とは違い，市場を広く全国や海外に求めて製品を販売している

本研究においても，「地場産業」といった場合，基本的にはこの定義を踏襲していくことにしたい。地場産業のビジネスシステムを分析した山田（2013）によると，陶磁器産業には，①小規模事業者が専門技術に特化し，環境の変化に柔軟に対応することのできる分業生産システム，②産地内の見本例となる「ヘゲモニー」を持った企業（家），③同じ地域で歴史的・文化的背景を共有してきたという歴史的事実から生まれる地域内企業のビジネスシステムの特異性，④地域内企業との競争，先代と後継者の競争という「2重の競争構造」による人材育成システムと，過度な競争を抑制する「競争の不文律」が存在しているという（山田，2013）。

ただし，山田の研究に関しては次の4つの問題点が指摘できる。第1に，専門性が高い技術に特化した分業体制を構築していたとしても，産業全体を脅かすような環境の変化が起こった場合，漸進的なイノベーションだけでは十分対応しきれないという問題である。第2に，地域内にヘゲモニーを持った企業が存在することが前提となっているが，ヘゲモニーを持った企業，いわば地域内

のリーダー的企業が存在しない場合どうするべきかについて説明されていない。第3に，後継者育成について述べられてはいるものの，多くの地場産業ではそもそも後継者を得ることが出来ていないケースが少なくない。第4に，「競争の不文律」は，しばしば「協調」という名のもとに必要以上に競争を抑圧する傾向にある。そのため，イノベーティブなアイデアを生み出そうとする後輩者を排除する危険性をはらんでいる。また，山田（2013）の研究は分析対象が特定産業に限定されており，事例の一般性という面においては限界がある。この限界点を克服するために，本研究では複数の異なる産業分野の地域ファミリー企業を分析することによって，地域ファミリー企業が抱える問題点に対してより汎用可能性の高い解決法を導き出していきたい。

　研究方法論は除いて，以上で挙げた問題点は地場産業が持つ構造的問題から生じたものであると考えられる。そこで次項では，この問題について詳しく見ていくことにしたい。

(4) 経済のグローバル化が地場産業に及ぼす影響

　野間（2000）は，グローバル化が地場産業に及ぼす影響について，「市場構造」，「社会的分業システム」の2つの側面から分析を行っている（野間，2000，pp.34-81）。

　まず，市場構造の変化に関しては，①円高による消費構造の変化への対応，②円高やアジアの工業化を契機とした開発輸入品との競争激化が挙げられている。特に，地場産業が②の変化に柔軟に対応できない問題として，地場産業においては問屋主導（≒商業資本主導）で作られるケースが多いため，メーカー，生産者単独で新商品開発や技術開発に取り組む動機づけやインセンティブが弱い，発展途上国のキャッチアップ，ブーメラン効果を受け，技術的な差異がほぼ見られなくなったといった点が指摘されている。また，地場産地において強い力を持っていた問屋でさえも，物流革命や情報通信革命によって機能が弱体化しているという。

　次に，「社会的分業システム」に関しては，従来の産地型統率者を務めていた産地問屋が弱体化したことによって，産地の社会的分業システムが動揺し，そこから，①新たな販路の開拓の必要性，②これまで産地問屋に依存してきた商品企画やデザイン開発機能の低下，③生産者のリスク増大による経営の不安

定性といった問題が生じているという。

　この指摘を踏まえて，山田のところで挙げられた問題点について考えてみると，地場産業の活性化，つまり地域ファミリー企業の活性化のためには，企業家自らが市場とのインターフェースを持ち，そこで得られたフィードバックをもとに事業機会を認識し，コア資源を蓄積することが大切である。加えて，パートナー企業を産地内に限定せず，国内他地域，そして海外にまで拡張して考えていく必要があるだろう（野間，2000，pp.34-81）。そうすることで，産地内のパートナー企業との関係性では難しかった革新的なイノベーションを自ら起こしていける可能性を高めることが出来る。また，革新的なイノベーションを起こし産地を活性化させることは，産業としての魅力を高めることにつながり，後継者の獲得につながる可能性がある。

　ただ，イノベーションのパートナーは慎重に選ぶべきである。なぜなら，産地内のパートナー企業と産地外のパートナー企業とでは，「信頼」という面に置いて大きな隔たりがあるからである。先述したように，産地内の企業間には同じ地域で歴史的・文化的背景を共有してきたという歴史的事実から生まれる「信頼」があるため，地域内で収奪的な行為はしにくい（山田，2013）。一方で，産地外のパートナー企業にとって産地企業は取引先の1つに過ぎず，取引上のメリットが失われた時点で撤退する可能性がある。産地企業が新たな価値を創出するためには，産地外のパートナー企業とお互いの保有する経営資源について深いコミットメントが必要になる。産地企業が産地外資本と取引をする際は，深くコミットメントさせるに値する「信頼」があるパートナーであるか慎重な判断が必要となるだろう。また，付加価値を創出するため際には，いかに地域に「情報」を取り込み，咀嚼して，地域性を付加した「新製品」（イノベーション）を「市場」と結びつけるかが「地域産業」を生み出すあるいは発展させる重要な要素であるという点にも留意する必要があるだろう（吉田，2006，pp.91-119）。こうして新たな競争の軸を作り出すことによって，産地の競争を抑圧しようとする動きに巻き込まれるのを防ぐことが出来るだろう。

　ファミリー企業は新しい時代の要請にあった産地の役割を見出し，自社にとって好ましい産地の環境を自ら作っていく必要がある。そして，それは野間によればこれまでの産地内のまとめ役，行政と組合員の連絡・調整機能から抜け出して，産地外の同業・異業種とのパイプ役，すなわち「多元化しつつある

生産・地域連関のネットワークづくり（野間, 2000, p.51）」をすることである。産地企業がこういった面で「協働」しあうことで，地域ファミリー企業はグローバルな競争環境の中でも，地場産地の強みを活かした事業展開が可能になるのである。

(5) **本節のまとめ**

ここまで，グローバル環境における地域ファミリー企業の戦略について見てきた。まず，国内と海外の「環境」の違いについて触れたのち，グローバル環境において地域企業が取りうる戦略の概略について述べてきた。ただ，それはあくまで大企業を中心として考えてこられたものであったことから，地域ファミリー企業の文脈に落とし込んで考える必要があった。そこで，中小企業や地域企業の海外進出に関するレビューを参考にしながら，グローバル環境においても企業家活動やコア資源，ビジネスが重要であることを確認してきた。

その後，地域ファミリー企業と密接に関係している「地場産業」に注目し，地場産業が企業家や，地域ファミリー企業のビジネスシステムにどのような影響を与えるのかについて見てきた。ここでは，経済のグローバル化によって，地場産業の「市場構造」と，「社会的分業システム」が変化した背景が，従来の地場産業のビジネスシステムの限界を理解する上で有益な視点を提供してくれていた。ここから，地域に立地する強みや「地域性」を活かしながらも，従来の産地の枠を広げ産地外のパートナーとのネットワーク構築による新たな付加価値を創出していく重要性が確認された。

次章では，各分野の先行研究のレビューを踏まえて本研究の分析枠組みの提示を行っていきたい。

第2章
本研究の分析枠組みの提示

　これまでファミリー企業に関する先行研究を中心に，ビジネスシステムとそれを構築する際に重要な役割を果たすコア資源についてレビューを行ってきた。また，それに関連して地域ファミリー企業のビジネスシステムの構築に多大な影響を与える地域の競争環境について，つまり今日の「経済のグローバル化」を考慮に入れて考えてきた。これらの議論をベースとして，地域ファミリー企業における企業家活動の要件とプロセスを分析するためのフレームワークを提示していくことにしよう。

　本研究のフレームワークの中心に位置するのが，企業家活動である。これは，金井（2002）が提示した「起業家活動の4つの要件（起業家，起業機会の認識，資源，事業コンセプトと計画）」を，地域ファミリー企業の文脈に置き換えて一部変更を加えたものである。本研究では，地域ファミリー企業における企業

図2-1　地域ファミリー企業における企業家活動の要件とプロセスを分析するためのフレームワーク

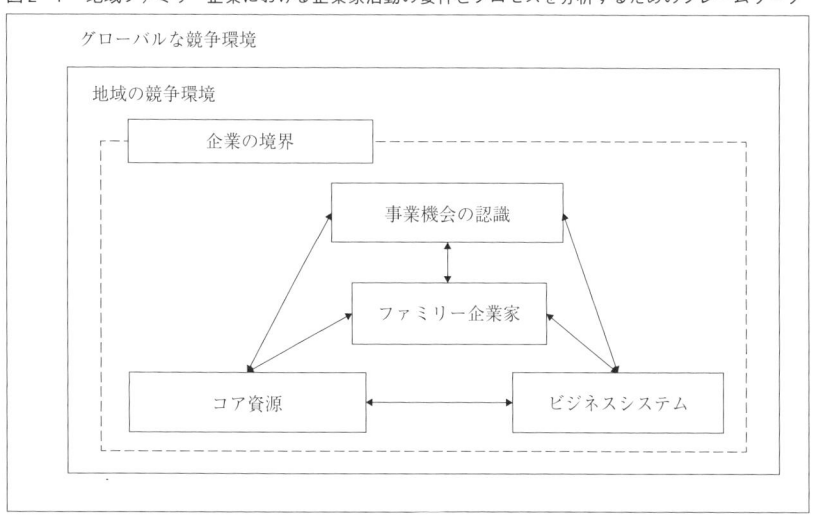

出所：筆者作成。

家活動の要件として，①ファミリー企業家，②事業機会の認識，③コア資源，④ビジネスシステムを挙げている。

まず，地域ファミリー企業における企業家活動の主体として，「起業家」ではなく，「ファミリー企業家」を想定している。創業した当初は確かに「起業家」の役割が非常に重要である。しかし，本研究ではむしろ起業した後の段階，つまりビジネスシステム変革のプロセスに注目したいと考えている。また，今回研究対象とするファミリー企業には，ファミリー企業特有の企業家活動が見られる。そこで，本研究においては企業家活動の主体を「ファミリー企業家」と呼ぶことにする。

ところで，ファミリー企業の経営には，「ファミリー」，「経営」，「オーナーシップ」という3つからなる7つのセクターが存在し，それぞれのセクターに異なる性格を持った利害関係者が存在するとされていた（Tagiuri & Davis, 1996）。この点を考慮に入れて，「ファミリー企業家」の性質を考えてみると，「ファミリー企業家」の性格が，「オーナーシップ」に偏る場合もあれば，「ファミリー」に偏る場合もあるだろう。特に，ファミリー企業では家族が経営に直接的あるいは間接的に関与するケースが多く，そのため先代から後継者へと事業を継承する過程で実質的に複数の企業家が存在するという独特の問題も見られる。この点を踏まえて，本研究では「ファミリー企業家」の範疇に，「ファミリー企業家チーム」も含めて考えることにする。

ファミリー企業家に関する研究で特徴的な点は，先代から後継者への「事業継承のプロセス」において，企業家精神の減退が見られるということである（後藤編著，2012，p.107）。その点について，本研究では事業継承のプロセスに関する研究を時系列に沿って見ていく中で，「家族構成員を後継者にするべきか」という議論よりは，「どういった場合に家族構成員を後継者にするか（または，棒給経営者を雇うか）」，そして「家族構成員を後継者にするとしたら，どういった継承プロセス・方法が求められるか」といった議論が主流になってきたことを確認してきた。

事業を取り巻く環境が激しく変化する中で，先代が築いてきた事業の仕組みが後継者が事業を継承した後も有効である保証はない。起業家に「革新性」が要求されるように，後継者も「革新性」をもって自らを取り巻く環境の変化にうまく対応し，「第2の創業」をしていかなければならない。この点について

考えていくためには，「イカロス・パラドクス」（ミラー，2006, p.2）をいかに克服するかが重要な論点となる。先行研究でも述べたように，ファミリー企業の組織形態は，経営者の権限が強く独裁主義になりやすい，同族によって経営陣が構成されるため情報の固定化が起こりやすい，経営者の在任期間が長く，影響が事業継承後にも影響を与える可能性があるといった特徴がある。そのため，「成功体験」が企業の衰退を招く引き金となるとするイカロス・パラドクスに陥りやすい環境にあると言える。この問題を克服していくためには，いかにして先代が後継者に「企業家活動を実行する能力を培わせるか」が重要となってくるだろう。

次に，「起業機会の認識」は「事業機会の認識」としている。これは，連綿と続く企業家活動を分析することを考えたとき，起業の段階だけでなく，その後また新たに事業を創造する段階も考慮に入れる必要があるためである。

ただ，「事業機会の認識」はあくまでアイデアの段階である。したがって，実際に事業の創造に結び付けていくためには，ファミリー企業家が事業の「仕組み」を構想する必要がある。金井（2002）は「事業コンセプトと計画」について事業コンセプトは「どのような顧客」の「どのようなニーズ（価値）」を，「いかなる方法」で満たすかを明確にするためのステートメントであり，事業の各段階における「計画」が重要であるとしているが（金井・角田，2002, pp.61-62），これは事業単位が分析対象であり，顧客層や満たすべき顧客ニーズ，顧客のニーズの実現に焦点を当てているビジネスシステムの考えと融和性が高い。そこで，本研究では「事業コンセプトと計画」を「ビジネスシステム」としてまとめることとする。先行研究からも分かるように，ビジネスシステムを構想するとは，企業がこれまでのシステムでは提供できなかった価値を顧客に提供するために，「事業の幅と深さ」の選択を通じて自社の担当範囲を決定することであり，また社外パートナーとの関係のあり方を選択し，企業内部の仕組みと社外パートナー間の活動の調整を行うことを意味する（加護野，1999）。簡単に言うと，ビジネスシステムを構想するとは，新たな顧客価値をどのように創造するのか，また「付加価値をめぐる競争」においていかにして優位な立場を作り出すのかという戦略を策定するということなのである。ただ，顧客を無視した付加価値を巡る不毛な競争は，かえってお互いの収益性を下げる結果になりかねない。地域ファミリー企業にとって社外パートナーは付加価

値を巡って競争するばかりでなく，協働し全体としての付加価値が最大化されるような「仕組み」を作り上げていくパートナーでもあることに留意しておく必要があるだろう。

　ところで，ファミリー企業家が自社の担当範囲を決め，社外パートナーとの関係を構築する際に，何を判断基準とするべきだろうか。ファミリー企業家が自社の担当範囲を決める際，判断の拠り所となりうるのが「コア資源」である。なぜなら，コア資源があることで初めて社外パートナーとの付加価値をめぐる競争において交渉力を持つことが出来るからである（Afuah, 2003）。価値の高い「コア資源」は社外パートナーにとって魅力的であるため，ビジネスシステムの構想に当たって強い交渉力を持つことが可能だろう。

　それでは，地域ファミリー企業は何をもって特定の経営資源を「コア資源」だとみなすのだろうか。従来のBarneyのVRIOモデルでは，経営資源の価値は企業の保有する資源の経済価値，希少性，模倣困難性，組織といった要素から判断されるとされていた。一方で，内田は競争環境が不明確な状況においてはコア資源の「活用」と「蓄積」という視点から，コア資源の多重展開が見込める場合は価値が高いと考えることができるしていた。地域ファミリー企業が自社の保有する経営資源の価値を判断する際は，以上の2つの視点を踏まえて考えていく必要があるだろう。

　ただ，先行研究の中でも言及してきたように，コア資源を持つだけでは，付加価値を創出することは出来ない。付加価値を創出するためには，コア資源を含めた企業内部の経営資源をコントロールし，束ねる「ケイパビリティー」が必要となる。地域ファミリー企業はケイパビリティーを蓄積・活用することによって，コア資源から価値を創出したり，それを多重展開することが出来るようになる。その意味で，ケイパビリティーは市場と組織内部の技術（経営資源）をつなぐ「インターフェース」なのである（伊丹，2003）。ただ，地域ファミリー企業が投入することのできる経営資源の量は限られている。地域ファミリー企業が模倣困難なコア資源を蓄積していくためには，競争力を持ちうる活動に経営資源を集中投入し，それ以外の資源に関しては「企業の境界」（加護野・井上，2004）を超え，ネットワークを活用していかなければならない（大東和・金・内田，2008, p.43）。

　ここまで，地域ファミリー企業における企業家活動の要件について見てきた。

第 2 章　本研究の分析枠組みの提示

そこでは，地域ファミリー企業がコア資源をもとに独自のビジネスシステム，つまり価値創出の「仕組み」を構想していくことを確認してきた。ところで，それに類似した概念にビジネスモデルがあった。ビジネスモデルという概念は，「独自性」というよりは「汎用性」に重きが置かれている他社のビジネスを模倣するための「外からの視点」であったと言及してきた。本研究においては，ビジネスモデルの考え方のように「外からの視点」に基づいて汎用的な成功モデルを提示することよりも，「内からの視点」から企業特有のコア資源をベースとして，他社に対してどのように優位性を持つ仕組みを作り上げるかに焦点を当てたいと考えている。そこで，本研究ではビジネスモデルではなくビジネスシステムを分析していくこととする。

高い付加価値を創出するビジネスシステムを構築する上では，地域ファミリー企業が存在する「地域の競争環境」の文脈を含めて考える必要がある。なぜならば，「地域」との関連性の中で活動を行うことが地域ファミリー企業の「独自性」を生み出していると考えられるからである。また，経済のグローバル化は今日の地域ファミリー企業のビジネスシステム構築を考える上で無視することの出来ない要素である。そこで，ここからは地域ファミリー企業を取り巻く「地域の競争環境」と，「グローバルな競争環境」について説明していくことにしたい。

これまで「地域」と言えば特定の「産地」に限定して考える場合が多かった。なぜなら，生産者は細分化された特定の分野の製品の生産に特化し，産地問屋がそれを「市場」を結び付ける役割をするという「社会的分業システム」が有効に機能していたからである（野間，2000）。しかし，経済がグローバル化したことによって，産地の「社会的分業システム」の存立基盤に揺らぎが生じ，産地に限定されない，国内他地域及び海外を含めたより広い「地域」の視点から新たな社会的分業システムを構築することが必要になってきた。本研究では，国内と海外では企業が直面する競争環境が大きく異なることを踏まえて，地域ファミリー企業における企業家活動の要件の外枠として，「地域の競争環境」，さらに地域の競争環境を包括する環境として「グローバルな競争環境」を設定することにする。

ここまで，前章の先行研究のレビューを踏まえて，本研究の分析枠組みを提示し，それについて詳細な解説をしてきた。ここからは，上記の分析枠組みを

用いて実際の事例分析に入っていくことにしよう。

第3章
地域ファミリー企業の事例分析1：かけはし株式会社
―観光事業を通じて刺繍文化の魅力を発信する企業―

1．業界動向

　本章の事例として取り上げるかけはし株式会社の事例紹介及び事例分析に入る前に，同社の事業に関連する刺繍，着物市場を概観したのち，現在同社が事業活動を行っている京都市の観光の現状について言及することとする。

(1) 刺繍の歴史

　日本刺繍はフランス刺繍，中国刺繍などと同様，日本独自の刺繍の製法である。飛鳥時代に中国から伝わった刺繍は仏画の掛け軸を刺繍で制作した「繡仏」に始まり，日本の文化として浸透するにつれ，平安時代には衣服の装飾として公家社会の装束に用いられるようになった。日本全国に普及した刺繍は生産地域によって呼び名が異なり，なかでも江戸の江戸刺繍，金沢の加賀繡，そして京都の京繡が広く知られるようになった。

　その中でも，794年（延暦13年）の平安建都によって，縫技の職人を抱える縫部司が京都に置かれ，衣服の装飾に用いられ始めたことに起源を持つのが京繡である。桃山時代になると刺繍の彩色はより艶やかになり，様々な工夫を凝らした衣装が製作された。江戸時代には「呉服調達屋」があり「御召屋」と「地向屋」に分かれていた。御所や幕府，諸大名からの注文は大多数がこの御召屋を通してなされていた。御用刺繍師は縫箔師，町の職人は縫屋と呼ばれていた。江戸中期になると京友禅が誕生し，友禅の染めを引き立たせる京繡の技法が脚光を浴びるようになった。その後，友禅の染め柄を引き立たせるだけではなく，刺繍のみで模様を表現する「素縫い」が始まり，刺繍の持つ繊細さが際立つようになっていく。京繡は能衣装，祇園祭の山鉾の軒吊りや胴掛け，水

引などにも用いられている。その当時は、商人が金や銀の糸を使用した豪華な着物を好んで着ていた。しかし、豪華な刺繍が施された着物などは一部の裕福な人しか着ることができないものであった。そのあまりの贅沢さに江戸幕府は1668年（寛文8年）に倹約令を出し、金銀の糸の使用を禁止した。

　明治初期までは手刺繍が一般的であったものの、大正から昭和初期にかけては裁縫用ミシン、シャドル式、ニードル式などの機械刺繍も導入され始めた。1928年（昭和3年）ごろには動力を用いた機械刺繍が始まった。1940年（昭和15年）には七・七禁止法[1]が公布され、贅沢な刺繍ができなくなった。戦後になると高度経済成長と共に、一般大衆の服装のあり方に大きな転換が訪れた。その当時、日本では洋装化が進み、着物の需要が急激に減少していたのである。昭和30年代には和装ブームが訪れ、豪華な刺繍が施された高価な着物も売れたが、徐々に着物は冠婚葬祭など日常とはかけ離れた衣服へと変化していった。それに伴い京都の刺繍業界では後継者不足や海外への下請け発注が増加し、業界自体の存続が危ぶまれるようになった。そういった伝統産業衰退への危惧から、京都の手刺繍は1976年（昭和51年）に伝統的工芸品として指定された。京繡の技法は現在で約30種類が存在するが、伝統的工芸品として指定されているのは繡切り、駒使い繡、まつい繡などの15種類である。

(2) 刺繍工程

　京都の刺繍は約12の工程で成り立っている（図3-1参照）。代表的な作業の「縫い」に至るまでに様々な工程を踏む必要があるが、これらは着物制作工程の一部に過ぎず、一反の着物が出来上がるまでにはさらに多くの工程が存在する。

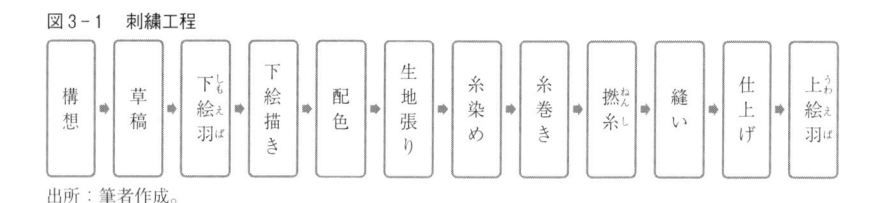

図3-1　刺繍工程

構想 → 草稿 → 下絵羽 → 下絵描き → 配色 → 生地張り → 糸染め → 糸巻き → 撚糸 → 縫い → 仕上げ → 上絵羽

出所：筆者作成。

(3) 京都の着物

　現在の着物の原型は室町時代末期にまで遡る。以降，人々の生活スタイル，環境に応じて変化してきた着物は，江戸時代になり現在の着物と変わりない小袖へと進化を遂げてきた。京都の着物産業は日本の着物生産の中心として発展してきた。朝廷を中心とする「雅の文化」は，着物産業の卓越した技術と人材の育成を促進した。また，日本伝統の茶道，華道，能，狂言などの本山や家元が京都を中心に発展したこともあり，着物は高い美意識を持つ人々の要望に応える高級品となった。京友禅は，江戸時代の元禄期に京都の洛東，東山・知恩院の門前町に居を構えていた扇絵師の「宮崎友禅斎」が描く扇絵が人気を集め，この画風を着物に取り入れて模様染めの分野に生かそうとしたことから始まる。衣服を染める技術には様々な種類があるが，宮崎友禅斎によって技術が集約され，高度な芸術性を持った「手描友禅」へと開花したのであった。明治時代になると，廣瀬治助が化学染料と糊で色糊を作り，型紙で友禅模様を写し染める写し友禅染めが「型友禅」として開発された。友禅のあでやかさに加え，量産が可能になったことから友禅着物は一般市民の間に広く浸透し，西陣織と同様に京都を代表する産業となった。その後，友禅に刺繍を施すとさらに柄が引き立つことから，友禅に刺繍を施すことが一般化していった。

　着物産業は高度に細分化された分業システムからなる大規模な生産地を形成して発展を遂げてきた。本節の事例にも関連する刺繍業界に焦点を絞って見てみると，昭和50年ごろの京都の刺繍業者数は表3－1のようになっている。

　高度経済成長期に入ると，所得水準の向上，高品質を求める消費者の需要により，京都の着物産業の生産高は向上した。西陣織，京友禅などの繊維産業が京都市の工業における産業中分類別製造品出荷額等の構成比において1985年（昭和60年）まで第1位を維持するなど，京都の産業の中で重要な位置を占めていた。しかし，繊維産業の発展は安価でより着心地の良い洋装の普及を後押ししたため，着物産業は徐々に衰退していくこととなる。京友禅は1971年（昭和46年）をピークに生産量が減少の一途を辿っており，出荷額も1980年（昭和55年）のピーク時以降で着物産業の縮小を食い止められていないのが現状である（京都市，2006a, pp.11-12）。

表3-1 京都の刺繍業者の軒数

京都の刺繍業者	250件
手刺繍業	100件（従業員数1121名 下職793名）
機械刺繍業	150件

手刺繍	1社当たりの平均従業員数 5〜6人（家族2.7人 雇用従業員2.8人）
	6人以下の企業 78.1%
機械刺繍	1社当たりの平均従業員数 11.2人（雇用従業員8.5人）
	14人以下の企業 70%

出所：中江（1978），pp.81-82。

図3-2 京友禅の出荷額と生産量の推移

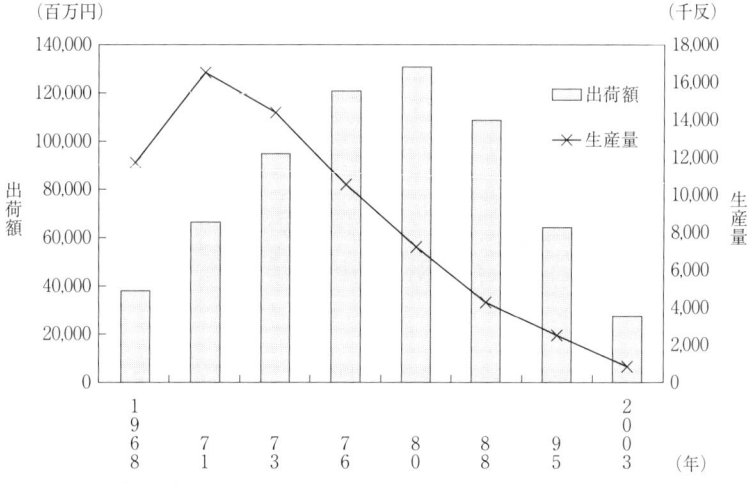

(4) 京都市の観光産業

次に，同じく京都の中心的な産業である観光業について述べる。京都市は国内・外から人気の高い観光地である。京都観光総合調査（2012）によると，入洛観光客数は東日本大震災前の2010年（平成22年）の4956万人からさほど変わりはないとされている。2011年からは調査基準が変わり単純に比較することができないため，それ以前の2010年までの入洛観光客数の推移を過去20年分見てみると，図3-3のようになる（京都市，2008）。新型インフルエンザや世界的な経済不景気の影響などで多少増減はしているものの，2000年ごろから急激に

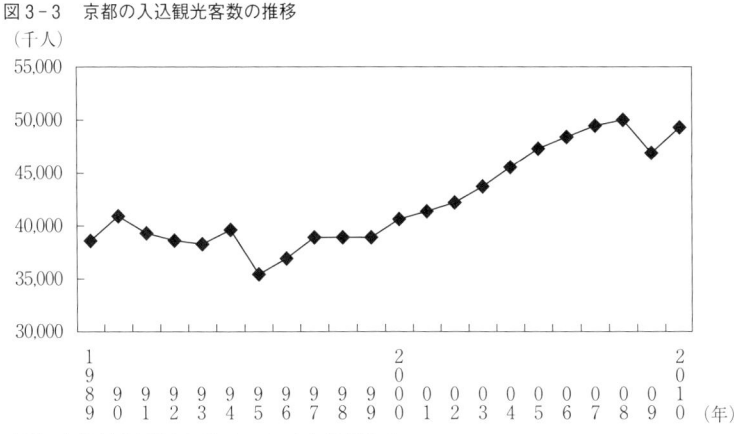

図3-3　京都の入込観光客数の推移

(千人)

出所：京都市観光調査年報（2008）より筆者作成。

観光客数が増加していることがわかる。また，特徴的な点として，訪問回数別割合にして70％近い観光客が10回以上訪れていることが挙げられる（京都市，2012）。これは京都が何度訪れても魅力的な観光都市であることを意味している。また，年間宿泊客数は対前年比12％増の1221万人となっており，東日本大震災の影響を受けた2011年の1087万人から回復している。宿泊外国人客数も前年比64％増の84万人，修学旅行生も3％増の111万人となっており，観光地として高い人気を誇っている。京都は修学旅行先としても人気で，1997年には年間観光客の5人に1人程度であった修学旅行生の割合が，2012年には3人に1人の111万人となっている。財団法人日本修学旅行協会（2012）の調査によると，2011年の国内の中学校の修学旅行先の第1位が京都（20.7％），2位が奈良（16.3％），3位が大阪（11.6％）となっている（㈶日本修学旅行協会，2012）。そして京都には，平安建都以来，1200年もの歴史によって培われた伝統，文化，祭，芸能，寺院・神社をはじめとする文化財や観光資源を数多く保持している。全国の国宝の約20％，重要文化財の約16％が京都にあり（井口・池上，2012），このような観光資源の豊かさが「観光都市」として京都が認知されている最大の要因であると考えられる。

　このような観光地としての京都を生み出すため，行政は様々な取り組みを行ってきた。京都では1963年には入込観光客数が1000万人を超え，1975年時点で3800万人に達し，その後も多少の増減はあるものの，ほぼ横ばいの時代が続

図3-4 京都市における訪問回数別割合

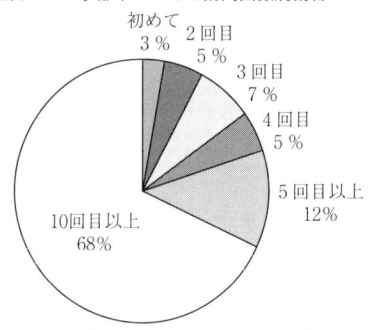

初めて 3%
2回目 5%
3回目 7%
4回目 5%
5回目以上 12%
10回目以上 68%

出所:京都観光総合調査(2012)より筆者作成。

いていた。そこで,京都市は2000年に当時4000万人であった入洛観光客数を2011年までに5000万人に増やすべく,「観光客5000万人構想」を宣言し,2001年に策定した「京都市基本計画」で示された観光振興政策を具体的に展開していくために,前期5年間の行動計画として「京都市観光推進計画─おこしやすプラン21」を発表した。そして,その後5年間の行動計画として「新京都観光振興推進改革〜ゆとり うるおい 新おこしやすプラン21〜」を策定した。このプランでは観光振興に関する5つの宣言を行い,21の戦略的施策と100の推進施策を掲げ,オール京都体制で観光都市としての京都づくりに向けて取り組んでいる(京都市,2006b)。修学旅行生の維持・拡大や産業観光の振興,総合案内所の整備など様々な取り組みを経て,2008年にはついに観光客数にして5000万人を突破している。

このように京都は昔からある寺院や伝統を観光資源として活かしながら,行政が中心となって京都全体で観光を盛り上げようと取り組んでおり,これらが京都の観光産業に大きく影響を与えていると考えられる。

2.事例紹介

かけはし株式会社は,1877年(明治10年)に初代 梯 與一左衛門(かけはしよいちざえもん)氏が徳島から京都に移り住み,生計を立てるために着物の仕立て及び家紋の刺繍を始めたことが起源とされている。137年続く老舗企業である。古来より西陣織,京友禅など着物生産の中心であった京都で梯家は刺繍を極めていった。3代目の義

図3-5　かけはし株式会社の外観

出所：筆者撮影。

一氏の時代には「かけはしの刺繍」を屋号に，同業者の中で抜きんでた刺繍技術を誇ったが，4代目の義夫氏は洋装化の時代を前に設備を一新し，工場化を進めて効率的な生産を試みた。しかし，着物市場の衰退や最新機械を導入した他企業対して競争優位を持つことが出来なかったことから工場を閉鎖し，工場閉鎖後は良質な刺繍作品を残すことに尽力した。洋装化の流れから伝統産業の日本刺繍は存続が危ぶまれるようになり，現社長である5代目の義行氏は伝統産業の保護と企業の生き残りをかけて事業転換を試みてきた。現在では先代が残した日繍作品を公開する「京ししゅう美術館」を設立し，観光客に向けた京都の食材を使用した食事処の営業，京菓子の体験事業などに力を注いでいる。

(1) 創業の背景

創業者である梯與一左衛門氏は徳島の蜂須賀家に仕える鉄砲組の組頭であり，幕末には戊辰戦争において上野で彰義隊と戦い，その功績から550石取りまでの地位を築いた人物であった。しかし，明治維新後の政治体制の一変により領主以外は従来の地位を維持できなくなり，與一左衛門氏は妻と共に1877年（明治10年）に京都へ移住する。武士として生きてきた與一左衛門氏は他の仕事をしたことがなく，収入を得るために大変な苦労をした。一方，妻は武士の

表3-2 企業概要

会社名	かけはし株式会社
代表者	代表取締役社長 梯 義行
本社所在地	京都府京都市右京区西京極衣手町36
創業年	1887年（明治10年）
設立年	1961年（昭和36年）6月6日
資本金	2000万円
従業員	正社員6名　パートタイマー80名

出所：かけはし株式会社ホームページ（http://yatuhasian.jp/; 2014年2月20日アクセス）をもとに筆者作成。

表3-3 沿革

1877年	初代 梯 與一左衛門 徳島から京都に上京 留袖・振袖・絵羽織等の加工業を始める
	四条堀川に工房を移し、商店形態に移行 「かけはしの刺繍」を屋号に定める
1958年	かけはしの刺繍第2工場設立
1961年	日本刺繍工業株式会社設立
1962年	現在地・西京極に本社工場設立
1965年	滋賀工場（草津市）設立 舞鶴出張所設立
1970年	滋賀工場閉鎖
1973年	梯義行が京都の呉服問屋 千切屋株式会社に入社
1976年	同退社
	アメリカ・ロサンゼルスに刺繍を販売しに行く
1984年	工場内にししゅう画廊を開設
1988年	株式会社日本刺繍館設立 梯義行が代表取締役に就任
2002年	日本刺繍工業株式会社からかけはし株式会社に社名変更
2003年	株式会社八つ橋庵としししゅうやから設立
2004年	八つ橋庵かけはし設立
2011年	八つ橋庵しゃなり設立

出所：かけはし株式会社ホームページをもとに筆者作成。

表3-4 売上推移（観光施設事業部門）

（単位：千円）

会計年度	2005年	2006年	2007年	2008年	2009年	2010年	2011年	2012年
売上高	826,180	887,250	915,210	912,380	852,870	918,640	829,630	917,110

出所：かけはし株式会社提供資料をもとに筆者作成。

第3章　地域ファミリー企業の事例分析1

妻であったことから着物の仕立てに関する知識を学んでいたので，生計を立てるために着物の仕立て，刺繍による着物への紋入れを行っていくようになった。これがかけはし刺繍の原点である。

　與一左衛門氏の息子であった虎吉丸（幼名）は武家の長男として1869年（明治2年）に生まれたが，幼少期に徳島城下の呉服屋に預けられ，8歳になると刺繍針を持たされていた。修行を積んだ後に，2代目梯虎吉として刺繍業を継いでいくことになる。虎吉氏は緞帳師と呼ばれ，主に神社・仏閣の幕類，芝居の緞帳などを手掛けることを専門としていた。お寺の本堂を借りては，緞帳に刺繍を施していた。虎吉氏の豪快な性格から生み出された作品は，東京の浅草寺にも納められたこともある。仕事熱心であった虎吉氏と共に，虎吉氏の妻も刺繍を行っていたが，この時代は本格的な事業というよりは，日々の生活を営むための生業的な側面が強かった。

(2)　伝統産業としての刺繍業の確立

　3代目の梯義一氏は1910年（明治41年）に誕生し，地域内の刺繍屋に幼いころから丁稚奉公をして褄物師として家業を継いだ。褄物師とは，衣装に刺繍を行う人を意味し，京都では「縫屋」と呼ばれている。義一氏は一度結婚するが，早くして妻を病気で失ってしまったため，後に丁稚奉公先の娘であるあきこ氏と再婚している。あきこ氏は刺繍屋の娘で義一氏と同様に刺繍ができたため，夫婦揃って刺繍を行っていた。当時は刺繍業などの着物関係の業者が密集する地域に居住していた。しかし，より着物に携わる業者が多い四条堀川に転居したことを境に，「かけはしの刺繍」を屋号として掲げ，商店として本格的な事業体制に変わっていった。

　幼少期から刺繍一筋に生きてきた義一氏の刺繍は高い評価を受けるようになり，特に義一氏が得意とした「糸の背を流す」技術は評判が高かった。これは針を自由自在操って光の流れを糸で作り出す技術である。このような技術を身に付けるには30年以上の経験が必要とされており，名人の技術を持った義一氏は晩年に人間国宝に推薦されたこともあった。しかし，本人は人間国宝になると私生活が制限されるため辞退している。

　「かけはしの刺繍」は地域内・外を問わず高い評価を得るようになり，義一氏に刺繍を学ぶために来る弟子が多く集まるようになった。地方では職が不足

図3-6　義一氏の代における刺繍業界の物流図

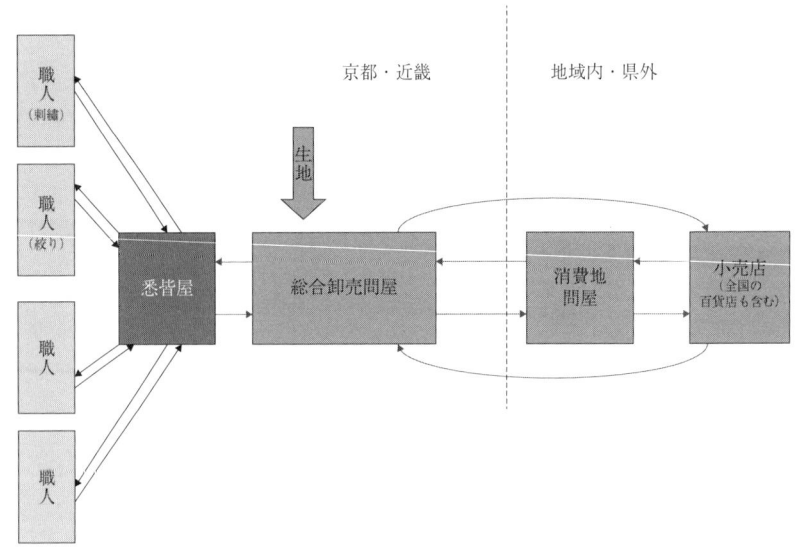

出所：梯義行氏へのインタビューをもとに筆者作成。

し，職を求めて京都に出て来る若者が多かったため，そのような若者が5～6人弟子として住み込みで刺繍を学びに来ていた。義一氏は職人の育成を自らが率先して行っていた。妻のあきこ氏は職人として仕事をしていたが，弟子が作成した作品の指導は義一氏が行っていた。将来の刺繍業を支える弟子達に義一氏は常に「ええ仕事をせい」と言い聞かせていた。当時の職人にとっては，自分の持っている技術を最大限に発揮することが仕事への心構えであるとされており，利益などは二の次の問題だった。職人の家系に生まれた人の中には，幼いころから丁稚奉公に出て学校に通えなかった人も多く，義一氏の場合も学校に行った経験がなかった。そのため，顧客との取引の中で，利益よりも顧客や自分が満足できる技術を追求することが重要であると考えていた。また，職人が多く集まる町内では仕事に関する噂が伝わりやすく，義一氏の取引先の悉皆屋や問屋にまでもすぐに伝わった。そのため家業の評判を落とさず最高の仕事をし続けることが，注文を確保する1つの方法となっていたのである。

　着物業界の流通は仲介業者を挟んだ複数の段階から構成されているが，京都の着物業界においても同様であった。義一氏が刺繍業を営んでいた明治時代から昭和時代にかけては主に4段階からなる流通経路が存在していた（図3-6

参照)。

　悉皆屋とは，問屋から生地を預かり，問屋から受けた注文に最適な加工を施せる職人を選別し，仕事を委託するいわゆる着物の総合プロデューサーである。かけはしの刺繍は古くから悉皆屋を通じた取引があった。このような悉皆屋は誂え悉皆屋とも呼ばれており，個人に向けたオーダーメイドでの注文を取り扱っている。当時は着物が普段着であったものの，多くの人は刺繍が施された高価な着物を着られなかったこともあり，誂え悉皆屋は上流階級向けの色留袖（紋の付いた着物）を取り扱うことがほとんどであった。一方，職人が自ら悉皆屋に赴き仕事をもらうことは恥ずべき行為という認識が強かった。価格取引は悉皆屋とかけはしの間で行われたが，価格決定に関しては悉皆屋が強い影響力を持っており，注文を引き受けると同時に悉皆屋側から大体の予算が提示され，価格が決定されていた。

　悉皆屋と取引を行っていたのが総合問屋である。総合問屋は製造問屋と前売問屋の機能を併せ持っていた。製造問屋は生産者と継続的な取引を行っており，製造卸の機能を担っている場合は商品を企画する場合もある。前売問屋は現在の商社と同じ機能を持っており，製品を消費地問屋に流通させる役割を担っていた。通常であれば，問屋の持つ力が地方まで行き届かないため，前売問屋は次の段階の消費地問屋を利用することが多い。京都では，着物業界の発展とともに総合卸売問屋が成長したため，かけはしの製品の流通においても，総合卸売問屋が製造問屋と前売問屋の両方の機能を担っていた。京都の大規模な総合卸売問屋は仕入部門，営業部門のそれぞれに細分化された組織を持っていた。営業部門は全国の地域ごとに分けられ，担当の営業が地方の問屋を使わずに，小売に営業をかけていた。そのため，総合卸売問屋は地域内外に名が知られ，地方の有名百貨店は直接買い付けに来ていた。こうした流通システムのもと，地方の呉服屋にもかけはしの製品が流通していた。

　また，京都では茶道，華道の家元や有名な料亭が揃っており，茶道や華道の家元では新年に開催される儀礼や会に向けた晴れ着を注文するため，かけはしでも12月になると注文がピークを迎え，この時期には通常業務を延長して刺繍に勤しんでいた。高品質の刺繍の提供を目指していたかけはしにとって，彼らが中心となる顧客であったことは間違いないだろう。

　ただ，かけはしの刺繍が消費者に届くまで多くの仲介業者が存在したため，

消費者の声をかけはしが直接聞くことはほとんどなかった。多くの顧客が地方で行われる展示会で着物を購入するため，消費者の評価は人づてに聞くことが多かったのであった。

　かけはしの刺繍を支えていたのが刺繍道具の関係者である。刺繍において最も華やかな色彩を放つ金糸，銀糸の生産は90％が京都を中心に職人の手作業で行われていた。また，縫針の場合は宇治に住む白井氏という名人がいた。彼は15歳のころから針打ちを始め，太い針から細い針まで20種類の制作をしていた。彼の針は繊細な糸を自由に操れることで定評があり，義一氏の刺繍もその名人の針によって支えられていた。四条堀川の西側の南北の通りの界隈を中心に，枠や刺繍台を作る道具職人も揃っており，これらの道具屋は桶（おけ），刷毛（はけ），糸を小分けするための道具などを専門的に生産していた。しかし，これらの道具屋関係も高度経済成長による経営環境の変化を受けて，刺繍の生産拠点が海外や工場に移るにつれて衰退していった。

(3) 伝統刺繍からミシン刺繍への挑戦

　京都市下京区松原に生まれた梯義夫氏は，15歳から刺繍を学び始め，16歳になると本格的な技術習得のために丁稚奉公に出た。奉公先では，最初何も任せてもらえず，朝から晩まで雑用のみをしていた。仕事も誰からも教えてもらえず，夜中に師匠や先輩が寝静まった後に，くず入れからはしきれを拾い出しては，昼間見た先輩の仕事を自分で試して刺繍の腕前を上げていった。義夫氏が刺繍の世界に魅了され始めたのは18歳のときであった。貞明皇后（ていめい）に刺繍を施した帯を献上する際に，義夫氏と父の義一氏をはじめとする8人の刺繍師が参加した。1ヶ月の制作の末，孔雀（くじゃく）に牡丹をあしらった作品が完成し，それを見たときに本当の刺繍はこれだと感じたという。それ以降，義夫氏は刺繍の魅力に引き込まれていった（中江，1978，p.117）。息子の義行氏によると，義夫氏は頑固でいわゆる昔ながらの職人というイメージがまさに当てはまる人物であり，とにかく事業に没頭し，事務関係の仕事は母あきこ氏の仕事を時々手伝う程度で，財務に関しては無頓着で税理士に任せていた。性格は非常に繊細で，その繊細さ故に人付き合いの範囲が限定されていた。しかし，その繊細な性格のおかげで数多くの大作を残すことができた。また，頑固な一面を持つ一方で，新しいものを積極的に吸収しようとする柔軟な面も持つ行動力に溢れた人物で

あった[2]。

　太平洋戦争が勃発すると国民の生活が苦しくなり，豪華な刺繍をあしらった着物を買う人がほとんどいなくなった。加えて，1940年に七・七禁止法が公布され，これまでのように豪華な刺繍ができなくなり，刺繍産業は大きな窮地に陥った（中江，1978，p.20）。この時代に義夫氏は，軍旗や憲章を刺繍し，軍隊に納めて生活を維持していた。その後，徴兵されて満州へと出兵し，戦地では輜重兵という，前線で戦う部隊に食料や弾薬を届ける部隊に所属していた。この時期，戦地での過酷な生活で足腰を痛め，戦地から帰ってきた後も長い間座って刺繍を行うことが困難になった。年齢も若く血気盛んだった義夫氏は，洋服へのミシン刺繍に新たな可能性を見出し，大量生産へと舵を切っていった。

　戦後になると刺繍産業を取り巻く経営環境は大きく変化した。1950年ごろになるとレース刺繍が導入され，ミシンを用いた刺繍の製造が本格化していった。和装に固執していては刺繍の新たな発展はないと考えた義夫氏は，刺繍を活かした新たな事業を模索しているうちに，人々の関心が従来の和装から洋装へと移りつつあることを感じ，ストッキングへの刺繍技術の応用に取り組んでいた。これは業界の中でも先駆的な取り組みであった[3]。その後，絹の靴下に刺繍を入れることも考案し，試行錯誤の末にバラの刺繍のついた靴下の製作に成功した。この靴下はシド・チャーリー主演の「絹の靴下」という映画で実際に使われている。義夫氏はこうした刺繍技術を洋装に応用した製品を，大阪に本社がある洋服商社に持ち込み高評価を得ている。このとき，義夫氏は刺繍の新たな可能性を実感することとなった。

　しかし，新しいものを求める義夫氏と，伝統を重視する義一氏との間ではしばしば意見の対立があった。ミシンの縫い幅と手刺繍の縫い幅が似ていることから，手刺繍の技術をミシン刺繍に応用することに手応えを感じていた義夫氏は，ミシン刺繍の製品製作を続けていた。刺繍の新たな可能性を開拓するため，義夫氏は義一氏の理解を得た上で義一氏や親族から資金援助を受け，1958年にかけはしの刺繍第2工場を現在の西京極近辺に設立し独立した。設立当時は，同じ柄の製品を100着作って欲しいという大量注文が来ていたというように，着物一反の「質」より「量」を求める時代へと変化を遂げている最中であった。工場設立当初のかけはしはミシンを用いて刺繍の大量生産を進めていたが，それと同時に手刺繍技術の継承も行っていた。手刺繍の指導を行っていたのは，

義夫氏本人だけではなく，かけはし刺繡にいた倉貫氏という職人であった。独立後，しばらくの間は倉貫氏が義夫氏の工場で手刺繡の指導を行っており，義夫氏はミシン刺繡，倉貫氏は着物の手刺繡に集中していた。義夫氏はミシン導入後に独学でミシンの技術を習得した。工場稼働当時は着物刺繡の大量生産，洋服への刺繡，手刺繡の3種類ができ，ストッキングへのワンポイント刺繡といった独特な技術も持っていることを強みにして，順調に事業活動を行っていた。そして，3年後の1961年にはそれまでの商店形式から，日本刺繡工業株式会社として法人へと移行している。

　当時は高度経済成長の流れもあって順調に事業は進んでいた。事業の拡大を目指した義夫氏は1965年に滋賀県の草津に工場を新設した。その当時，草津で大きな農業用地が売りに出されており，加えて名神高速の開通により交通の便が良くなっていた。草津が京都に比べて賃金が安かった等の様々な好条件が重なり，草津への工場新設を決心した。この工場にはミシンが約100台導入されており，当時の工場としてはとても大規模なものであった。同社のパンフレットによると，当時の従業員は200人を数えており，機械刺繡を手掛ける会社の1社当たりの平均従業員数が14人以下の割合が70％であったことを考えると，かなり大規模な事業を行っていたことがうかがえる。

　草津工場設立前は，京都にある本社で生産活動を行っていたが，新工場設立後は生産機能を全て新工場に移転し，本社では営業や事務活動を主に行っていた。洋服の刺繡に関しては大阪にあるメーカーから直接注文を受ける一方で，着物の営業活動は行わず，従来の悉皆屋を通して取引をしていた。この時代でも創業からの悉皆屋との取引は続いていた。

　当時の生産体制は手刺繡部，振り幅ミシン部，コマミシン部の3部門に分かれており，その中でも振り幅ミシン部が事業の中核を担っていた。新入社員には各部門の責任者が教育を行う仕組みとなっていた。

　順調に事業を拡大させていた同社であったが，草津工場を設立したころから着物市場の衰退が始まっていた。その要因としては，高度経済成長や大阪万博の開催による人々の洋装化，人件費の安い韓国や中国に生産を委託する問屋の増加，地方の学生の職業選択の幅が増加し，職人を目指す若者が減少したことが挙げられる。このような経営環境の変化に応じて競合企業では，従来のミシンより性能がよく，技術習得が容易なドイツ製ミシンを導入する動きが高まっ

図3-7 ししゅう博物館に展示されている刺繍作品

出所：筆者撮影。

ていた。義夫氏も新型ミシンの導入を検討したが，導入のためには人員削減する必要があり導入を見送った。結果，ドイツ製ミシンを導入した他社との価格競争に負け，設立から5年後の1970年に工場を閉鎖することとなった。

　草津工場閉鎖後，義夫氏は数多くの刺繍絵画の大作を残している。刺繍絵画とは風景や物，動物を刺繍のみで描く作品である。刺繍絵画は戦争時代，豪華な刺繍が禁止されているときに，造船関係者から刺繍絵画の依頼が来たことがきっかけとなって制作が始まったものである。当時日本は造船大国だったことから多くの注文が来たという。刺繍絵画の需要に応えるため，義夫氏は絵画刺繍に力を入れ，晩年は良質の作品を残すことに尽力した。また，刺繍技術の継承にも力を注ぎ，優秀な刺繍職人を数多く育成している。義夫氏とその弟子の作品は現在も同社のししゅう博物館に展示されている。

(4) 伝統産業衰退への危機意識と観光業への参入

　現代表取締役の梯義行氏は，四条の堀川で生まれ育ち地元の高校に進学した。義行氏は趣味としてお菓子作りをしており，クッキング番組を見てはメモをとっていた。そんな姿を見た母親から「刺繍を継がずに料理人になれ」と言わ

れていたほど義行氏の作ったお菓子は評判だった[4]。その後，義行氏は1969年に早稲田大学法学部に入学するが，ちょうどそのころ父の義夫氏が体調を崩して入院し，京都へ戻ってくるように言われた。大学卒業後は京都に戻って，1973年に京都の呉服問屋の千切屋株式会社へ入社し2年半ほどの勤務経験を積んだ。しかし，父義夫氏の容体がさらに悪化したことを受け，1976年には千切屋株式会社を退社し，同年に日本刺繍工業株式会社へ入社することとなった。

　1970年に大阪万博が開催されたころから，日本では高度経済成長に伴い洋装化が進み，刺繍を施した着物は冠婚葬祭用として位置づけられるようになり，京都の着物産業全体が打撃を受けていた。また，コストを抑え大量生産を行うために生産拠点の多くが韓国や中国に移り，値段では日本の職人の作る商品がそれらの商品に太刀打ち出来なくなっていた。

　このような状況を目の当たりにした義行氏は，どこかで刺繍業という業態を変えなければならないと感じていた。そこで，義行氏は日本刺繍工業株式会社に入社してから，少しずつ新たな取り組みを始めた。はじめは，商社に勤めている友人に頼んで，アラブ人に刺繍作品の売り込みをかけた。また，入社した翌年の1977年には，ロサンゼルスに姉の婿と共に渡米し，友人のいるベーカーズフィールドで刺繍の展示会を行った。英語も分からない状況であったが必死で取り組んだ甲斐もあり，この展示会は成功を収め作品も売れた。そのときの様子は，京都の新聞だけでなく現地の新聞社にもとりあげられるほどだった。しかし，日本にいる従業員も含め，英語が堪能な人材がいなかったために，その後，従業員たちはアメリカからの電話に対応できず，事業に結びつけることができなかった。

　義行氏は職人の育成も難しくなった今，このまま刺繍作品の販売事業を続ければ作品が無くなってしまうと感じた。そこで今後は刺繍作品を見せる事業，つまり観光業に興味を持つようになっていた。このころ，刺繍に失敗した不良在庫が会社に多くあり，それを安く売るために近所にチラシを入れてまわっていた。すると思った以上に商品が売れたことから，義行氏はこのような商品で観光客を呼ぶことができればいいと考えるようになった[5]。

　入社してからは社長の義夫氏と相談しながら事業を進めていくことになる。1984年には工場内にししゅう画廊「日本刺繍館」を開設した。ししゅう画廊を見学する客の観光バスを入れるために駐車場を作ろうと提案した際には，家族

や従業員から反対を受けた。しかし税理士からこの状況では事業の継続が難しいことを指摘され，義夫氏も今の事業を続けられないと自覚していたため，最終的には理解を得ることができた。

　ちょうどそのころ，偶然にも義行氏がある観光会社の営業部長と知り合った。この観光会社は，婚礼・宴会施設やホテル，ゴルフ場などのレジャー事業を運営している企業である。営業部長は以前からホテルに集客を図るために珍しいものを探していた。そこで，営業部長は京都では珍しい刺繡屋かけはしに興味を持った。この出会いをきっかけに，かけはしに観光バスが来るようになり，そこで観光客に刺繡を施したＢ級品のセーターやハンカチを販売した。

　1988年に義夫氏が亡くなり後を引き継いだ義行氏は1988年に株式会社日本刺繡館を設立した。株式会社日本刺繡館では卸売を行い，全国各地に刺繡を施した小物を卸していた。事業は順調ではあったが，不良在庫が多く出てしまい，卸部門は廃止することになった。

　義行氏には姉が２人，妹が１人いるが，先代の義夫氏が亡くなった後，姉の婿たちと事業後継にあたって問題が生じることとなった。そこで自分が社長になるのは良くないと感じていた義行氏は，１番上の姉に着物用の刺繡事業を，２番目の姉には祭用の刺繡事業を渡し，自分は新たな事業を立ち上げようと考え，1990年代にそれぞれが独立した[6]。その後義行氏は観光業を進めるため，自ら旅行会社に刺繡見学の提案を行ったり，観光業者にアドバイスをもらったりした。結果，旅行会社との契約に繋がった。義行氏は，毎日が波瀾万丈であったもののストレスがたまることはなく，新しい事業を行うことに楽しさを感じていた。そのような義行氏の姿に，従業員の士気も上がり会社全体として動き出していった。義行氏は観光モデルコースを作成して旅行会社へ営業を行った。すると旅行会社との契約も増え，観光客は増加していった。1994年に京都に「美空ひばり館」ができた際には，「美空ひばり館」ツアーを提案し成功を収めた。観光業として徐々に軌道に乗ると，観光業者から反発を受けた時期もあったが，義行氏はむしろその方がやる気になった。また，反発を受けたときはバス会社や，名古屋の鉄道会社の社長が助けてくれた。当時の名古屋の鉄道会社の社長は，義行氏を業者会の役員に抜擢した。また既存の観光業界の施設に不満をもっていた人々が，同社へ目を向けてくれるようになった。

　はじめは刺繡を施した小物を売るだけだったが，簡単な刺繡を観光客が体験

図3-8　かけはし株式会社の組織図

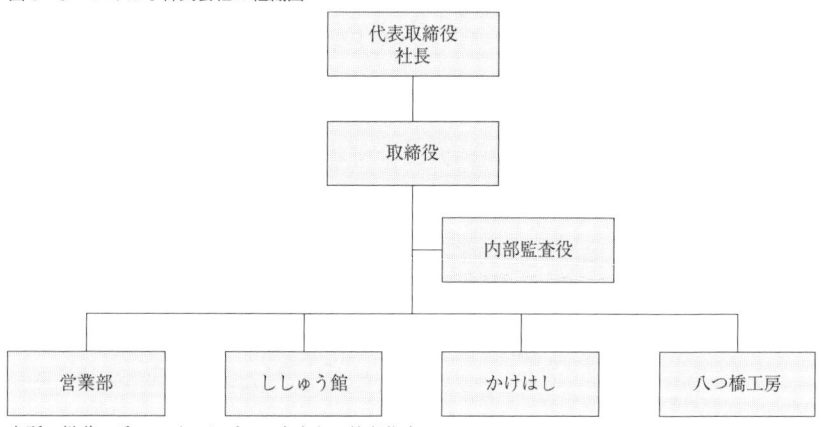

```
            代表取締役
              社長
                │
              取締役
                │
              ├──── 内部監査役
                │
    ┌─────────┼─────────┬─────────┐
  営業部    ししゅう館   かけはし   八つ橋工房
```

出所：梯義一氏へのインタビューをもとに筆者作成。

できる刺繍講座も始めた。その後，食事も提供しなければならないと考え，専門調理師ではなく近所にチラシを配り，パートタイマーを募った。なぜなら，調理人に費用をかけるよりも食材にこだわることが第1と考えたからだ。始めた当初は観光客のための取り急ぎ程度の食事であったが，食事も観光の一部と考えメニューを充実させていった。そして，観光客の受け入れ態勢が整ったころから，お菓子の製造・販売も始めた。パティシエを雇う資金はなかったため，近所のお菓子好きの主婦を集め，義行氏自身が独学で学んだお菓子作りを教えていた。その後お菓子作りを事業に活かし，生八つ橋作り体験を始めた。日本刺繍工業株式会社から社名を「かけはし株式会社」に変更した。2002年以降あたりからは，お菓子を大量に生産するための機械も導入し，本格的にお菓子の製造・販売も行っている。

　現在のかけはし株式会社を組織図として表したものが，図3-8である。妻の多恵子氏は取締役ではあるが，経営には深く関わっておらず，娘の真琴氏がマーケティングや事業の提案などを一緒に行っている[7]。先代からの税理士である中野氏が内部監査で，正社員は少なく，多くを近所のパートタイマーでまかなっている。パートタイマーの占める割合が高いのは，義行氏の時代の流れに応じて組織の縮小も拡大もできるような体制にしておきたいという思いからである。比較的年齢層の高いパートタイマーの経験の豊富さは，新メニュー考案の際に積極的に活かされている。義行氏は多くの団体にも所属しており，京

都市観光協会の直属の団体である京都市観光協会施設協議会の代表幹事やJTB京都誘致対策協議会の理事などにも就いている。また，観光推進協議会に所属しながら，他県の修学旅行の誘致も行い，積極的に京都観光の活性化に向けた取り組みもしている。

現在は，ししゅう館での刺繍作品の展示に加え，生八つ橋手作り体験を始めとする10種類以上の体験事業，京都の食材を使用した食事などを観光客に提供している。2012年からは専門調理師も雇い，提供される料理もより本格的になっている。既存の観光施設は心がこもっておらず，料理もおいしくないという声があったため，訪れる観光客を自分の目の届く範囲でもてなしたいという義行氏の考えを実行したのである。このようなかけはしのおもてなしは観光客から非常に高い評判を得ている。かけはしで体験したり，ししゅう館を見学したりする観光客は多い日で1日に1000人にのぼることもある。現在の主な取引先としては，JTBや近畿日本ツーリストがあり，これらの旅行会社は修学旅行などの旅行ツアーの関係で大きな取引がある。また嵯峨のトロッコ列車には唯一製品を卸している。

3．事例分析

(1) 生成期（1900年代～1930年代）:「かけはしの刺繍」の発展

梯義一氏は刺繍を行ってきた家系に生まれ，若くして高度な刺繍技術を身につけるべく地域内の刺繍屋に丁稚奉公に通い，技術や職人としてのあり方を学んできた。義一氏にとって刺繍とは自分の家系を象徴するものであり，それを事業として成り立たせ引き継いでいくべき意義があったのであろう。なぜなら，義一氏自身が生まれ育った環境が着物製作に関わる職人達が集まっている地域であったと同時に，当時の時代背景を考えれば家業を継ぐことが当たり前の時代であったからである。こうして義一氏は，家業として続いてきた刺繍業を継承することとなった。

義一氏とともにかけはしの刺繍の基盤を確立したのが妻のあきこ氏であり，ファミリー企業家としては，義一氏とあきこ氏の二人三脚構成であったと考えられる。あきこ氏は，当時の主要事業であった刺繍技術を支えただけではなく，経理の役割も担っていた。事業の意思決定に関してはほとんどが義一氏によっ

図 3-9 生成期のフレームワーク

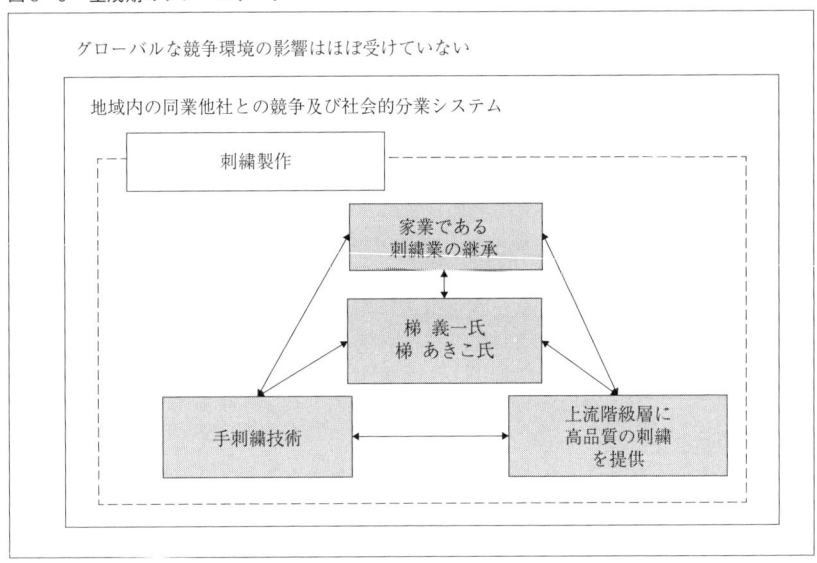

```
┌─────────────────────────────────────────────────┐
│      グローバルな競争環境の影響はほぼ受けていない          │
│   ┌─────────────────────────────────────────┐   │
│   │   地域内の同業他社との競争及び社会的分業システム    │   │
│   │         ┌──────────┐                     │   │
│   │         │  刺繍製作  │                     │   │
│   │         └──────────┘                     │   │
│   │            ┌─────────┐                   │   │
│   │            │ 家業である │                   │   │
│   │            │刺繍業の継承│                   │   │
│   │            └─────────┘                   │   │
│   │            ┌─────────┐                   │   │
│   │            │ 梯 義一氏 │                   │   │
│   │            │ 梯 あきこ氏│                   │   │
│   │            └─────────┘                   │   │
│   │    ┌────────┐      ┌──────────┐         │   │
│   │    │手刺繍技術│      │上流階級層に│         │   │
│   │    │        │      │高品質の刺繍│         │   │
│   │    │        │      │ を提供   │         │   │
│   │    └────────┘      └──────────┘         │   │
│   └─────────────────────────────────────────┘   │
└─────────────────────────────────────────────────┘
```

出所：筆者作成。

てなされていたが，あきこ氏が同社の会計を担うことで義一氏が無関心であった収支のやりくりを陰ながらコントロールしていたと推測できる。

　当時，義一氏は刺繍のジャンルの中でも高級刺繍に取り組んでおり，同社のビジネスシステムは「富裕層や上流階級の人々が求める高品質な刺繍を提供する」という明確な構想を持ったものであったと考えられる。同社がそのようなビジネスシステムを構想した理由として，当時刺繍が施した高級な着物を購入できる消費者が身近にいたこと——京都を中心とした料亭，茶道，華道などの名門や地方の裕福な人々——であり，彼らのニーズを満たす必要があったためであると考えられる。また，同業他社が乱立する地域内では最高の技術を見せることが，次の仕事を手に入れるひとつの方法でもあったと考えられる。さらに，義一氏は習得してきた刺繍技術を仕事の中で発揮・向上させることが何よりの職人としての心構えだと認識しており，利益のために刺繍の質を落とすなど義一氏にとっては考えもできないことであった。

　こうした同社のビジネスシステムを実現させるためには，高い刺繍の技術力が要求される。刺繍技術を習得するには最低でも 6 年はかかるといわれているが，義一氏の刺繍技術は人間国宝への推薦状が来るほど外部から定評があり，

それには，義一氏の生まれ育った刺繍業を営んでいた家系や地域の環境が非常に強く影響していたと推測される。また，義一氏の技術は義一氏自身によって直接職人に継承されており，企業家である義一氏だけではなく同社の中に刺繍技術のノウハウが蓄積されていった。地域内に多数の刺繍業を営む競合他社が存在する中で，かけはしの刺繍全体として高い競争優位を構築することは同社の「暖簾」を守る上でも必要不可欠であっただろう。

また，同社のコア資源である刺繍の高い技術力は，針などの道具に支えられていた。特に京都の宇治市に住む白井氏から力添えを受けていたのだが，彼は手作業によって太い針から細い針まで20種類制作できたという。現在では針は機械で製針することが可能だが，義行氏いわく機械の針では穴がなめらかではないため，手打ち針でなければ細い刺繍糸を自在に操ることは難しいという。当時刺繍業界では，社会的分業システムが成り立っていたため，刺繍針などのインプット面における地域への依存度が非常に高かった。義行氏が「すばらしい刺繍の技術がたとえあっても，刺繍糸に最適な針がなく，誰ももう作れないのです」と述べているように，職人の技術だけが優れていても，その技術に応える道具がなければ同社の刺繍技術は効果的に発揮されないのである。つまり，かけはしのコア資源であった手刺繍技術の高さは，地域に存在する社会的分業のパートナーの存在の上に成り立っていたのである。

社会的分業システムは，流通面，つまりアウトプット面においても同社を下支えしていた。同社は悉皆屋，総合卸問屋との間で密接かつ規則的な流通システムが構築されており，そのシステムを通じて地域外の顧客にも同社の刺繍の施された着物が販売されていた。ここから，同社のビジネスシステムは地域の職人，悉皆屋，総合卸売問屋によって構築されていたと分析することができる（加護野，1999）。当時の社会的分業システムは，職人が刺繍に専念できる環境をもたらし，高品質な刺繍を提供するのに最適なシステムであった。零細な職人が多かったことを踏まえると，顧客への製品の流通は専門の悉皆屋や問屋に任せていたほうがリスクを分散することが出来，利益面からも都合が良かったと考えられる。さらに，全国各地で開かれる展示会での消費者の意見は小売側から製造側にフィードバックされており，顧客との接点が少ない職人にとっては貴重な情報源となっていた。ただし，総合卸問屋などと安定して取引を行うためには高い技術力が求められた。地域内の刺繍業者間では互いに切磋琢磨し

合って，技術力の向上に努めていたと考えられる。

　一方，社会的分業システムのデメリットとしては職人と問屋間のパワーバランスが挙げられる。職人と悉皆屋の関係においては，悉皆屋が注文の配分や価格決定に関して大きな裁量権を持っており，かけはしの職人気質の企業風土からも悉皆屋に意見を言うことはほとんど出来なかった。そんな中で，継続的に取引をしていくためには信頼関係を上手く構築していく必要があった。義一氏が職人たちに「ええ仕事をせい」と常々言っていたのは，個々の技術力を向上させるためだけではなく，評判が伝わりやすい地域内でのネットワークを維持するためであったとも考えられる。ビジネスシステムを構想する上では，地域内の取引先や顧客との利害関係の調節が必要となるが（加護野，1999/伊丹，2003），幼いころから義一氏は業界内で育っていたため，最終顧客だけではなく，地域内での信頼醸成が仕事に繋がることを認識していたと考えられる。

　こうした仕事に対する義一氏の認識は，従業員たちに広く浸透していた。かけはしでは食事の際に義一氏，あきこ氏，職人全員が集まるなど，日頃から経営と従業員の距離が密接になるようにされてきた。これは慣習的なものであるかもしれないが，組織全体がコミュニケーションを取ることができる場となっていたのだろう。ファミリー以外の職人や従業員がファミリー企業家である義一氏やあきこ氏と日々時間を共有することで，Kenyon-Rouvimez & Word（2005）が主張した「個人はコミュニティの一員である」という認識を組織内に広めることができ，ファミリー企業ならではのジレンマの克服に貢献していたと考えられる。また非公式的な日常的なコミュニケーションを通じて，仕事の場において商品を購入する顧客に満足してもらうためにはどのような刺繍を作ればいいのかという技術的なことばかりではなく，かけはしの刺繍職人はどうあるべきかといった同社の職人として必要な認識を共有させていたと考えられる。つまり，かけはしではファミリー企業特有の緊密な関係性を生かし，組織に対する共通理念を構築していたのである。

　一方，義一氏は後継者を育成するために息子の義夫氏を丁稚奉公に送り，他の職人のもとで技術や職人としての生き方を学ばせていた。ファミリー企業で起こりがちな同族経営者による情報の固定化や閉鎖性の問題は，ミラー（2006）の指摘するイカルス・パラドクスを引き起こす可能性があるが，あえて他の職人の下で経験を積ませることによって，後継者に同社のアイデンティ

ティとは何かを再認識させるとともに，刺繍業界でのしきたりや慣習を学ばせようとしたのだろう。また，皇后に刺繍をした帯を献上することになった際は義夫氏を参加させるなど，義一氏が様々な経験を通じて後継者を育成しようとする姿勢が見て取れる。繡屋としての経験が浅いにもかかわらず，まだ若いうちに大役をまかされた経験は，義夫氏が将来かけはしの刺繍を継ぐ際の動機付けともなっていただろう。

一方で戦渦中の政府による物資統制や七・七禁止法などの刺繍産業に対する規制は，同社の事業に大きな影響を与えた。かけはしは高級刺繍を主に扱っていたので，このときに大きな収入源を失ってしまった。

このように生成期は創業から数十年を経て，事業体制を確立した時期であった。職人として高品質の刺繍を施すことを目指し，上流階級に向けた高級着物向けの刺繍を提供するという明確なビジネスシステムの構想があったことで，義一氏自らが強いリーダーシップを発揮し，技術の向上や職人の育成を効果的に行ってきた。その結果，地域内外に認められるコア資源が確立され，取引先の悉皆屋から高評価や信頼を得ることができた。ただし，「かけはしの刺繍」が名実ともに成長した背景には義一氏の経営者としての方針もあるが，着物に対する需要がまだ高かったことに留意しなければならない。以下では，戦後の洋装化に応じて4代目義夫氏が事業体制を変革させていった形成期の分析を行っていく。

(2) 形成期（1930年代〜1970年代）：洋装化対応に向けた刺繍技術の応用

形成期におけるファミリー企業家は義夫氏，義夫氏の妻である君子氏から構成されており，意思決定は全て義夫氏が独断で行っていた。しかし，義夫氏は財務に無頓着だったため，財務部門は妻の君子氏が担い，同社の財務を陰ながらに支えていた。形成期では同社を取り巻く経営環境に劇的な変化が訪れたが，義夫氏は強力なリーダーシップを発揮して事業体制を変革し，常に新しい挑戦を行ってきた。

戦後は洋装化が進み着物に刺繍を施す刺繍業界にも大きな転換点が訪れていた。レース刺繍が始まりミシン刺繍が本格化する中で，義夫氏は従来の手刺繍の技術を応用した洋服への刺繍などの新たな事業を模索していた。義夫氏は当時珍しかったストッキングや洋服への刺繍を試行錯誤の末に成功させ，大阪の

商社に売り込みに行って高評価を得ることができた。そこで，義夫氏は洋装化時代の事業の方向性を確信したという。つまり，洋装化時代の到来を認知し，新しいパートナーとの取引で好感触を得たことが，事業機会の認識につながったのである。

同社は洋服の大量生産によって生じる刺繍需要に対応するために，事業の軸を「手刺繍」からミシンを用いた「機械刺繍」に切り替えていった。つまり，洋装化による顧客ニーズの変化に応じて，他社に先駆けて大量生産体制を構築することによって，差別化を図ろうとしていたのである。

一方，義夫氏は事業を継承する際に，先代の義一氏とは全く異なる事業の方向性を目指したため両者は対立してしまった。義夫氏には先代のやり方をそのまま踏襲するというよりは，革新を起こしたいという意思のほうが強く現れており，伝統技術を守ろうとする義一氏との間に葛藤が生じたのである。企業家は，先代が築いてきた事業の仕組みが事業を継承したあとも有効である保証はないため，自らを取り巻く環境変化に対応して「第2の創業」を果たす企業家活動が必要となる（倉科，2008；加藤，2013）。義夫氏は大量生産を導入することで事業転換を図りつつ，晩年手刺繍の技術を残すため絵画刺繍に専念して

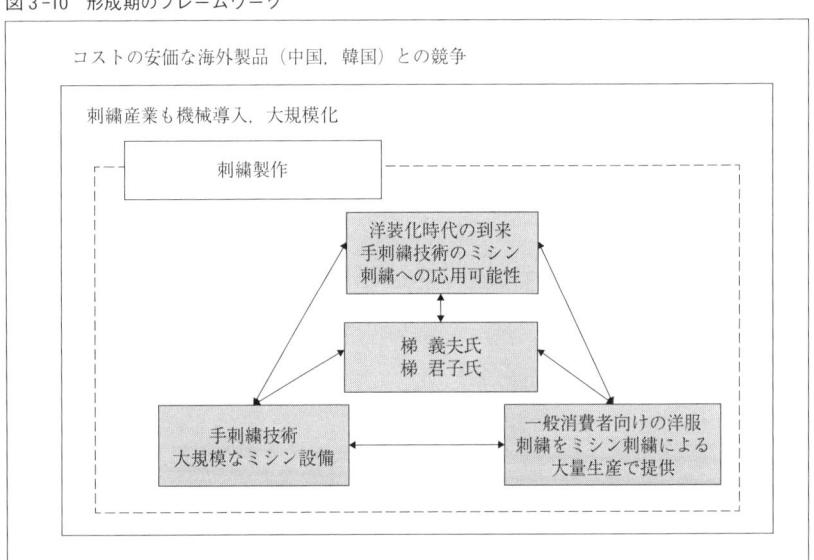

図3-10　形成期のフレームワーク

出所：筆者作成。

いた。義夫氏のこの意思決定は後に経営を引き継ぐ息子義行氏にとって大きな財産となっている。事業継承者による「守るものと革新させるもの」の判断がその後の事業存続に大きな影響を与えたのである。

一方，義夫氏は積極的に地域や業界の集まりに参加し，情報を得ようとしなかった。大滝・金井・山田・岩田（2006）が指摘するように地域企業は経営資源に制約があるため，広いネットワークを構築し資源を補完する必要がある。地域とのネットワークは，ファミリー企業特有の情報の固定化を打破するだけでなく，業界の最新動向といった情報入手にも繋がる。ミシン刺繍を始める際には地域からの情報をもとに拡大を決心したというが，義夫氏のネットワークは非常に限定されており十分な情報の共有をすることが出来なかった。これが，最終的に工場を閉鎖するに至った要因の1つであると考えられる。金井（2004）の指摘する企業家活動に求められる要件は，コンセプト想像力，仮説構築力，ネットワーク構築そして対話力であった。義夫氏は消費者の嗜好が着物から洋服へと転換しているという仮説の構築から，それを軸にしたコンセプトの設定までは非常に長けていた。しかし，組織外部との積極的なネットワーク構築と対話力が欠けていたため，その後の業界動向についての情報を得ることが出来ず，最終的に事業を縮小することになってしまった。

義夫氏は洋装化に対応してビジネスシステムを変革させているが，これにはかけはしが長年培ってきた手刺繍技術が関係している。刺繍は糸の配色や種類，そして縫い幅で刺繍に違いが表われる。ミシン刺繍にも手刺繍の技術は必要なため，ミシン刺繍を行う上で大きな足がかりとなったであろう。同社の刺繍技術は創業から半世紀以上の長きにわたって蓄積してきたもので，他社が容易に模倣できるようなものではなく，かけはしの競争優位の源となるものであった。また，義夫氏の時代に設立した草津工場は，設備，人員ともにかなり大規模なもので，当時は他社が容易に模倣できるものではなかった。Prahalad & Hamel（1990）は，競争優位性を生み出すコア・コンピタンスとは広範囲かつ多様な市場へ参入する可能性を持ち，最終製品が顧客にもたらす価値に貢献し，ライバルに模倣されにくいという特性があると述べている。同社の手刺繍技術は，ミシン刺繍に応用され洋装市場への参入の可能性を広げた。ただ，大規模な工場設備による大量生産は，資金を投入すれば他社も容易に模倣できるものであった。実際に地域内外の刺繍業者がより性能のいいドイツ製ミシンを次々

と導入するようになると，同社の競争優位性は低下していった。ドイツから輸入された新型ミシンは同社のミシンより遥かに作業効率が良く，型に沿って縫い進めていくため職人の育成も容易であった。さらに，経済のグローバル化の進展とともに中国や韓国が価格競争力を持ち，価格面でその優位性を失ってしまった。

　また，貸衣装屋という新たなビジネスシステムの登場も同社に大きな打撃を与えた。高度経済成長に伴う洋装化により，着物が日常用から冠婚葬祭用になってしまった。そのころから人々が年に数回しか着ない着物を購入しなくなり，貸衣装屋という新たなビジネスシステムが現れ始めたのである。貸衣装屋の出現は，かけはしの刺繡はもとより着物産業全体の縮小に拍車をかけることとなった。

　同社を含めた刺繡業界や着物業界を取り巻く経営環境の変化は，社会的分業システムの再編をもたらした。製造工程における分業システムは，大量生産が可能になったことで統合されていった。また流通構造は，１件ずつ注文を受ける従来のあつらえ悉皆屋に対して，着物の大量生産を請け負うつぶし屋が現れ始めた。大量生産が可能になったことで，従来までの社会的分業システムでは当時の需要を満たすことが出来なくなってしまったのである。こうした社会的分業システムの崩壊によって，従来からの伝統的なやり方を固持した刺繡業界，着物業界，それらを支える流通業者は存続が困難になった。

　一方，既存の刺繡の概念にとらわれず，事業体制を大きく変革させた義夫氏には事業継承の仕方も先代と差異が見られた。まず，同社のコア資源である手刺繡技術の継承は倉貫氏を中心として組織的に取り組まれるようになった。また，従業員とのコミュニケーション面では，従業員の少なかった義一氏のころと比べれば，不足しがちになっていたと考えられる。工場化による従業員の急激な増加から細かなコミュニケーションや教育が困難となったことがその理由である。その点をカバーするために各製造部門に責任者を設け，毎年各部門に配属された新入社員にその責任者が教育を行う仕組みを設けていた。しかし，そうした仕組みを設けただけでは従業員との潤滑なコミュニケーションは不可能であり，組織内に同社のコンセプトを浸透させ，協同意欲を上手く引き出すことが出来ず，そればかりか労使問題にまで発展していた。その結果，義夫氏の意思決定に意見できる社員がおらず，ワンマン経営になってしまった。こう

したワンマン経営は,ミラー（2005）が提唱したように指揮権を発揮する一方,組織内外の変化を敏感に感じ取ることを阻害していた可能性がある。

　また,義夫氏は息子の義行氏に外部経験を積ませている。後藤（2012）は家族構成員から後継者を育成する際の「外部経験」の重要性を指摘している。義夫氏は義行氏に事業を継がせるために,大学卒業後京都の着物問屋に就職させて着物の基礎を学ばせている。このときの経験が,かけはしに入社した後の営業活動や,刺繍の美しさの伝承に大いに役立っている。また,義夫氏は義行氏のアイデアに細かな抵抗はあっても,根本的なところで理解をしており,観光業への転換を相談されたときにも反対はしなかった。このことから,後継者育成において義夫氏は自らが積極的にコミットメントして育てようとしたのではなく,むしろ自由な発想を尊重した教育を行っていたと推測される。

　以上のように,市場が劇的に変化した形成期においては,事業の成功を維持することが出来なかった。しかし,義夫氏はそれまで培ってきた手刺繍の技術を軸にして,新たな時代の流れを敏感に感じ取り,積極的な企業家活動を通じて刺繍業界に革命を起こしている。そして,その変革の精神は5代目の義行氏へと受け継がれている。

(3) 成長期（1970年代〜現在）：「刺繍作品」の価値を活かした観光業への進出

　義行氏は事業継承にあたって,「自分は何か新しいことを始めなければならない」という独立意識と京都の伝統産業衰退への危機意識から,先代が築き上げてきたビジネスシステムに固執するのではなく,自らを取り巻く経営環境に上手く適応しながら「観光業」という道で新たなビジネスシステムを構築しようとした。

　これまで刺繍業を行っていた企業にとって観光業は未知の領域であった。はじめは刺繍の作品をアラブへ売ろうとしたが失敗した。しかし,そこで諦めるのではなく義行氏自身アメリカへ渡り,刺繍の展示会を成功させた。

　義行氏は,苦しいことほどやる気になり,自分の興味のあることにはストレスを感じずに行動していた。義行氏は組織内部のビジネスシステムを変革するにあたって,観光従事者からノウハウを学び京都市の観光協会に加入するなどといった形で,不足している経営資源の獲得に努めていた。義行氏は,自らが

図3-11　成長期のフレームワーク

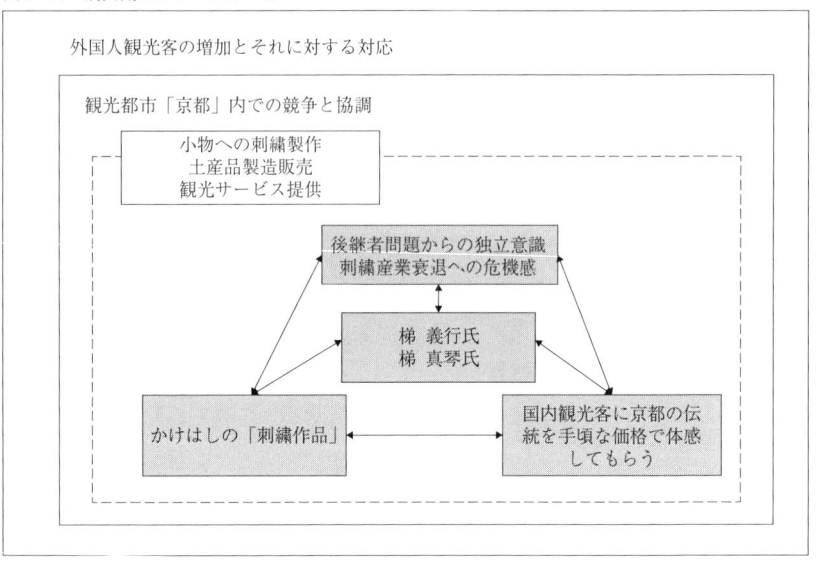

```
┌─────────────────────────────────────────────────┐
│  外国人観光客の増加とそれに対する対応          │
│  ┌───────────────────────────────────────────┐  │
│  │ 観光都市「京都」内での競争と協調          │  │
│  │ ┌─────────────────────┐                   │  │
│  │ │ 小物への刺繍製作    │                   │  │
│  │ │ 土産品製造販売      │                   │  │
│  │ │ 観光サービス提供    │                   │  │
│  │ └─────────────────────┘                   │  │
│  │                                           │  │
│  │      ┌─────────────────────────┐          │  │
│  │      │ 後継者問題からの独立意識│          │  │
│  │      │ 刺繍産業衰退への危機感  │          │  │
│  │      └─────────────────────────┘          │  │
│  │              ↕                            │  │
│  │         ┌──────────┐                      │  │
│  │         │ 梯 義行氏│                      │  │
│  │         │ 梯 真琴氏│                      │  │
│  │         └──────────┘                      │  │
│  │          ↙       ↘                        │  │
│  │ ┌──────────────┐  ┌──────────────────┐   │  │
│  │ │かけはしの    │←→│国内観光客に京都の│   │  │
│  │ │「刺繍作品」  │  │伝統を手頃な価格で│   │  │
│  │ │              │  │体感してもらう    │   │  │
│  │ └──────────────┘  └──────────────────┘   │  │
│  └───────────────────────────────────────────┘  │
└─────────────────────────────────────────────────┘
```

出所：筆者作成。

思い描いたビジネスコンセプトを実現させるために,「刺繍」を上手く活用した事業転換を行っている。地域ファミリー企業がビジネスシステムを再構築する際はコア資源を新たなビジネスシステムに多重展開させ（内田, 2003），企業家活動を通じて異なったプロセスへ収斂させる必要があった（金井, 2002）。同社は,「刺繍作品」という同社独自の資源を活かし,「観光業」という新たな業界の中で独自のポジションを確立し，観光業界の役員からは「刺繍作品を観光客に見せるのは新しくて面白い」という高評価を得ている。

　先代の時代に，手刺繍はミシン刺繍にとって代わられたため，現在では手刺繍ならではの良さを持つ刺繍作品を生産できる同業他社はほぼ存在しない。また上述したように，観光業界においても刺繍作品を見学できる場は他では提供されていない。この点において，同社のビジネスシステムは模倣困難性が高いと考えることが出来る。

　同社がビジネスシステムの再構築を行う上では，観光都市である「京都」という地域性も大きく影響を与えている。業界紹介でも見てきたように，京都は日本でも有数の観光地であり，多くの観光客を集めている。「地域独自のニーズの発見」（金井, 2006）をしたことが，観光業への事業展開につながったの

である。

　同社の観光業への取り組みが本格化したのは、偶然にスーパーマーケットで知り合った観光従事者が刺繍を高く評価したことがきっかけであった。そこで得た手ごたえから、観光業にあわせてビジネスシステムを再構築したのである。従来から京都が国内外を問わず観光地として有名であり、身近なところに観光関連従事者が多く存在したことが、偶然とはいえ同社の事業機会の認識につながったのである。また、このような経営環境は、観光産業とのネットワーク構築を促進し、観光産業のノウハウをゼロから蓄積していくことを容易にしていたとも考えられる。実際、義行氏が旅行会社やバス会社を回って営業を行っているうちに、親しくなった観光従事者が義行氏を業者会の役員に抜擢したことが、義行氏のネットワーク構築を促進しており、外部ネットワークを通じた情報収集、観光産業のノウハウの獲得につながっている。

　このように4代目の義夫氏とは対照的に、積極的に地域や業界とのネットワークを構築し、コミュニケーションを図ることによって、現在の事業の枠を固めていったことが分かる。また、義行氏は京都市観光協会施設協議会の代表幹事やJTB京都誘致対策協議会の理事などを務めており、他の業界とのネットワークを広く持っていることも強みであると考えられる。

　さらに、新規参入業者だからこそ、従来の観光産業とは異なったアプローチでビジネスシステムを構築することも出来ている。観光客からは「観光客を受け入れる施設の料理は冷めていておいしくない、高い」という不満の声が上がっていた。義行氏や真琴氏のインタビューでは、店舗数などの規模の面で上を狙っていくのではなく、店舗、またはサービス自体をさらに充実させることで、既存の観光業者にはないサービスを提供しようとしている。同社は刺繍作品を無料で見学してもらうついでに、体験・観光・食事をしてもらうという独自のビジネスシステムを構築している。

　一方、京都では珍しい手頃な価格で、刺繍や食事、お菓子などの京都の伝統を体感できるシステムを構築するために、地域のパートタイマーを多く雇っている。良い食材を使い、料理の質を保ちながらも手頃な価格でサービス・料理を提供することを可能にするのが、このパートタイマーである。また、このパートタイマーは、義行氏が近所にチラシを配って集めたパートタイマーであり、お菓子を作る際なども直接、義行氏が独学で学んだ知識・技術を教えてい

た。組織のモチベーションを保つために，義行氏は自ら積極的に現場に立ち，コミュニケーションを積極的にとる機会を増やすことによって，義行氏の考えやビジネスシステムの構想などを浸透させていたのである。また新メニューを考案する際には，パートタイマーの従業員からのアイデアも積極的に取り入れている。従業員らは，最前線で顧客に直接サービスを提供する同社にとっては，会社全体のサービスの質を向上させる上でも重要なコア資源の一部となっている。

　また，同社は観光産業の活性化にも積極的に関わっている。義行氏は京都市観光協会施設協議会や観光推進協議会にも参加しており，京都の観光客増加に向けた活動も行っている。観光業で事業を展開する同社にとって，京都の他の観光施設は競合他社として捉えることができる。それゆえ，同社は既存企業にはない「刺繍作品」を活用したビジネスシステムの構築することで差別化を果たしてきた。しかし，観光産業という特性上，地域内の同業者と情報をフィードバックし合い，観光都市としての京都の価値を全体として底上げしていくことは同社の成長にも繋がる。京都の観光産業を担う異業種間交流も含めて，同業他社と切磋琢磨する姿勢が今後も求められるだろう。そのような姿勢は，今後同社が外国人観光客の受け入れ態勢を強化していく上で，より重要性を増していくだろう。

　同社の現在の顧客層は，完全予約制の観光客（団体，個人）と修学旅行生である。ここでこの「予約制」というのがポイントになっている。予約制にすることで商品の数の管理が容易になり，在庫を持ちすぎることがなく，効率的な経営することができる。また，事前に人数を把握することができるため，サービスの質を落とすことがないように準備等をすることが可能である。競合他社のサービスに不満を抱いた観光客が同社のサービスに満足するのは，このような予約制という形態をとっていること，また昔から義一氏や義夫氏から教えられていた「ええ仕事をせい」という信念があるからだと考えられる。ファミリー企業だからこそ受け継がれてきた「伝統」を，刺繍業から観光業へと変わってもしっかりと受け継いでいるのがわかる。しかし，先述したように，現在は海外からの観光客を積極的に取り入れる体制がまだ十分には整っていない。経済のグローバル化が進む中で，海外観光客の需要を獲得することは，同社の事業拡大にもプラスに働く。さらに，同社のコア資源である繊細な「刺繍作

品」は，海外観光客にとっては大変珍しい貴重な資源である可能性が高い。刺繍作品は，同社の観光資源であり，日本の文化でもある。「刺繍作品」を今後さらに外国人観光客にアピールすることが出来れば，顧客層をさらに拡大させることが可能だろう。

　ところで，義行氏には娘が3人おり長女の真琴氏が取締役として経営に携わっている。真琴氏は同社外での事業経験は積んではいないが，将来的に真琴氏が事業を引き継ぐのかどうかは分からない。今後，同社を引き継ぐことになる後継者が，どのような経験を積んで，どのようなバックグラウンドを持つ人になるかによって，同社の事業の方向性も変わってくるだろう。

　このように成長期では，義行氏が独立意識と伝統産業衰退への危機意識から観光業へとシフトさせている。義行氏の行動力によって着実に事業の変革に向かって，社内の組織体制を整備し，ビジネスシステムを変革させている。また，地域のネットワークを上手く活用することによって，観光業を軌道に乗せ，ビジネスシステムの構想で他社と差別化を図っている。

4．本事例のまとめ

　飛鳥時代に中国から伝わった刺繍は日本の文化や風土に適応する形で現在の日本刺繍という独自の地位を築きあげた。刺繍は着物の装飾に使われ大きく成長を遂げた。それからは，日本でも西欧化が進み，人々が日常的に着物を着ることはなくなり，刺繍業界の衰退が危惧されたが，洋服への刺繍など様々な形で刺繍は日本人の生活に浸透している。

　その刺繍業界の中でも，本研究では100年以上の歴史を持つかけはし株式会社に焦点を当て，3つのフェーズに分けて分析してきた。時代の流れに合わせてビジネスシステムを柔軟に変革し，急激に変化する市場に対応したことが現在まで同社が存続している大きな要因であると言える。

　かけはしは3代目の義一氏の時代から商店形式の営業を始めたが，当時は人間国宝に推薦される程の刺繍の腕前を持った義一氏を中心に，地域内外を問わず幅広い顧客から支持を得ていた。この当時に形成された悉皆屋を中心とした社会的分業システムは，職人が自分の仕事に集中することを可能にしていた。義一氏の時代で特筆すべき点は何よりも地域内の競合他社との差別化を図るた

めの「刺繍技術」である。義一氏は現在では真似できる職人がいないと言われる程の刺繍技術を持っており，地域内の他の職人よりも優れた技術を持っていたと推測される。この技術を用いて良質の製品を生産し続けたからこそ，問屋，悉皆屋そして顧客の信頼を得ることができたと言えよう。

　4代目の義夫氏は戦後の日本経済の流れを読み取り，大量生産される洋服刺繍のミシン需要に対応するために大量生産が可能な工場を設立した。大規模な工場の設立は生産時間の短縮や，顧客ニーズへの対応を可能にするなど大きな改善を見せた。しかし，ビジネスシステムの面から見てみると顧客に価値を届けるまでの仕組みは大きく変化しておらず，その後の競合他社の動きによって競争優位を失い工場閉鎖に追い込まれている。工場閉鎖後は今後のかけはし，さらには刺繍業界の存続のために，これまで培ってきた刺繍技術を活かして，良質の刺繍絵画作品を残すことに尽力した。

　5代目の義行氏に経営権が移ると，着物市場の衰退や新型ミシンを導入した競合他社に競争優位を築けなかったことから，刺繍業からの事業転換を模索している。義行氏は京都が日本でも有数の観光地であることに注目し，観光業に関しては全くの素人であったにもかかわらず，義行氏が中心となってノウハウの獲得に努め，現在では先代の刺繍職人が残してきた作品を展示した博物館や京の食材を使用した食事処の営業，さらには京菓子作りの体験事業を観光客に提供している。

　本章では，かけはし株式会社について分析を行ってきたが，同社の特徴として以下3点が挙げられる。

　まず1つ目は，各企業家が外部経験を積んでいることである。後藤（2012）が指摘しているようにファミリー企業の事業継承において，企業家の外部経験は非常に重要な要素となる。かけはしにおいても外部経験は重視されており，3名とも丁稚奉公や他社への就職を通じて，職人としての技術や事業に対する心構えを学んでいる。そして，組織外部で経験を積むことは自社を客観的な視点から見ることにも繋がる。5代目の義行氏に限って言えば，千切屋での経験が着物，そして刺繍業界全体の衰退に気付く契機となり，観光業への転換を後押ししてくれたのではないだろうか。

　そして，もう1つの共通点は代々の企業家が強いリーダーシップを発揮したという点である。3代目の義一氏は意思決定のほとんどを自身が行っていた。

そして，4代目の義夫氏や5代目の義行氏の時代には大きな変革を幾度も行ったが，その度に強いリーダーシップを発揮して従業員を引っ張ってきた。

さらに，どの時代においてもコア資源である「刺繡技術」を活かした事業展開を行ってきた。観光業に事業を転換する際には，技術ではなく「作品」としてそのコア資源が生かされ，新しいビジネスシステムが構築されている。

以上のように，度重なる事業転換の末に存続してきたかけはし株式会社ではあるが，同社にはいくつかの課題も挙げられる。

まず1点目は，受け継がれてきた事業方針の1つである利益を追いかけないという部分である。確かに利益ばかりを追うことは良いことではない。しかし，企業である以上売上を伸ばしていくことも重要である。しかし，職人であった先代の考えから，売上を気にするのではなく，良い仕事をすること，顧客に喜んでもらうこと，これらがかけはし株式会社では何よりも大切にされている。この精神はサービス業へと転換した現在のかけはしに，良い影響を与えている面もあるだろう。

もう1つの課題点は，次世代への事業継承である。現在，5代目である義行氏の娘である真琴氏がファミリー企業家チームに入って，事業に関するアイデアを出したりしている。真琴氏へのインタビューから，自分の代で事業を終わらせる気はなく，むしろ続けていきたいという気持ちが見られた。真琴氏は大学で芸術を専攻していたため，美術作品に対する知識が深く，義行氏とは違ったアプローチでの改革が可能であると予想される。

そして，最後の課題点としては観光客の受け入れ体制である。現在，かけはしの体験事業には台湾からの観光客のみを受け入れている。京都は日本の中でも外国人観光客が多く訪れる地域である。言語や文化の違いなどで完全な対応は難しいかもしれないが，今後他の外国人観光客の受け入れ体制を強化することで，さらに売上を拡大していくことが可能となるのではないだろうか。

今後のかけはしにおいては，事業に対する熱意を持っている財務に精通した人材と，グローバル時代に相応しい外国語や外国の文化に精通している人材を確保することが，伝統を守りつつ，さらに成長を遂げていくための鍵となると考えられる。

＊　本章の内容は，特に断りのない限り以下のインタビュー調査をもとに作成した。
　〈2013年6月21日　梯義行氏に対するインタビュー調査〉
　〈2013年6月22日　梯真琴氏に対するインタビュー調査〉
　〈2013年7月18日　梯義行氏に対するインタビュー調査〉

第4章
地域ファミリー企業の事例分析2：株式会社細尾
―技術革新を通じて新たな西陣織需要を創造する企業―

1．業界動向

本章の事例として取り上げる株式会社細尾の本格的な事例紹介及び事例分析に入る前に，西陣織業界の発展と衰退について触れることにする。

(1) 1000年以上続く西陣織とは

西陣織とは，多品種少量生産方式を基盤とした先染めの紋織物であり，京都を代表する伝統産業の1つである。西陣織の歴史は，1467年（応仁元年）の応仁の乱まで遡ることができる。京都で起こったこの乱によって，京都の織物職人たちは堺や大津に逃れ，当時織物職人が多く住んでいた大舎人町は壊滅的な打撃を受けた。しかし，応仁の乱が終わると，離散していた職人たちが京都に再び住み始め，織物づくりが再開された。その時職人たちが織物づくりを再開した地が，応仁の乱で山名宗全が築いていた西軍の本陣跡であったことから，その地は"西陣"と呼ばれるようになった。現在では主に，京都市上京区，北区のうち，北は北大路通，東は烏丸通，南は丸太町通，西は西大路通に囲まれたあたりを「西陣」という。西陣には，製織をはじめとした先染紋織物各工程の専門業者の多くが集っている。このような歴史的背景から，西陣で織られた織物を「西陣織」と呼ぶようになった。

西陣織は各時代の権力者に保護され，上流階級の高価な召し物としてその地位を保ってきた。しかし，江戸時代中期以降は，幕府が和糸の生産を奨励したため国内で製糸業が発達し，庶民の絹織物需要も増加した。そして幕府が贅沢を禁止し質素倹約を推奨するために制定した「奢侈禁止令」（1841年）によって，高級絹織物を志向する西陣織はその独占的地位を保つことが出来なくなっ

79

た。その後，明治維新までこのような状態が続いている（佛教大学西陣地研究会・谷口編，1993）。

(2) 西陣織を支える製織工程と流通構造

西陣織は，元来分業体制ではなかった。しかし，江戸時代中期ごろから次第に製織に必要な工程が分化され，下職[1]として独立していった。明治以降も下職の分化が進んで関連産業の種類はさらに増し，現在の構造に至っている。関連産業の分化は各工程のレベルを上げ，西陣織産業の基盤の強化に貢献してきた反面，西陣機業の零細性を温存してきた要因とも言われている（黒松，1965）。

西陣織の製造工程は，20数工程に分かれている。工程は西陣織が製織される製織工程と，製織前後の企画・製紋工程，原料準備工程，機準備工程，仕上げ工程に分類される。製織以外の工程は，関連産業と呼ばれ，独立した各工程の専門職人によって成り立っている（図4-1を参照）。

製織工程を支える織屋（西陣機業）には，大きく分けて3つの形態が存在し

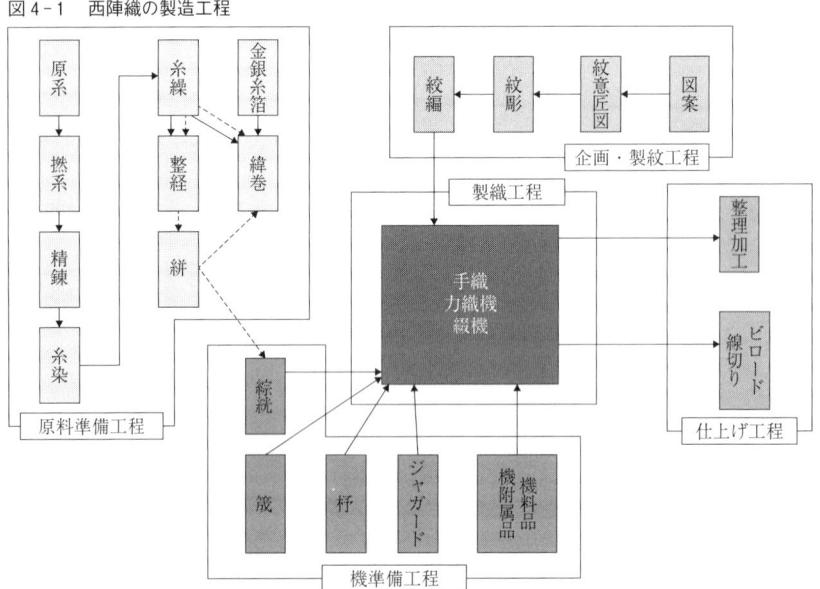

図4-1 西陣織の製造工程

出所：京都市（1990）より筆者作成。

ている。1つ目は，自社で織機を保有し織手・徒弟に織らせる形態（内機），2つ目は外部の織職人に織らせる出機形態，3つ目は内機と出機で生産を行う形態である。

また，原料糸の購買においては糸商を，製品販売においては仲買を仲介させた機能分化がされている。上仲買は古くから西陣織の流通構造の中で重要な役割を果たした。西陣の機業家と緊密な関係を結び，原糸の購入・意匠の考案などの生産面から，製品の販売・融資等の面まで多大な援助を行った。西陣産地問屋（上仲買）の存在意義は，基本的には西陣織物業界が，①多品種少量生産方式をとっており，②社会的分業システムをとり生産形態が極めて複雑で，③企業規模の小さな機業が多いため必要とされていた（京都府中小企業技術センター，2003）。このようにして，西陣織は江戸時代までに現在に通ずる産業基盤を構築してきたのである。

(3) 明治時代以降の西陣織の伝統と革新

明治維新による東京遷都は，それまで宮廷に仕える官人や公家などを主な顧客としてきた西陣織の優位性を脅かすものであった。しかし，1877年（明治10年）にはフランスからジャカード[2]，バッタンという最新織機が日本に導入され，それまで非常に手間がかかっていた繊細かつ複雑な模様をより簡単に織ることができるようになった。新技術の導入は，西陣機業の近代的工業化を後押しした。また明治以降，ネクタイ，広巾，肩傘といった新製品にも西陣織が使われるようになった。それらは，伝統的な着尺，帯地，金襴といった「固有西陣」に対して「新興織物」と呼ばれ，新興織物部門では力織機化による工場制工業も現れるようになった。昭和初期には「固有西陣」部門でも力織機が普及し，1935年（昭和10年）には着尺部門で力織機導入率が97％に達した（黒松，1965）。第2次世界大戦が始まると，西陣機業も壊滅的な打撃を受けた。1940年に「奢侈品等製造販売制限規則」（禁止令）が発令され，生糸を原料とする西陣織は生産が困難になり，西陣機業は転廃業を余儀なくされた。戦後も，原糸面での統制が続いたため生産が困難だったが，1949年に生糸・絹製品の価格統制が解除され，次第に機織は復活し始めた。1950年代に進んだ織機の機械化は，製織技術の単純化につながり，丹後地区への出機が促進され，西陣産地の空洞化が問題視されるようになった（佛教大学西陣地域研究会・谷口編，

図4-2　西陣織元（正絹着尺）と流通構造

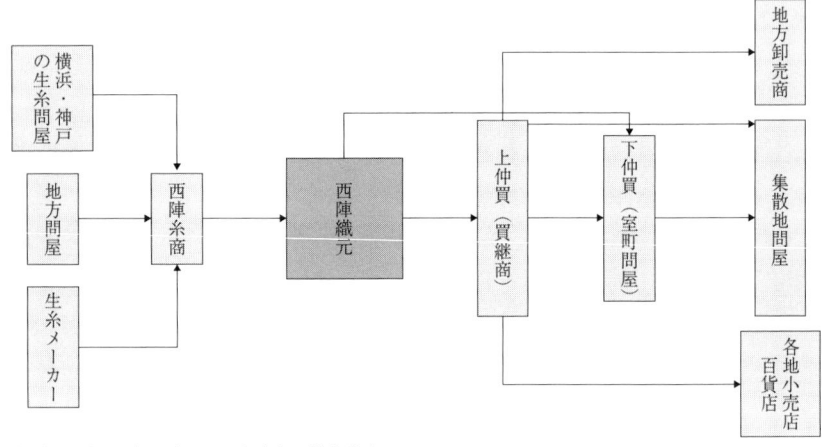

```
┌─────────┐
│横浜・神戸│────────┐                                              ┌──────┐
│の生糸問屋│        │                                          ┌──→│地方卸売商│
└─────────┘        ↓                                          │   └──────┘
┌─────────┐    ┌──────┐    ┌──────┐    ┌──────┐    ┌──────┐  │   ┌──────┐
│地方問屋  │───→│西陣糸商│───→│西陣織元│───→│上仲買 │───→│下仲買 │──→│集散地問屋│
└─────────┘    └──────┘    └──────┘    │(買継商)│    │(室町問屋)│   └──────┘
┌─────────┐        ↑                    └──────┘    └──────┘  │   ┌──────┐
│生糸メーカー│──────┘                        │                    └──→│各地小売店│
└─────────┘                                  └──────────────────────→│百貨店  │
                                                                      └──────┘
```

出所：黒松編（1965），p.85をもとに筆者作成。

1993）。1960年代の重化学工業の発展に伴い，①競争激化と西陣織の大衆品化や，②正絹に対するウール・化合繊の使用比重が高まるといった原料糸供給条件の変化が起こり，③労働力の供給不足にも陥った（黒松，1965）。戦後には，流通構造に変化が現れた。戦前の西陣織物の流通経路は，機屋－上仲買－下仲買－地方卸売商－小売店の順になっていた。しかし，戦後西陣機屋の規模が大きくなるにつれて，機業家が直接下仲買に販売する形や上仲買が下仲買を通さず地方卸売商と取引する場合も生じてきた（図4-2を参照）。その理由としては，上仲買の資力弱体化と激しい流行の変化があり，問屋としての融資能力，商品のプール機能を十分に果たせなくなったためである。

また，情報技術の発達によって生産工程も急速なスピードで変化した。企画・製紋工程においては，図案をスキャナーで読み取り，自動紋紙作成装置を利用することで，図柄の変更，色変え，合成などが自由自在に行えるようになった。これによって，多様なデザインを短時間かつ低コストで作成することが出来るようになった（八田，2007）。また紋紙のデータ化によって，フロッピーディスクに収められたデータは読み取り装置を介して直接ジャカードの針に伝えられるようになった（龍村，2009）。このような技術の発達によって，ジャカード織機に直接データを送信し，織機を作動させることが出来るカードレス・ジャカード織機の導入が進んだ。

(4) 西陣織の近況

それではここからは，西陣織の近況を見ていくことにしよう。図4-3で西陣機業を営む企業数，織機台数，従業員数の推移を見てみると，いずれも右肩下がりの傾向を見せている。それに伴い，西陣織総出荷金額も1990年（平成2年）の2794億円をピークにして，以降急激に出荷額は減少傾向をたどり，2011年（平成23年）には255億円まで落ち込んでいる。これは，1990年のピーク時と比較すると9.1％の水準に過ぎず，出荷額が大幅に縮小していることが分かる。また，総出荷額の内訳を見てみると，和装需要低迷の影響を受けて，固有西陣と呼ばれる「帯地」，「着物」が占める割合が減少（1981年［昭和56年］は帯地66.3％，着物7.9％に対し，2009年［平成21年］は帯地18.2％，着物1.5％）している。一方で，室内装飾織物，マフラー，ショール，ストール，服地を含む「その他」の割合が増加（1981年［昭和56年］はその他20.4％，2009年［平成21年］は76％）している（図4-4を参照）。このことから，西陣織の復活に向けた新たな活路が見出されつつあると考えることができる。しかし，平成に入ってバブル経済の崩壊，和装需要の低迷，消費者の価値観の変化などの様々な要因によって，西陣織は産業全体として斜陽産業となっており，なかなかピーク時の勢いを取り戻すことができていないのが現状である。

そこで，京ものとその文化を「総合的」に守っていこうとする行政政策が取られるようになり，「西陣織」が京都を産地とする「伝統的工芸品」の1つとして昭和51年に国指定伝統的工芸品に選定されることになった[3]。

技術継承に関しては，京都市が1967年（昭和42年）という早い段階から，伝統産業後継者の確保，技術習得支援，業界の発展を目的に，「京都市伝統産業技術後継者育成制度」を創設し，後継者に育成資金を交付し資金面での支援を行っている。また売れるものづくり推進のために京都府は，京都市内高級ホテル等との連携による土産品や室内装飾品等の開発，伝統工芸品の修理・特注ビジネスを推進している[4]。このようなものづくり推進制度に後押しされて，西陣織が高級ホテルの室内装飾品に利用されている事例も存在する。一方，西陣織の普及活動は地域内でも行われている（朝日新聞，2013, p.26）。近年クールビズが普及し，ネクタイを着用する人が減少している。それに伴って，西陣織のネクタイの出荷量も2005年にクールビズを開始した際の約282万8000本から，2012年には約8分の1の35万本まで減少している。それを受けて，京都市

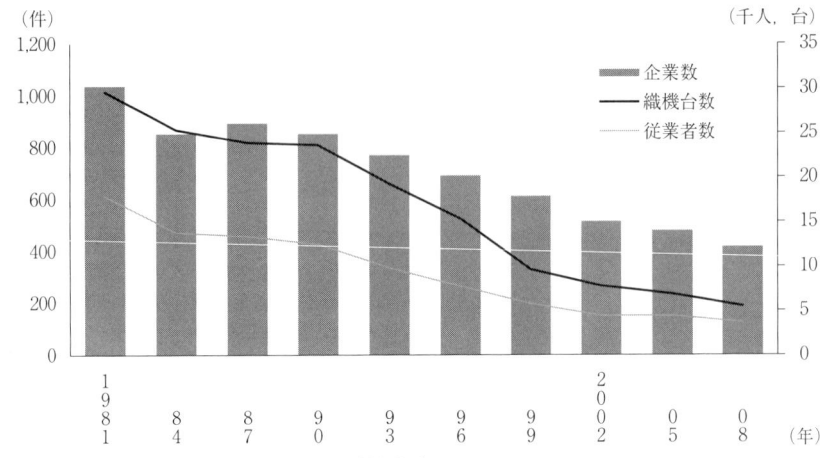

図4-3　西陣機業の企業数，織機台数，従業者数の推移

出所：第19次西陣機業調査委員会をもとに筆者作成。
　　　第19次西陣機業調査委員会「西陣機業調査の概要」
　　　(http://urx.nu/6But；2014年2月6日アクセス)。

図4-4　西陣織総出荷金額の推移

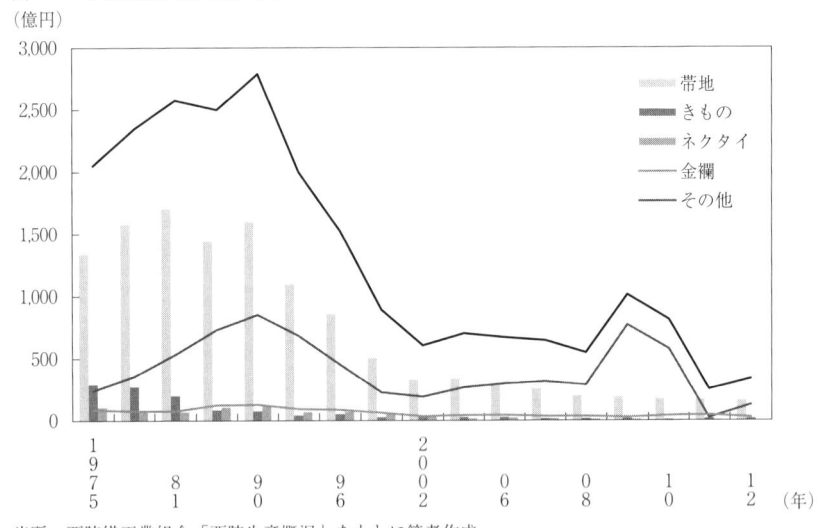

出所：西陣織工業組合「西陣生産概況」をもとに筆者作成。
注：「その他」には，マフラー，ショール，ストール，室内装飾用織物，服地，ふくさ，美術織物，
　　テーブルセンター，ファッショングッズ，インテリアグッズ等が含まれる。

はクールビズ期間も Time（時），Place（場所），Occasion（場合）に応じてネクタイを着用し，その際に西陣織のクールビズ仕様のネクタイを着用することを京都市職員に奨励している。

　また異業種との連携が，近年西陣織メーカーの中に多く見られるようになった。ある西陣機業家は神戸の靴会社と連携し西陣織の靴を開発したり（朝日新聞，2011，p.32），西陣織の紋意匠企業がインテリアデザイン事務所と共同で西陣織を使った照明器具や椅子を開発したり，西陣織の紋様をコンピュータグラフィックスで描き，大手企業の水着のデザインに採用されたりしている（読売新聞，2003，p.7）。さらに，西陣織の意匠紋様（デザイン柄）をデータベース化し，ネット販売するところも現れている。これは，海外から注目度の高いデザインを商品化することで，新たな活路を見出そうとする取り組みである（朝日新聞，2009，p.1）。

　このように現在は，様々な方法で西陣織を守り西陣織の技術を活かしている。

2．事例紹介

(1) 株式会社細尾の概要

　先述したように，株式会社細尾は，元禄元年の1688年に本願寺の庇護のもと，細尾彌兵衛が製織業に携わったことをきっかけに創業した老舗企業である。1923年には問屋業に業態を変え，主に着物の帯地を扱う企業として，地方問屋や全国の百貨店との取引を行っている。1989年には，問屋業として一度喪失していた製造機能を復活させ，茶道の塗師と共同で独自のブランドを立ちあげるなど，積極的な事業展開を行っている。2001年以降は，第2次の創業と位置付けて海外進出を本格化させ，西陣織を「高級ファブリック素材」として活用し，世界的に有名なファッション店，ファッションデザイナーなどと取引を行うなど，西陣織に新たな風を吹き込み，伝統と革新の融合に取り組んでいる。

(2) 株式会社細尾のはじまり

　株式会社細尾は，細尾彌兵衛が，京都・西陣にて織物業に携わったことがはじまりとされている。第1項でも述べたように，西陣地区は古くから西陣織の様々な企業が集積している地域である。細尾は製造工程20数工程のうち「製

織」を担う家であった。昔からつながりのあった「俵屋」や「織田」といった座[5]の特権を活かして，家族で製織業を営んでいたのである。

　細尾の主な顧客はその時代における上層階級の人々であった。例えば，宮中からの催しものに合わせた織物の注文を受けた際は，持っている技術を駆使し，様々な決まりやしきたりに基づいて織物を納めていた。主な納入先としては，天皇家・宮中，九条家（くじょうけ）・近衛家（このえけ）といった貴族や，徳川幕府，創業の後ろ盾となった本願寺をはじめとする寺院，その他に伊勢神宮や賀茂神社といった由緒のある神社があった。

　細尾は内に5～6台程度の織機を持っていた。もともと内にいる職人（内機）数名と下職人，すなわち下請けの職人に仕事を出して織物を作っていた。下職人が織元の家に毎日通って与えられた仕事をこなすという問屋制家内工業の形がとられていたのである。

　大正時代に入ると日露戦争や，第1次世界大戦の影響によって，生糸価格を含めた多くの物価が軒並み高騰して西陣織の需要が不安定化し，織物を織って売るだけではあまり収益を得ることが出来なくなった。一方で，大丸や高島屋といった大型デパートが出現するなど，小売業が大きな変化を遂げ，それに伴って物流が盛んになっていた。そこで，問屋へ丁稚奉公に赴き，「のれん分け」をしてもらっていた細尾徳次郎（ほそおとくじろう）氏が妻と共に新たに西陣織の産地問屋業（上仲買）を創業したのである。

　産地問屋業を始めたこの時期の主な顧客は，地方の問屋や前売り問屋であった。まず地方の問屋や前売り問屋から欲しい商品の要望を受け，その要望に応じて西陣地区内で商品を作っている織元を見つけ出し，商品を納入するというのがこの時期の事業形態であった。第1項でも触れたように，西陣織は商品の種類に応じて細かい分業システムが取られている。細尾は産地問屋の中でも，帯地・着物の商品のラインナップに特化した産地問屋であり，これらの商品を扱う織元が主な取引相手であった。

(3) 西陣織需要の大衆化と流通構造の変化

　問屋業へと事業転換を図り順調に事業を営んでいた同社であったが，1937年に満州事変が起きたことで，同社を取り巻く経営環境が大きな変化を遂げることになる。1937年，1938年に公布された綿糸（めんし）統制令，生糸や綿糸，ステープル

図4-5 株式会社細尾の外観

出所：筆者撮影。

表4-1 会社概要

会社名	株式会社細尾
代表者	代表取締役社長 細尾真生
本社所在地	京都府京都市中京区両替町三条上る
創業年	1688年（元禄元年）
設立年	1960年（昭和35年）6月
資本金	8000万円
従業員	49名

出所：株式会社細尾のホームページをもとに作成。

ファイバー，人絹（じんけん）等の配給統制規則は，繊維の消費を統制し，西陣織を減産に追い込むものであった。その後，公布された国民徴兵令では徒弟が次々と徴用され，後継人の育成が困難になる事態を招いた。また，七・七禁止令の公布は，高級品を志向する西陣織に壊滅的な打撃を与えた。戦後もしばらくは情勢は変わらず，西陣織を作るために必要な原材料を十分に得ることは出来なかった。そのため，同社としても西陣織の織物を十分に仕入れることが出来ず，また店主である細尾真一氏や番頭の市原邦蔵氏も戦争で徴収されたため，第2次世界大戦中及び戦後間もなくは休業を余儀なくされていた。

表4-2 沿革

1688年	本願寺の庇護の下に「細尾」の苗字をもらい，西陣にて織物業を創業。
1923年	京都西陣にて，細尾徳次郎氏が帯・着物の卸売業を始める。
1960年	資本金850万円で株式会社細尾商店を設立。
1974年	社名を株式会社細尾に変更。資本金を8000万円に増資。
1975年	細尾真生氏が同志社大学経済学部卒業後，伊藤忠商事株式会社に入社。
1978年	細尾真生氏がイタリア・ミラノのノートンズ社に出向。
1982年	細尾真生氏が株式会社細尾に入社。
1984年	第1回「名工の世界」開催。商品研究セミナー「染織フォーラム」を始める。 製造機能を復活させる。
1992年	千家十職「中村宗哲」監修のもと，オリジナル企画「雪間乃草」を製作。
1999年	細尾真生氏が株式会社細尾の代表取締役社長に就任。 中国・西安市「陝西歴史博物館」にて「古代中国と現代日本の織物展」を開催。
2002年	チェコ・プラハ市で開かれた「ジャパンウィーク」で着物を紹介。
2005年	京都商会議所の行った「京都プレミアム」プロジェクトを通じて，西陣織の海外市場開拓に着手。
2006年	コンセプトショップ「キャッキャラ」開店。 Japanブランド育成支援事業を通じて，フランス・パリで開かれた家具の国際見本市「メゾン・エ・オブジェ」にソファを出展。
2008年	細尾真孝氏が株式会社細尾に入社。 フランス・パリのルーブル美術館にて開催された『感性 kansei-Japan Design Exhibition』に帯を出品・展示。
2009年	細尾真孝氏が新規事業部部長に就任。 「HOSOO URUSHI」が，中小企業庁主催のグッドデザイン賞を受賞。 ニューヨークの大手建築設計会社から大型の発注を受ける。
2010年	アメリカ・ニューヨークで開催される国際見本市「ICFF」に出展。 以降，毎年出展。
2011年	コンセプトショップ「キャッキャラ」をHOSOO KYOTOに進化させる。
2012年	ステラワークスと共同のショールーム「House of Hosoo」を開く。 経済産業省「クールジャパンプロジェクト支援事業」を活用して，中国の市場開拓に着手。 GO ONプロジェクト始動。
2013年	デンマークのデザインスタジオ「OeO」とコラボレーション商品を開発。 FURLA（イタリア）とコラボレーション商品の開発。

出所：株式会社細尾ホームページ及びインタビュー調査などをもとに筆者作成。

表4-3 売上高及び経常利益の推移 　　　　　（単位：千円）

会計年度	売上高	経常利益
2001年	2,605,422	57,820
2002年	2,307,657	39,996
2003年	2,160,336	16,432
2004年	2,070,761	84,063
2005年	2,137,469	14,453
2006年	2,256,136	14,737
2007年	1,921,012	－22,287
2008年	1,804,920	－58,620
2009年	1,481,800	－52,456
2010年	1,451,653	－57,269
2011年	1,414,321	－19,525
2012年	1,454,741	7,846

出所：細尾提供資料をもとに筆者作成。

　しかし，戦後しばらくすると生糸・絹織物の価格統制や正絹織物の配給制度の解除による西陣織の生産環境の回復や，高度経済成長による所得水準の向上によって，一般層にも西陣織を購入する金銭的な余裕が生まれ，西陣織の大衆化が進んだ。

　一方，政府は高度経済成長が進む中で「綿製品」を外貨獲得の手段として考え，輸出価格安定化のために「輸出競争防止」を目的として，生産調整という形で政策介入を行い，将来の外貨取得の見込みがある「合繊繊維の育成」を図っていた[6]。この影響を受けて，西陣織産業においても化合繊を使用した製品が流通するようになり，力織機化によるコストダウンもあって，比較的安価な製品が流通するようになった。

　また，高度経済成長による西陣織の生産量増加に応じて，西陣織業界では機元の出機支配による織機台数の増加，つまり機元の大規模化が進んでいた（岡本，1972）。これによって，織元の中には問屋の機能を一部吸収し，産地問屋化するところが現れるようになった（黒松，1969）。加えて戦後，上仲買は資本の弱体化や流行の変化が速くなり，問屋としての融資能力や商品のプール機能を果たすことが難しくなり，かつて持っていた交渉力に衰えが見え始めていた（黒松，1969）。

これに対応して，同社では1971年ごろから従来の上仲買の機能に加えて，下仲買の機能を持つようになった。これによって，同社は上仲買が抱えていた活動の地理的な制約を克服するとともに，従来の取引慣習に囚われない事業展開，余分なコストの削減が可能になった。ここで得た価格競争力は新規取引店舗獲得に大きく貢献し，西陣織市場の拡大もあって同社のさらなる発展に寄与した。

(4)　西陣織のピークと西陣織業界の変化

　1950年代以降，着物需要は増加傾向を見せ，"着物は娘に一枚はこしらえてやるものだ"という風潮が1980年代まで続いていた。細尾真生氏は1982年に同社に入社したが，そのころは現在取引関係のある織元から良質な商品を調達し販売するだけで，十分ビジネスが成り立っていた。そのため，取引先がより良い商品を提供してくれるよう，日々取引先を訪問し，信頼構築に励んでいた。

　西陣の地で問屋業者として成長してきた同社だが，真生氏入社当時は全国的に市場を開拓できていた訳ではなかった。同社は西日本の営業基盤は強かったものの，東日本の営業基盤が弱かった。そこで真生氏の父であり，当時社長であった細尾真一氏は，入社後の真生氏に東日本の営業基盤強化を任せた。東海，中部，関東，東北地方における基盤が弱かった同社であったが，真生氏を中心とした営業チームの努力の結果，現在取引先は北は北海道，南は沖縄まで全国500社にまで広がった。全国的に販売網を拡大することができたのは真生氏入社後の営業力強化が基盤となっている。

　1980年代後半には西陣織販売量が，1990年代には西陣織出荷額がピークを迎えた。販売量と出荷額のピークの差が10年あるが，これは1980年代後半に呉服の販売形態に展示会販売という新しい形態が登場し，高額商品の売上が好調だったためである。しかしその後呉服離れが進み，高額商品の販売量増加にも限界が訪れ，1990年代のバブル経済崩壊の影響で，呉服産業は本格的な落ち込みを見せた。また，呉服市場の縮小や高額商品の売上低迷に伴って，展示会販売にかかる経費が増加し，利益を算出することが困難になっていった。同社も呉服業界の低迷と共に，特に平成に入ってからは売上高，経常利益ともに下降の一途を辿って行った。

　同社は呉服需要の低迷から何とか脱却するために，自社オリジナル商品の企画販売に踏み切った。1992年には千家十職塗師12代・13代の中村宗哲氏監修の

もと，千利休の「わび」の精神を突き詰めた新しいコンセプトの着物『雪間乃草』を販売した。また2003年には，コスチュームアーティストであるひびのこづえ氏とのコラボレーションを通じて，『ひびのこづえ』というカジュアルなデザインのブランドを誕生させた。これは，呉服離れが続く若者を取り込むためのプロジェクトだった。

このような新しいコンセプトの商品企画は専務の真生氏の責任のもと行われていた。また，営業全般においても最終的な責任は真生氏が負っていた。財務面に関しては，真生氏の父細尾真一氏の後を継いで社長に就任した細尾俊夫氏（真生氏の叔父）が管理を行った。このように，同社は新たなコンセプトの着物開発や新規顧客開拓に果敢に取り組んでいたが，バブル経済崩壊後の呉服市場縮小に歯止めがかかることはなく，同社の問屋事業も苦戦を強いられた。

(5) 一貫生産体制の構築

呉服産業の衰退によって西陣織業界には大きく分けて2つの変化が生じた。1つ目は，マーケットの縮小による西陣機業や産地問屋の度重なる廃業や倒産である。西陣織業界にとって，これらの廃業や倒産は大きな打撃である。なぜなら，そもそも西陣織は複雑な分業システムの下で成り立っているため，1つの工程の欠如が西陣織の生産体制崩壊を意味することになるからである。2つ目は，後継者不足の問題である。後継者減少の最も大きな原因は経済的な要因であり，それは西陣織の分業システムとも密接に関係している。分業システムは多品種大量生産には向いているが，市場縮小に伴い生産量が減少すると，各工程の職人の仕事量が減少するため，経済的に成り立たなくなる。そのため，若者にとって西陣織産業は魅力的ではなくなり，業界全体として後継者不足に悩まされるようになったのである。このような状況を目の当たりにして，当時社長を務めていた俊夫氏，専務の真生氏は，西陣織の生産体制が維持できなくなるのではないかという危機感を抱くようになった。

そこで，社長の細尾俊夫氏と専務の細尾真生氏の2人は，自社で西陣織製織に関わる全ての技術を獲得するために製造機能を社内に復活させることを決心した。当時製造機能復活については，取締役会で俊夫氏，真生氏以外の全役員が反対していた。しかし，長期的な視点で同社と西陣織の将来を見据えたときに，「このまま西陣織の文化を絶やしてはならない」という考えに至った。そ

こで，全役員の反対を押し切って西陣織の一貫生産体制構築に踏み切ったのである。

　製造機能復活に踏み切ったものの，同社は約90年前に織屋から問屋に業態変更していたため，技術的なノウハウはほぼゼロに等しかった。また今後急激な需要の伸びが期待できない中で，西陣織の製造工場を国内に設立しても投資資金回収は困難だと考えられた。中小企業である同社にとって新規設備投資は大きな負担だったのである。そこで原料立地の観点で，コストを抑えることのできる海外での工場設立を検討した。そのころ，中国の江蘇省鎮江市は沿海経済開放区として開放されていた。また江蘇省では，西陣織の原料である良質な生糸が作られていた。そこで同社は江蘇省で生糸を購入し，生産しようと考えたのである。中国での工場設立にあたっては，上海出身で立命館大学の3回生だった鄒・益民(ZOU YIMIN)氏を起用した。彼は日本（新日鉄）と中国との合弁事業である中国上海宝山製鉄プロジェクトで，交渉や通訳の仕事をしていた。また通信販売事業を行っている株式会社セシール（現：株式会社ディノス・セシール）が広東省に製造工場を設立する際，工場長を務めた経歴も持っていた。

　鄒氏は立命館大学に入学し，3回生のときに同社と出会った。同社は中国ビジネスに関する情報が全般的に乏しく，現地スタッフとのコミュニケーション上の不安も抱えていた。しかし，鄒氏が工場設立から工場運営に至るまで，全工程をサポートしてくれたため，1995年に鎮江市に独資会社鎮江美術織物有限会社を設立することができた。中国工場では同社が企画した商品やナショナルチェーン店・小売店からの注文品の帯地が作られている。鄒氏は，現在に至るまで中国工場の実務的な社長を務めている。

　中国工場設立の際には"日本と同じ品質の西陣織"が製造できる仕組みを構築することが前提条件となっていた。そこで国内では1993年に一貫生産体制プロジェクトを立ち上げ，会社外部から優秀な西陣織職人である友田氏をヘッドハンティングした。当時多くの西陣織メーカーが廃業しており，西陣には優秀な技術を持ちながらも職を失っている職人が多かった。そこで，同社もこの機を掴んで西陣織職人であった友田氏を獲得したのである。

　友田氏は中国の工場設立に必要な技術面を全て担う大役を果たした。友田氏は西陣織を製造するために必要な機械，力織機を日本から持ち込み，それらの機械が正常に稼働するように設置，調整した。また製織する職人を現地で採用

した際には，国内と同質の織物ができるように職人の育成にも携わっている。江蘇省には元々絹の産地で生糸の扱いに慣れた優秀な人材が多かったため，人材の確保にはそれほど苦労しなかった。また，鄒氏は日本と中国，両国の価値観や行動の仕方の違いを理解していたため，現地における製造・労務管理をスムーズに行うことができた。さらに，生糸を染める染料は日本のものを使用し，生糸の染色に欠かせない水は日本と同じ水質の軟水をつくり，使うようにした。中国は硬水のため，特別に水質も変化させなければならなかった。

　一方製造機能復活に伴い優秀な西陣織職人の獲得・育成が急務となった。中国工場設立の際に技術面をサポートした友田氏は同社を支える職人の1人であったが，当時年齢が60代と高齢だったため，その後の職人育成と西陣織製造を担っていく一世代若い人材を獲得する必要があった。そこで同社の職人として新たに採用されたのが金谷氏である。金谷氏は，独特な経歴を持った織物職人だった。第1に，一般的に外注に頼ることの多い紋紙を作るノウハウを持っていた。紋紙を作る技術を持った人材を獲得したことで，同社は自社のみで製織が可能になり，スムーズな製織工程を進めるようになった。第2に，西陣で製織技術を磨きながら，自動で紋様を作成できるシステムのソフトウェアの開発も行っていた。金谷氏は西陣織だけでなく，編み物，工事資材に至るまで幅広い「織物」の知識があり，それぞれの織物にあったソフトウェアを開発する技術を持っていた。金谷氏の幅広い経験は社長俊夫氏と専務真生氏の目に留まり，同社専属の職人として招かれた。金谷氏は友田氏の後を継ぎ，職人の育成から西陣織物の生産に至るまで幅広い範囲で同社を牽引する人材となった。こうして，俊夫氏と真生氏が描いてきた製造機能の復活が果たされたのである。この製造機能復活は後の広幅織物事業の礎となった。

(6) 海外事業の礎

　細尾真生氏入社前の1979年にはもともと欧州・北米からファーを輸入し，中国との委託加工貿易も行っていた。また，1999年には中国・西安市の陝西歴史博物館で「古代中国と現代日本の織物展」を開催した。この文化展は日本の着物や帯の源流が中国であったことを多くの中国の人々に知ってもらうことを目的としたもので，文化事業の一環として行われた。展覧会には何千人もの中国の人々が訪れ日本のメディアにも取り上げられた。

こうした海外と積極的に関わる姿勢は、細尾家が豊かな国際感覚を持っていたことに由来する。細尾真一氏は外国語がそれほど堪能でなかったが、海外からの来客を率先してもてなしていたという。また細尾俊夫氏は大阪外国語大学出身で、英語が堪能で海外とのビジネスにも積極的だった。中国との取引も海外との積極的な取引を望む俊夫氏の考え方によるところが大きかった。さらに当時専務だった細尾真生氏も、海外経験が豊富で国際的感覚に長けていた。真生氏は1973年に同志社大学を卒業した後、「世界を股にかけて仕事がしたい」という強い願望から、家業は弟に継がせるつもりで大手商社に入社した。商社に入社して最初の3年間は、繊維貿易本部でアメリカやロシア（当時のソ連）、中国や香港といった国々との三国間貿易を担当しており、東アジア・東南アジアを走り回っていた。その後はイタリア・ミラノにあるアパレル製造卸の子会社に出向し、4年間ミラノで過ごした。ミラノでの4年間と東南アジアでの3年間の経験を通して、真生氏は海外の人々との様々なネットワークを構築していた。また海外でビジネスをする際に必要とされる国際的なビジネス感覚も養っていた。出向先のミラノは京都と同じく職人文化の歴史の根付いた土地であった。そのため、「いつかイタリア職人の文化を日本に伝える仕事がしたい」と考えるようになった。それと同時に、「西陣織の技術と文化は世界のマーケットに通用するのではないか」と考えるようになった。

　ちょうどそのころ、父親の真一氏が体調を崩していた。真生氏は家業を継ぐつもりはなく弟に家業を託していたが、真一氏は長男である真生氏にどうしても家業を継いでほしいと考え、毎晩国際電話で懇願していたという。真生氏は「7年間築いてきた国際的なネットワークを活かして商売を続けること」を条件として提示したところ、真一氏も「西陣織もいずれ海外をマーケットにしていかなければならないだろう」と考えていたため、真生氏の考えを大いに歓迎した。この条件が受け入れられたため、真生氏は当時勤務していた商社を退職し、1982年に同社に入社することとなった。

(7) 国際見本市への出展

　真生氏が社長に就任した後も呉服の需要の低迷は続き、西陣織業界は厳しい状況が続いていた。そのため、同社の主力事業である卸売事業も売上が伸び悩んでいた。そこで、真生氏は西陣織の技術と文化は世界のマーケットに通用す

るのではないかという考えのもと，海外見本市に出展し始めた。

　同社の転機となったのが，2006年に中小企業JAPANブランド育成支援事業の一環として京都商工会議所が取り組んでいたKyoto Premium事業への参画である。同社は1年の準備期間を経て，フランス・パリで開催された「メゾン・エ・オブジェ」という展示会に西陣織の生地を使用したソファを出展した。しかし，この展示会ではオーダーを獲得することは出来なかった。当時の技術では70cm幅までの織物しか織ることが出来ず，継ぎ目が入ってしまうという問題点があった。また，欧米の市場，欧米の生活者の価値観，ライフスタイルの研究も十分なされていなかった。翌年は反省を生かして，他の出展企業が取り組んでいない製品作りに取り組み[7]，西陣織独特の金箔や銀箔，漆を塗った和紙を糸と一緒に織り込む技法と凹凸模様を作る技法[8]を使用した生地で作ったクッションを同展示会に出品した。今度はオーダーこそ入ったものの，展示会に出展するためにかかる出展料や出張経費がクッションの販売から得られる収益に見合わないものであった。

　2008年には経済産業省からフランス・パリの装飾美術館で行われる「感性kansei—Japan Design Exhibition」に同社の帯地を出展してほしいという依頼を受け，帯地と一緒に同じデザインのクッションを展示した。その展示会が好評を博したため，2010年にアメリカ・ニューヨークで再び開かれた展覧会に，同社も参加することになった[9]。そこでピーター・マリノ・アーキテクツという高級ホテルや，個人ラグジュアリーの邸宅などを国際的に手掛けている建築設計事務所の目に留まり，デザイン画を織物にしてほしいという依頼が入った。その織物はクリスチャン・ディオールの店舗の壁に使うためのものであった。この依頼に応じるためには，以前から問題点となっていた織機幅の拡大に取り組む必要があった。同社はこの問題を解決するために2年の歳月をかけて，同社独自の広幅織物織機を完成させた。

　同社はピーター・マリノ・アーキテクツからの依頼を受けるまで，海外のマーケットで差別化を図るために和柄のデザインの織物を売り出していた。しかし，ピーター・マリノ・アーキテクツが依頼してきたデザインは「鉄の溶けたようなテクスチャー」であった。これは，従来の西陣織の意匠の概念とは異なるものであった。しかし，これをきっかけに海外マーケットで差別化を図るためには，西陣織の伝統的な技術と素材が武器になるのだと認識を改めるよう

図4-6　広幅織物織機を動かす技術者

出所：筆者撮影。

になった。現在でも，ピーター・マリノ・アーキテクツとは取引が続いており，同社の重要な取引先の１つになっている[10]。

(8) 広幅織物技術の確立

　前述したように，2006年にメゾン・エ・オブジェに出展したソファには，継ぎ目ができてしまうという問題点があり，世界のマーケットに西陣織を売り出すためにはこの課題を克服する必要があった。当時の最大幅であった70cmを２倍以上の150cm幅にするためには，新しく織機を開発する必要があった。特に，150cm幅にすることで，糸と一緒に織り込む箔がよれてしまわないように専用の糸巻機を開発し，ボビン[11]であらかじめ１回転させて，まっすぐ引き出せるようにするなどの工夫を施す必要があった[12]。

　この織機の開発に当たっては，金谷氏が大きな役割を果たしている。金谷氏は，紋紙を作成する技術とソフトウェアを開発するノウハウを駆使して，デザイン画を減色し，コンピュータに取り込むソフトウェアを開発した。海外企業との取引では，短期納品が求められる。金谷氏が作ったソフトウェアによって，従来はデザイン画を織物にしてサンプルを提示するまでに１カ月の期間を要していたものが，１週間で行えるようになった[13]。コンピュータに取り込んだ画像から紋紙を制作するためのソフトウェアを開発するには，デザイン画をコン

図 4 - 7　同社の広幅織物

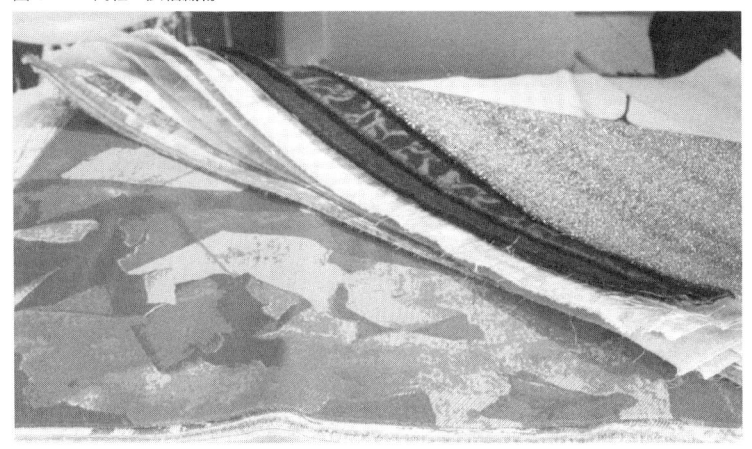

出所：筆者撮影。

ピュータに取り込むソフトウェアを作るときより高度な技術が必要だったが，当時，京都工芸繊維大学を卒業したばかりのシステムエンジニア3人に協力を仰ぎ，開発してもらったという。

　また，織機を製作するにあたって，金谷氏は入社前に一緒に働いていた仲間や職人たちからも協力を仰いでいる。金谷氏は昔の仲間や職人たちとの繋がりを大切にし，信頼関係を築いてきた。金谷氏が取り組んでいることを応援し，ノウハウを提供してくれる昔の仲間や職人がいたからこそ，150cm 幅の織物を織る織機を完成させることが出来たのである。金谷氏が作製した150cm 幅の織機は，世界で同社にしかないものである。

　現在，同社が製造した広幅織物は，ディオール，シャネル，ルイ・ヴィトンなどの海外高級ブランドの店舗の内装やザ・リッツ・カールトン，フォーシーズンズなど国際的に展開しているホテルの内装に使用されている。

　また，2012年からは上海を拠点としている家具会社ファニチャーラボが手掛けているブランド「ステラワークス」とコラボレーションした「HOUSE OF HOSOO with Stellar Works」という共同のショールームを構え[14]，同年「100％デザイン上海」というイベントに出展し，上海ステラワークス内にショールームを設置した[15]。同社の中国市場進出は，地域資源活用プロジェクトとして認められ，経済産業省から助成金を受けている。これまで経済産業省が助成金を出した事業は経済効果が出ないことが多かったが，2011年より本格

化した同社の広幅織物事業の売上は,現在売上全体の約1割に過ぎないものの年率40％で成長しており,経済産業省から高く評価されている。

また,国際的に活躍している日本のデザイナー三原康裕氏が手掛けるブランド「MIHARAYASUHIRO」が同社の広幅織物を使用したドレスやスーツをパリ・コレクションで発表し,高い評価を得ている。現在,同社ではインテリアに使うための広幅織物の注文に加えて,ファッションに使用するための広幅織物の注文も増加してきている。

同社には現在3台の広幅織物織機があるが,多くの注文が入り最大限稼働させている状況であるという。注文を断らなければならないケースも出てきているため,より多くの注文に応えるため,2013年の秋に4台目の織機を導入することを予定している（2013年8月現在）。

(9) 後継者育成と技術継承

同社では,投資や取引先との大きなイベントのような一定額以上の資金を必要とする場合は,取締役会議で決定するという決まりになっている。現在の取締役会議は,代表取締役社長である細尾真生氏をはじめ,真生氏の弟である細尾佳弘氏と細尾哲史氏,真生氏の息子である細尾真孝氏,そして井戸本邦雄氏,田子真氏,荒巻陽一氏の7人で構成されている。佳弘氏は,細尾俊夫氏が担っていた財務面を引き継いだ。細尾哲史氏は,第一事業部（呉服卸売の営業販売）の責任者であり,営業面の全般的な管理を行っている。呉服販売を行う第一事業部において,哲史氏は真生氏の右腕となる存在である。

細尾真孝氏は2008年に同社に入社し,現在は広幅織物を扱う第2事業部の取締役責任者として実務を総括しており,特に販売,PR,国際見本市,取引先とのコンタクト,メディア対応などを担当している。また真孝氏が取引先と商談を行う中で,取引先が求めているデザインやどのような製品が求められているのかを金谷氏に伝え,取引先と製造部を結びつける役割を果たしている。真孝氏は入社以前に東京でジュエリーメーカーに勤務し,生産管理,商品開発の仕事を任されていた。その後,同社に入社する前に,海外から家業である西陣織や日本の伝統工芸を見たいとの思いから,イタリアのフィレンツェに留学した。真孝氏はフィレンツェでイタリア語の勉強に加え,さまざまな職人を見て回りながら過ごした。そのような社会経験や海外での生活を通して,日本の伝

図4-8　現体制の組織図

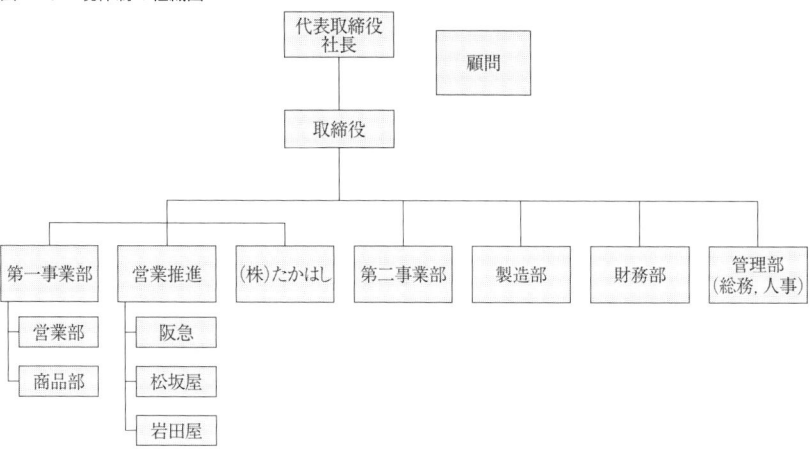

```
                    代表取締役
                      社長              顧問
                        │
                      取締役
        ┌──────┬──────┬──────┼──────┬──────┬──────┐
    第一事業部  営業推進  (株)たかはし  第二事業部  製造部  財務部  管理部
      │         │                                        (総務,人事)
    ├営業部   ├阪急
    └商品部   ├松坂屋
              └岩田屋
```

出所：細尾提供資料をもとに筆者作成。

統産業は世界に受け入れられる可能性があると考え，2012年より「GO ON プロジェクト」を始動させている[16]。GO ON プロジェクトとは，日本の伝統工芸を受け継ぐ若い後継者がその技術を国内外に発信し，新しいものを創り出していくことを目的としたプロジェクト・ユニットであり，現在は同社を含め6社が参加している。

　技術継承に関しては，金谷氏が中心となって若い技術者の育成に取り組んでいる。西陣織の生産は分業システムが一般的であるが，同社では注文に対して1人の技術者がデザイン画を受け取ってから織物にするまでの一連の工程を担っている。この仕組みによって技術者は自分の仕事の結果が見えるようになり，モチベーションが高まっているという。

　若手教育に対しての金谷氏の方針は，「糸を触り，織機を触り，糸にどのように負荷をかけたらトラブルが起きるのかなどの地道な作業を通して，ものを作れるようになる」というものである。その作業を乗り越えた後，創造的な仕事ができるようになると考えており，社長である真生氏も金谷氏の方針に対して同意している。金谷氏自身が今まで多くの失敗を通して技術を習得してきたため，失敗は若手にとって貴重な経験になると考えているのである。また難しい依頼も基本的には若い技術者に任せ，ベテランの技術者がサポートするという形をとっている。このように真生氏が入社以前から持っていた考えを実現す

るために起こしたアクションが，新しい技術の確立，独自の生産体制，これらに適した組織体制の整備につながったのである。

3．事例分析

(1) 生成期（1688〜1970年代）：製織業から問屋業への転換

ここからは本研究のフレームワークを用いて事例を分析していくことにしよう。

同社が創業した天和時代から元禄時代にかけては染織技術が著しく発達し，高級織物の需要が増加していた時期であった。細尾家ではもともと生業として機織業を営んでいたということもあり，この機を見計らって自社の製織技術を活かして本格的に事業展開を図ったのだと考えられる。

事業の立ち上げにあたっては，「座」と西陣地域の「分業システム」が大きな意味を持っていた。前者は一定の金額の納入と引き換えに特別に商売を認めていたため，競合企業の脅威を緩和していた。後者は同社が製織という工程に特化して技術を蓄積することを可能にしていた。このある意味「完成された」地域の社会的分業システムは，事業を立ち上げて間もない同社のビジネスシス

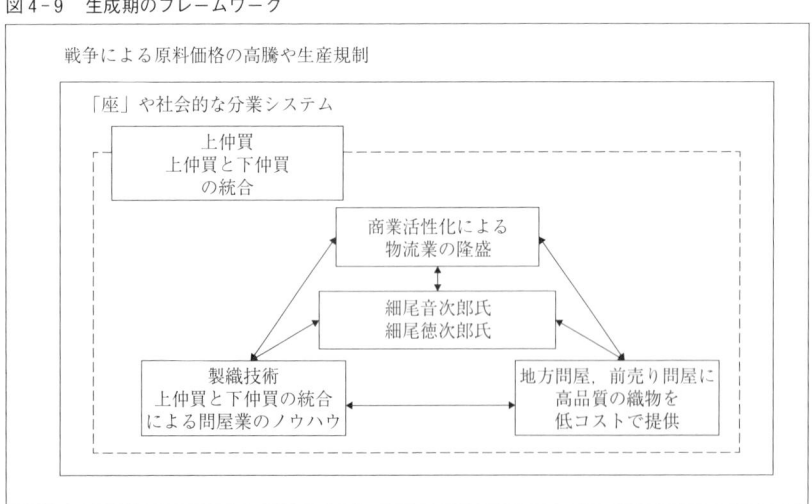

図4-9　生成期のフレームワーク

```
┌─────────────────────────────────────────────────┐
│  戦争による原料価格の高騰や生産規制              │
│  ┌─────────────────────────────────────────┐   │
│  │ 「座」や社会的な分業システム             │   │
│  │  ┌──────────┐                           │   │
│  │  │ 上仲買   │                           │   │
│  │  │上仲買と下仲買│                         │   │
│  │  │ の統合   │                           │   │
│  │  └──────────┘                           │   │
│  │         ┌──────────────┐                │   │
│  │         │商業活性化による│                │   │
│  │         │物流業の隆盛  │                │   │
│  │         └──────────────┘                │   │
│  │         ┌──────────────┐                │   │
│  │         │細尾音次郎氏  │                │   │
│  │         │細尾徳次郎氏  │                │   │
│  │         └──────────────┘                │   │
│  │ ┌──────────────┐  ┌──────────────┐     │   │
│  │ │ 製織技術     │  │地方問屋，前売り問屋に│  │
│  │ │上仲買と下仲買の統合│←→│高品質の織物を  │  │
│  │ │による問屋業のノウハウ│ │低コストで提供│     │   │
│  │ └──────────────┘  └──────────────┘     │   │
│  └─────────────────────────────────────────┘   │
└─────────────────────────────────────────────────┘
```

出所：筆者作成。

テム構築の見通しを立てやすくしていたと考えられる。言い換えれば，経営資源と新規事業とのギャップを容易に克服することが出来たため，「製織技術の向上」に向けて経営資源を集中的に投資し，品質を高めていけば良かったのである。

　ところで，同社は高度に発達した西陣地域の社会的分業システムを活用して，注文を受けた織物を作り，上流階級の人々に商品を提供していた。当時のビジネスシステムは同社にとって単なる取引関係を超えて戦略上重要な役割を果たしていた。

　西陣織の生産体制は上流階級の人々のニーズに合わせて，多品種少量生産体制を取っていた。そこでは，社内に多くの職人を抱え込まず，下職人に外注してニーズに柔軟に対応するという形が取られていた。製織工程を担っていた同社は，その前工程については地域内の関連業者に任せ，信頼関係に基づいた安定的な取引を行っていた。同社で作られた織物は，上仲買を通じて下仲買，下仲買を通じて集散地問屋[17]や卸売商[18]，またそれらを通して顧客に届けられるという形が基本であった。特に上仲買との間には密接な関係が結ばれており，生産面から流通面まで幅広い面でサポートを受けていたと考えられる。

　ただし，ここで注意しなければならないのは，上仲買との密接な関係が同社のような零細な織元[19]が事業を営む基盤を提供していた反面，顧客がどのようなニーズを持っているのか，またニーズに対応するために同社の製織技術をどのように獲得・活用して付加価値を創出し，ネットワーク構築を通じて，顧客まで価値を届ける仕組みを作り上げるかといったことを考え行動に移す自発的な「企業家活動」が妨げられていたという点である。この時期において，同社が売上を得ることが出来たのは，市場全体が拡大傾向にあり，品質の良い織物を作り問屋に取り扱ってもらえれば，十分なリターンが期待できたからであろう。

　しかし，このようなビジネスシステムの問題点は，日露戦争や第1次世界大戦の中で露呈することになる。日露戦争や第1次世界大戦による生糸価格の上昇はコストを増加させ，問屋との取引だけでは生計を十分に立てることが難しくなった。このとき経営を担っていた細尾徳次郎氏は同社を取り巻くこのような経営環境に危機感を感じていた。一方で，世の中の変化に注目すると，百貨店をはじめとする大型のデパートの登場によって商業が活性化し，物流業が盛

んになっていた。

　徳次郎氏の父である細尾音次郎氏は経営環境がこのように変化をすることを見込んで，事前に徳次郎氏を問屋に丁稚奉公させている。しかしこのような意思決定をすることは先代にとって容易なことではなかっただろう。なぜなら同社はこれまで製織業で一定の成功を収めてきており，それを代々引き継いできたという歴史的背景を持っていたからである。それでも将来的な問屋業への事業転換を見込んでミラー（2006）が提唱した「イカロス・パラドクス」の克服に向けた決断を下せたのは，先代や徳次郎氏をはじめとするファミリー企業家が強いリーダーシップを発揮し，長期的な視点から投資をすることが可能だったからだと考えられる。先代の将来に向けた投資は，その後徳次郎氏が商業の活性化に事業機会を見出し，問屋業へと事業転換することにつながっている。すなわち，先代が徳次郎氏の「企業家活動を実行する能力」を培わせる環境を作り上げていたのである。

　問屋，特に上仲買の工程に事業転換を図ったことで，同社のビジネスシステムは大きな変化を遂げることになる。これまで顧客との距離が遠かった同社は，中間に問屋を挟む形は極力避け，主に地方の小売屋や百貨店と直接取引をする関係を結んでいる。そうすることで，顧客のニーズを直接知ることができ，ニーズの変化に対応する商品の提案力を高めていったのだと考えられる。また同社は様々な種類がある西陣織物の中でも，帯地・着物の商品の品ぞろえに特化していた。すなわち，同社は製品レベルと事業の「仕組み」レベルの両方で競合他社との差別化を図ったのである。

　ところで，同社が担う「上仲買」という流通工程は西陣織産業の中でも大きな影響力を持っていた。なぜなら上仲買は資金提供や技術指導などを行える「金力」と「知恵」を備えており，相対的に強い交渉力を持っていたからである。

　しかし満州事変を契機に経営環境は一変し，同社は一気に苦境に立たされることになる。綿糸統制令や生糸や綿糸などの配給統制規制や，国民徴兵令などの戦時中の法規制によって，中長期的な西陣織の仕入れと，戦力となる人材の獲得・登用が困難になったのである。これらの法規制が解除され，朝鮮特需を契機に日本経済が高度経済成長を遂げると所得水準が上昇し，それに伴って大衆層も西陣織を手に取れるようになった。

このころ政府は政策として「合成繊維の育成」を図っていた。西陣織業界もこの影響を受け，安価な化合繊を使い大衆層の需要を取り込もうとする動きが見られるようになった。しかし安価な化合繊を使う業者の中には，それがあたかも天然の絹を使った織物であるかのように消費者を欺く者もいたという。ただし同社は短期的な利益を追求するのではなく，顧客を大事に考えていた。そこで同社のブランドを毀損する恐れのある化合繊を使用した織物はあえて提供しなかったのである。

ただ，競合他社が低価格の商品を提供することによって，問屋として価格面で競争力が低下するのは事実であった。また，戦後同社が担っていた上仲買の工程は資本力の低下や流行のテンポが早まったことで商品のプール機能が果たせなくなり，交渉力が落ちるという問題を抱えていた。交渉力の低下は社外パートナーとの付加価値分配において同社の優位性が崩れるということを意味し，看過できる問題ではなかった。

そこで，細尾真一氏は「高品質な織物を提供したい」という思いを持ちながらも，競合他社に勝る価格競争力を構築し，問屋としての交渉力を回復させるために，上仲買と下仲買の統合に取り組んだ。これによって，制約されていた営業活動の範囲拡大と流通構造の単純化による取引コストの削減が可能になった。

ただ，これは地域の同業他社からかなりの批判を受けたようである。これまで西陣地域で構築されてきた社会的分業システムの根幹を揺るがす脅威だと見なされたのである。しかしこの取り組みは顧客のニーズを考えると極めて合理的な取り組みであった。戦後の西陣織需要の大衆化は価格に敏感な層が新たな顧客層になることを意味していた。その顧客層にとって，上仲買と下仲買の分業から得られる品質上のメリットは分かりづらく，ブラックボックスのような価格構造は不信感を招いていた。一方で，上仲買と下仲買の統合から得られるメリットは業界内の閉鎖的な商習慣の打開，コスト削減，営業範囲の拡大といった取引上のメリットがあるだけでなく，顧客にとっても他社よりも廉価で手に入るという「分かりやすい」メリットがあった。この点が顧客から高く評価され，新たな取引店舗の獲得につながったのである。つまり，顧客に提供する「付加価値の最大化」を考え，上仲買と下仲買の機能を統合したことが事業の「仕組み」レベルの差別化につながり，結果的に同業他社にとって模倣困難

なビジネスシステムの構築へとつながったのである。

(2) 形成期（1980年代〜2000年）：卸機能と製造機能の「垂直統合」に向けて

　高度経済成長による呉服市場の拡大と共に，同社も西陣地域で呉服問屋として順調に事業を成長させてきた。しかし，1980年代後半から2000年にかけての呉服市場の縮小により，同社は成長鈍化を経験することとなる。そこで，同社は従来の卸機能に加え，製造機能も併せ持つ製造卸への道を歩みだす分岐点を迎える。では，同社の形成期における動向を分析していくことにしよう。

　細尾真一氏が社長を務め，細尾真生氏が同社に入社した1980年代は同社の呉服卸売事業は軌道に乗っていた。しかし1990年代に入ると卸売業の売上が伸び悩み始めた。同時期に，地域内の同業他社や西陣織メーカーが次々と廃業していく光景を目の当たりにした真一氏の後を継いで社長に就任した細尾俊夫氏と専務の真生氏は，西陣地域の社会的分業システムが崩壊してしまうのではないかという危機感を覚えた。つまり地域内の同業他社や西陣織メーカーの廃業が，ファミリー企業家に既存のビジネスシステムを再構築し，新たな付加価値を創造する必要性を認知させたのである。

　社長の細尾俊夫氏と専務の細尾真生氏は，「伝統産業である西陣織を絶やし

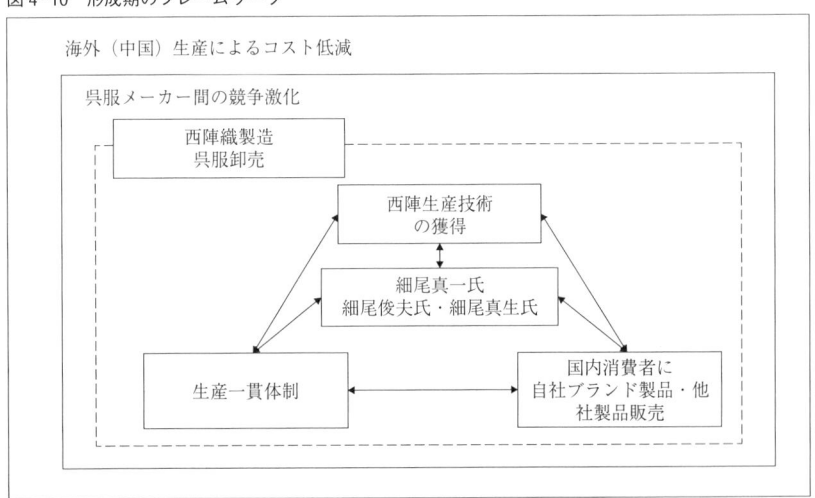

図4-10　形成期のフレームワーク

出所：筆者作成。

てはならない」という思いのもと，既存の呉服卸売業というビジネスシステムを存続させるために，西陣織の各工程を内製化し，西陣織の技術を獲得しようと考えた。また時を同じくして，西陣織の原料である良質な生糸が手に入る中国の江蘇省鎮江市が沿海経済開放区として開放されていた。このようなグローバル環境の変化は，同社のビジネスシステムを再構築する上で正の影響を与えていたと考えることが出来る。なぜなら，莫大な設備投資に対する不安から内製化を躊躇していた同社にとって，中国で工場を設立し設備投資を大幅に抑えることが出来れば，内製化が実現可能なものとなるからである。以上のような環境の変化を踏まえ，ファミリー企業家は西陣織の内製化を決断したのである。

しかし，同社は一度製織業から卸売業に完全に事業を転換していたため，内製化する上で最も重要な製織に対するノウハウは皆無に等しかった。そこで同社は製織技術を補完するために，優秀な西陣織職人の友田氏をヘッドハンティングしている。友田氏の活躍によって，同社は再び製織技術の獲得・蓄積が可能となり，その後の中国での工場設立においても課題とされていた技術面のギャップを克服することが出来たのである。

また同社が優秀な人材を確保する事ができたのは，本社機能を置く地域に多くの西陣織職人が存在していたからだと言っても過言ではない。当時，西陣織機業が軒並み衰退し，優秀な技術を持ちながらも職を失う職人が溢れていた。そのため，同社も比較的容易に優秀な人材を獲得することが出来たのである。

一方，中国での工場設立にあたっては，中国ビジネスに関する知識やノウハウ，経験の不足も大きな壁となり，同社は何とかしてそのギャップを埋める必要があった。中小企業が海外進出する際に直面する課題として，海外実務を任せられる人材の確保，現地従業員の管理職層の育成と定着が挙げられるが，同社は地域内の大学に留学に来ていた鄒氏を獲得することによって，以上の課題を克服することができた。同業他社に限らず地域との関わりの中で幅広いネットワークを構築していた地域企業だからこそ，獲得できた人材であったと考えられる。こうして資金，製織技術，中国で事業を営む上でのノウハウの不足を乗り越え，中国での工場設立に成功したからこそ，一貫生産体制を構築することが出来たのである。

同社が築き上げた生糸の入手から製糸，帯の製織までをこなす一貫生産体制は同業他社には見られない同社独自のコア資源となった。厳格な社会的分業シ

ステムが成立している西陣織業界において，一貫生産体制という垂直統合の仕組みは画期的であった。垂直統合による生産工程の抜本的な変革は，全工程における製織技術を同社が獲得・蓄積していく基盤となった。さらに，伝統的な社会的分業システムから脱却し，中国で帯を製織することでコストダウンにも成功した。加えて，自社の管理下で製糸や染色をすることが可能となり原料の品質管理まで目が届くようになったことで，顧客に手頃な価格で高品質な製品を届けることが出来るようになった。

　つまり一貫生産体制を構築することによって，西陣織製織に関する全工程の技術，ノウハウの蓄積が可能となっただけでなく，問屋としての商品企画力や販売力，顧客からのフィードバックを製織工程にも反映させることができる同社ならではのビジネスシステムが誕生したのである。このビジネスシステムは，1990年代以降，西陣織の大衆品化が進み流行のスパンが短くなっていた当時の経営環境の変化にも対応したシステムだった。同社は問屋として消費者に近い立場で情報収集することが可能だったため，スムーズに商品企画・生産に反映することが出来たのである。和装需要の低迷や呉服メーカー間の競争激化によって既存顧客層の取り込みが難しくなる中で，高品質かつ価格競争力を持つ製品を提供できる同社のビジネスシステムは，競合他社にとって模倣困難であり，競争力を持っていたということが出来るだろう。

　ところで，製造機能を復活させ中国に工場建設をするにあたっては，組織内部から反発があった。1990年代前半には西陣織を海外生産する織元も現れてきたが，日本の伝統産業である西陣織を海外で生産することに対して，異議も唱えられていたのである。同社の生え抜きの社員の多くは，伝統的な製法の西陣織を扱うことで顧客や取引先との信頼が構築されてきたのだと考えていた。それに誇りを持っていた社員にとっては，ファミリー企業家の決断はあまりにも無謀であると認識されたのだろう。しかしファミリー企業家は，呉服市場を取り巻く劇的な経営環境の変化の中で，事業の仕組みを変化させ「革新性」を持ったビジネスシステムを構築することを決断した。

　業界内のしきたりや暗黙的な慣習で閉ざされがちな伝統産業にあって，同社のファミリー企業家がビジネスシステムを抜本的に変革させる企業家活動を行うことができたのはなぜだろうか。

　第1に，ファミリー企業家の海外・外部経験が挙げられる。俊夫氏は外部経

験こそ無かったものの，外国語大学の出身で伝統産業の家系に育ちながらも海外との取引に積極的な姿勢を見せていた。また，入社前真生氏は家業を継ぐ意思がなく商社に勤務していた。会社員時代の海外経験は西陣織を見つめ直す機会となっていた。商社マンとして，海外で勤務した経験が経済のグローバル化を始めとする現代の経営環境の変化を敏感に感じ取り，業界の常識に捕らわれない発想を生む土台となっていたと考えられる。

　第2に，変革に対する先代の理解があったことが挙げられる。ファミリー企業は，後継者が新しい挑戦や変革を行うプロセスにおいて，多少の葛藤を引き起こす可能性があるが，真生氏の父である真一氏は，家業を継がずに海外での仕事を選んだ真生氏の考え方を寛大に受け止めた。また真生氏の入社条件であった「世界で培ったネットワークを生かして商売をしたい」という考えにも賛成した。つまり，真一氏は呉服産業の衰退という経営環境の変化が起こるなかで，問屋としての成功体験にとらわれず，真生氏が事業を新たな形で継承することを認めることで，後継者が企業家活動を行いやすい環境を整えたのである。

　一方，同社は経済のグローバル化に対応しながらも，地域特有の文化資源を活用した事業も行っていた。同社には織屋の頃から300年間育まれてきた地域のネットワークが存在し，地域内の多様な主体から信頼されていた。このような同社に対する地域の信頼は，業界の枠組みを超えた地域の主体とのネットワーク構築による新規事業の創造にも繋がっている。同社は千家十職塗師12代，13代の中村宗哲氏と新商品の開発を行っていた。京都ならではの文化とのコラボレーション，つまり地域特有の資源の活用は地域企業がイノベーションを起こす際に重要な要因となるが，同氏との取り組みも地域独自の文化が活かされた，「地域性を付加したイノベーション」（吉田，2006）であると考えることができよう。このようにファミリー企業家が地域内で協働の可能性を探っていたからこそ，同社のビジネスシステムに革新性が生まれたのである。

(3) 成長期（2000年〜現在）：広幅織物事業による「第2の創業」

　細尾真生氏は同社入社以前より西陣織の技術を何とか世界のマーケットに売り出せないかという問題意識を持っていた。また同時に，国内の呉服市場が縮小し，同社の卸売業の売り上げが伸び悩んでいたことから，海外市場への進出

が必要ではないかと考えていた。そこで，真生氏は社長就任後，海外市場の進出を本格化させていった。

真生氏は海外市場進出の取り組みの一環として，国際見本市に参加している。国際見本市に参加するに当たっては，「Kyoto Premium」という地域のプロジェクトに加わり，友禅染(ゆうぜんぞめ)を手がける異業種との意見交換や知識獲得を通じて，西陣織をファブリックとして使用したソファを製作した。しかしこのプロジェクトでは，「ファブリック素材」として西陣織を帯以外に活用し事業化する見込みが立ったものの，西陣特有の狭い織幅による縫い目の問題からソファは売れず，真生氏はこのままでは事業として成立させることが難しいと判断した。翌年は縫い目の問題が発生しない西陣織のクッションを展示会に出品し注文を得ることが出来たが，事業として成立させるまでには至らなかった。つまり，グローバルな競争環境に進出した初期段階においては，事業機会の認識に留まり，事業化が可能になるほど十分な付加価値を創出することの出来るビジネスシステムを構築できていなかったのである。

しかし真生氏は西陣織のファブリック素材としての事業化の成功を確信していたため，国際見本市，展示会に粘り強く参加し続けた。結局，ファミリー企業家の粘り強い意志が，ピーター・マリノ氏との出会いに繋がり，マリノ氏の

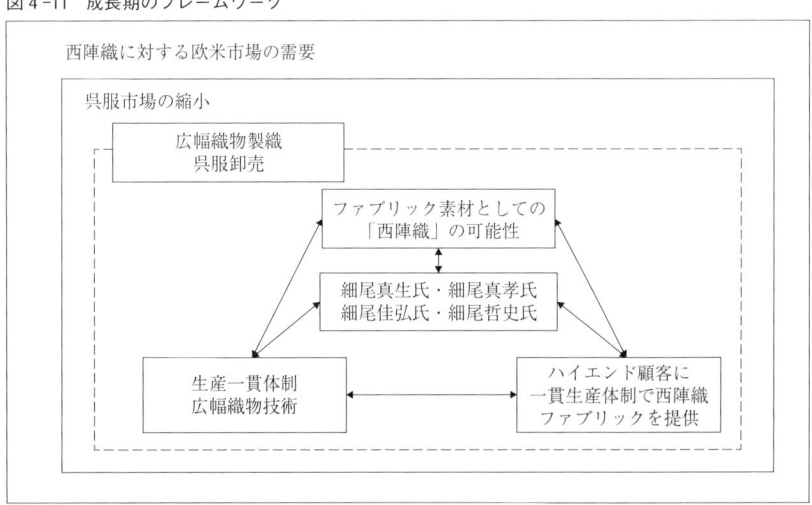

図4-11　成長期のフレームワーク

```
西陣織に対する欧米市場の需要
  呉服市場の縮小
    広幅織物製織
    呉服卸売
         ↕
    ファブリック素材としての
    「西陣織」の可能性
         ↕
    細尾真生氏・細尾真孝氏
    細尾佳弘氏・細尾哲史氏
         ↕
    生産一貫体制      ハイエンド顧客に
    広幅織物技術  ↔  一貫生産体制で西陣織
                    ファブリックを提供
```

出所：筆者作成。

提案によって，西陣織を「広幅ファブリック素材」として事業化することが可能になった。金井（2006）はグローバル化時代における地域企業の戦略として，海外とのネットワーク構築を通じたデザイン活動などのソフトテクノロジーの強化の必要性を指摘していたが，同社は，西陣織を「呉服素材」としてではなく「ファブリック素材」と認識し，そのソフト面の価値に着目してデザイン活動の面で競争力を持つ海外の企業とネットワークを構築できたからこそ，新たな事業機会を掴むことができたのだと考えられる。さらに金井は「新市場・新事業の創造」にあたっては，地域独自のニーズに対し，コア資源をベースとして，異業種交流や産学官のネットワーク戦略の重要性を論じていたが，西陣織で培った技術をベースにしながら建築デザイナーという異業種の主体とネットワークを構築できたからこそ，同社は成長期において第2の創業への道を歩み出すことができたのだろう。

　こうしてマリノ氏との出会いをきっかけに，ファブリックを製造する企業として舵を切り始めた同社は，新たな顧客との取引を行う中で，「帯」ではなく「壁布」としての需要があることを認識した。ただ，「帯」と「壁布」では求められる幅の広さが異なり，そのためには異なる技術が必要となった。加えて海外の顧客のニーズに対応するためには短期納期に対応する必要があった。広幅織物を織る織機の開発にあたっては，金谷氏が重要な役割を果たしている。金谷氏は形成期の俊夫氏の代に同社に入社した職人で，織機の開発からソフトウェアの開発まで行うことが出来る人材であった。金谷氏を中心とした同社の職人と，地域の西陣織職人らは共同で150cmの広幅織物を製織できる織機の開発を行った。加えて，広幅織物のデザイン画を従来に比べ格段に早く減色してコンピュータに取り込み，作業に移ることの出来るソフトウェアを開発するのにあたっては，地域の大学生からの助けも受けている。

　同社は海外の顧客のニーズに対応するにあたって，顧客のオーダーが入った段階から，デザイン，製織まで全てに対応できる人材の育成にも取り組んでいた。ハイエンドのオーダーメイドの顧客の要求に応えるためには，従来のような分業システムではなく，一人の職人が担当となって全工程を担当することで各ブランド，ホテルの趣向を技術レベルで理解し，それを表現する必要があるからである。このように，マリノ氏率いるピーター・マリノ・アーキテクツという新たな顧客の要求に応える中で，同社は一貫生産体制をベースとした広幅

織物技術という新たなコア資源を獲得し，顧客のニーズに合致する垂直統合された新たなビジネスシステムを構築したのである。このビジネスシステムは，ハイエンドのホテルやブランドショップといった新たな顧客の細かな要求に応じる際にも最大限活用されている。

　同社の構築したビジネスシステムは次のような3つの理由から模倣困難であると言える。まず，広幅織機は，同社ならではの技術をベースとして開発されたものであり，他社が広幅織機を容易に模倣することはできない。次に，同社では職人が製織に至るまでの全ての工程を担っているが，業界においてすべての工程を担うことが出来る人材はそれほど多くはないと考えられる。さらに，同社の手掛けるファブリックは，西陣織特有の金箔などの繊細な材料を利用したものであり，ここから生まれる繊細なデザインは，コストを下げるために高速自動化織機で大量に生産する海外のメーカーでは作ることが出来ない。こうした理由から同社のビジネスシステムは，競合他社に対して模倣困難なものであり，「仕組み」レベルで差別化されていると考えることが出来るだろう。こうした理由から同社のビジネスシステムは，競合他社に対して模倣困難なものであり，「仕組み」レベルでの差別化されている上，そこから生まれる付加価値も高いため極めて優れたビジネスシステムであるということが出来るだろう。

　さらに，同社のビジネスシステムは継承問題の解決にも寄与している。伝統産業の事業を継承するに当たっては，ファミリー企業家の継承ももちろん重要だが，事業を支える人材への技術の継承も地域企業の存続を語る上では避けては通れない。同社は，各ブランドにそれぞれ若手職人を担当者としてつけ，デザインや製織などを全て任せることによって，職人のモチベーションを向上させることに成功している。伝統産業において若手職人への技術継承が問題となる中，同社はビジネスシステムを変革することによって，若手のモチベーションを向上させ，技術継承者の育成をも可能にしているのである。

　一方，事業継承に関して真生氏は息子である真孝氏に同社を継ぐことを強制せず，入社の判断は真孝氏に委ねていた。真生氏自身が外部経験を積んだ背景があったように真孝氏も外部経験を通じて，同社や西陣織をはじめとする伝統工芸を外部から見る目を養わせているのである。真生氏は，自身の経験から得たものを後継者である真孝氏に伝えると同時に，真孝氏自身に実際に体験させることで，事業を継承していく上で「革新性」が生まれるような環境を整えて

いるのである。
　さらに，真生氏は今後拡大していくと予想される広幅織物事業を真孝氏に一任して，事業の経験を積ませている。財務面は細尾佳弘氏が，呉服問屋を担う第一事業部の管理は細尾哲史氏が責任を持って担っているため，真生氏は広幅織物事業を真孝氏に自由な形で一任することが出来ている。また，財務や営業部門に関しても，他の家族構成員がしっかり支えているため，真孝氏は新事業部門である第２事業部門に集中して，事業を展開することが可能となっている。
　真孝氏の「挑戦」や「変革」を容認する真生氏の継承への考え方は，同社の今後の新規市場の開拓において極めて重要な意味を持つと考えられる。なぜなら，真孝氏が事業部で新規市場開拓のマネジメント経験を持つことは企業家活動を実行する能力を培う機会となっているからである。真孝氏が「京都の伝統工芸産業は，西陣織は西陣織業界，友禅染は友禅染業界でネットワークが形成されており，業界を超えたネットワークがなかった」とインタビューで述べていたが，今後新規事業部での取り組みに加え，GO ONプロジェクトを通じて異業種の企業家と新しいネットワークを構築することで，新規市場が開拓されていく可能性もある。吉田（2006）は地域産業の発展を模索する際，地域性を付加することの重要性を指摘しているが，今後同社がファブリックメーカーとしてさらなる発展を遂げるためには西陣織で培ってきた製織技術を活かすことのできる市場はどこかを見極め，製織技術から生まれる付加価値が高く評価される市場に「新製品」をどのように結びつけていくのか模索する必要があるだろう。

４．本事例のまとめ

　株式会社細尾は，高度に分業化された西陣織の工程の中で製織業を担う企業であった。
　同社の各フェーズを俯瞰した際に共通している特徴は，第１に同社は時代の変化に対応して，いち早く抜本的なビジネスシステムの再構築に着手しているという点である。生成期においては，原材料価格の上昇によるビジネスシステムの機能不全に対し，製織業から問屋業へと大胆な事業転換を行っている。また，形成期，成長期においては，呉服市場の停滞とそれによって顕在化しつつ

あった西陣織の生産体制の崩壊問題に対して，ビジネスシステム変革の必要性を感じ，一貫生産体制を構築して，海外の高級ファブリック市場開拓に向けて大胆な投資を行っていた。同社が行った大胆な意思決定は，どれもすぐに採算が取れる見込みがあったわけではない。むしろ社内外から反対を受け，後ろ向きの意見が多かったくらいである。それにもかかわらず形成期において呉服市場が縮小し，投資の回収が危ぶまれる中で一貫生産体制の構築に取り組み，成長期では4年間あまり採算の取れない中で，海外市場の開拓に取り組めたのは，ファミリー企業家が強いリーダーシップを発揮していたからだろう。

　第2に，同社が新たなビジネスシステムを構築するに当たっては，従来のコア資源を活かすというよりは，新たにコア資源を獲得していく場合が多かった。形成期で卸売業から製織業を再び始め一貫生産体制を構築した際も，ゼロから技術を獲得していた。成長期では，形成期に構築された一貫生産体制が活かされていたが，新たな広幅織機やソフトウェアの開発はゼロからのスタートであった。同社は経営環境の変化に対して，いち早くビジネスシステムの変革に取り組むことによって，ビジネスシステムに必要な新たなコア資源を同業他社に先駆けて獲得・蓄積し，先駆者であり続けてきたのだと考えられる。

　第3に，同社の抜本的なビジネスシステムの変革は，同業他社の動きとは逆行するものだったということである。生成期に見られた製織業から卸売業への転換は同業他社も行っていたものの，その後の上仲買と下仲買の統合は同業他社に先駆けて行われたものだった。形成期では，廃業する同業他社が多かった中で業界とは逆行する一貫生産体制を構築しており，これが成長期の事業の礎となっている。成長期には職人の分業システムでも高速織機でもない，その両方の良さを取り入れた新たな一貫生産体制を構築することによって，呉服業界及びファブリック業界の競合他社とは一線を画したビジネスシステムの構築に成功している。

　第4に，同社は形成期から一貫して，事業継承にあたっては後継者を同社の重要なポストにつかせて，マネジメントの経験を積ませていた。真一氏は，真生氏を同社の懸念材料であった東日本の営業拠点の拡大に当たらせていた。ここで培ったマネジメントの経験や実績を残しているという信頼感が，その後の海外進出の際にも活かされていると考えられる。また，成長期には，真生氏は真孝氏を海外事業部管轄の第2事業部取締役に据え，新規事業の開拓・運営を

一任している。実際，高級ファブリック市場を開拓していた際に，真生氏は真孝氏の意思を尊重し，1年間の猶予を与えて本業の傍ら海外事業の開拓に取り組むことを認めている。これまで，事業継承において後継者はサポートを受けながら成長する「受動的な後継者」の姿として捉えられる場合が多かったが，本来企業家活動は「主体的」に取り組むものである。本事例では，後継者を「育成しよう」とするのではなく，後継者の自主性を尊重し，それをときにサポートするというファミリー企業家のスタンスを示しており，「イカロス・パラドクス」を克服するために重要となる「革新性」に富む後継者の育成に関して重要な示唆を含んでいる。

　また，同社は異業種とのネットワークを構築することによって，新市場を開拓してきたことも特徴である。形成期においては，ファッションデザイナーや千家十職塗師との協働によって呉服市場に新規顧客を取り込もうとしていた。また，成長期においては，国際見本市に出展する中で，同社が西陣織を作る中で培ってきた製織技術にソフト面で価値があることを認知することが出来た。それをきっかけとして，広幅織物技術と一貫生産体制が構築され，ピーター・マリノ・アーキテクツやディオール，シャネルといった従来に比べ製織技術から生まれる付加価値を高く評価してくれる顧客との取引が可能となったのである。

　このように抜本的な改革を行ってきた同社にも，いくつかの課題点は残されている。

　第1に，広幅織物事業の規模をさらに拡大させることである。広幅織物事業が軌道に乗っているとはいえ，同社の売上高比率で考えると，広幅織物事業の占める割合はまだ1割程度に過ぎない。呉服の卸売部門の売上高が伸び悩んでいることを考えると，広幅織物事業の売上を拡大させていけるかどうかが同社の第2の創業の行方を左右することになるだろう。

　第2に，ファブリック素材の様々な分野への応用である。店舗やホテルの壁布，ファッション素材以外に，どこまで広幅織物の技術を活用したファブリック素材を活用することが出来るかを見極めていく必要がある。加えて現在は欧米，中国での需要開拓に精力的に取り組んでいるが，注目すべき次なる海外市場はどこなのかについても今後検討していく必要があるだろう。

* 本章の内容は，特に断りのない限り以下のインタビュー調査をもとに作成した。
〈2013年7月18日　細尾真生氏に対するインタビュー調査〉
〈2013年7月19日　細尾真生氏に対するインタビュー調査〉
〈2013年8月1日　細尾真生氏，細尾和子氏，金谷博氏に対するインタビュー調査〉
〈2013年8月22日　細尾真生氏に対するメールでのインタビュー調査〉
〈2013年8月27日　細尾真孝氏に対する電話インタビュー調査〉

第5章
地域ファミリー企業の事例分析3：株式会社三宅
―半歩先の事業展開で世界的企業への躍進を目指す企業―

1．業界動向

本章の事例として取上げる株式会社三宅（以下，三宅）に対する本格的な事例紹介および事例分析に入る前に，今日まで三宅が携わってきた3つの業界における動向を簡単に分析することにする。

(1) 広島地域における製針業の発展と衰退[1]

広島でいつごろから針づくりが始められたか現在のところ確かではないが，1624年（元和10年）に針元屋の初五郎が長崎で製針の技術を習得し，帰郷して開業したとする説と1704年（元禄17年）から1711年（宝永8年）の間に長崎の木屋治左衛門が広島に来て，製針をはじめ，藩の足軽や軽輩に技術を教え，内職として普及させたとする説がある。いずれも長崎から唐針づくりの技術がもたらされたという点が共通しており，広島城下で作られた針は「南京正伝針」と呼ばれていた。

江戸時代から明治時代にかけて，維新の混乱もあったと考えられるが，針づくりの技術は引き継がれ生産は続けられていった。1887年（明治20年）代からは，ドイツ製のメリケン針がインド，中国経由で大量に輸入されるようになり，品質の劣る和鉄製の広島の針づくりに大きな打撃を与えた。また，1897年（明治30年）にもメリケン針の輸入が増加し，より大きな転換を迫られることとなる。加えて広島の針産業は，他の針生産地との間の競争や経済の動向にも影響され，盛衰を繰り返しながらも様々な努力を重ねてきた。

1896年（明治29年）には，中田和一郎が京都より尖頭機や切断機などの機械の一部を導入し，機械生産の一歩を踏み出したこともあり，明治中期には広島

における針製造業者が短期間で2倍に急増した。しかし，明治末期にかけては，宇品港の築港，鉄道の開通といったインフラの整備，日清戦争，日露戦争が勃発し，広島は軍都として大きく変化する中で製針業も盛衰を繰り返し，生産性向上のために近代化が図られた。

広島の製針業が飛躍的に発展したのは，第1次世界大戦が勃発した1914年（大正3年）である。海外市場から大量の縫針の注文が入り，その後は輸出先を拡大していく一方製品が不足しがちで針の価格が暴騰した。しかし，このような好景気は長くは続かず，第1次世界大戦の終結（大正7年）とともに，単価は下落し，注文は著しく減少した。

昭和に入っても不況が続くが，高速度製針機が導入され，品質の向上が図られた。そのため，次第に海外からの注文が入るようになり，広島の針の生産量は40～55億本を推移するようになる。

その後，日中戦争，第2次世界大戦が起こる中で，製針業においては熟練技術者が戦争に招集されたことによる人手不足，価格統制令の施行，針の材料となる針金が配給制となるといった影響が見られ，戦時下において製針業界は苦境にあった。さらに，1945年（昭和20年）8月6日原爆が投下され，爆心地から2,3km 以内に製針工場が位置していた広島の針業界は壊滅的打撃を受けてしまった。

しかし，1947年（昭和22年）には22社が生産を開始，または新規参入してきており，復興は目覚ましいものであった。同年，民間貿易が再開され，アメリカ，香港，インドネシア，オランダ，ベルギー，スウェーデンに輸出された。一方で，国内においては不況に加えて，需要が低迷していた。さらに，戦災に遭わなかった他県の製針業者との販売競争が再び激化し，広島の製針業者にとって厳しい状況は続いていた。

このような厳しい状況を脱する契機となったのが，1950年（昭和25年）の朝鮮戦争の勃発であった。インドから大量の注文が入ったのである。この期間に広島県内の製針業者は40社以上に膨れ上がっていたが，この好景気は長く続かず，経費以下の価格で製品が販売されるような状況が目立ちはじめた結果，製針業者は相次いで倒産，転業していき，1956年（昭和31年）末には21社に減少した。生き残った広島の製針業界は共同販売体制を強化し，インド，パキスタン，イラン，イラク，エジプト，アフガニスタン，シリア，ビルマ，アラビア

向けの輸出窓口を一本化することで価格の維持を図った。また，低迷していく状況から脱するため，近代化をめざす動きが加速していった。

　このころ，国内においては，1955年（昭和30年）上半期の「神武景気」，1958年（昭和33年）下半期の「岩戸景気」といった景気が上向いていた時期があったにもかかわらず，針の需要は期待されていたほど伸びることはなかった。1960年（昭和35年），1961年（昭和36年）にかけてやっと国内外の需要が伸び，好転したが，この景気も長くは続かず，1961年の下半期までであった。

　1964年（昭和39年）代から賃金の急上昇による経営難に加えて，労働者不足，さらには景気の下降や生活様式の急激な変化による針需要の落ち込みによって製品在庫が増加した。企業倒産が相次ぐ中で，業界は製針技術の開発を続けた結果，海外からの信頼が高まり，1970年（昭和45年）代から注文は増加傾向に転じていた。その後，1971年（昭和46年）のドルショックによる変動相場制への移行，1973年（昭和48年）の第１次石油ショックと不況が続くが，1955年（昭和30年）から1981年（昭和56年）にかけて技術革新を行い，機械化による省力化で対応してきた。

　伸び続けていた手縫針は，1977年（昭和52年）に頭打ちとなった。その後，手縫針においては，三宅が創業した翌年の1918年（大正７年）に創業した「萬国製針（ばんこくせいしん）」がアメリカ市場の３割，国内シェアの大半を占めていた（現在，国内シェアの９割）ことと，人口減少による日本国内の需要縮小，グローバル化の進行が続く現代において，手縫針の製造だけでは生存が厳しい状況となった。経済産業省による「針・ピン・ホック・スナップ・同関連品製造業」に対する統計からすると，1999年（平成８年）[2]には156カ所あった事業所が2010年（平成22年）[3]には102カ所に減っており，日本における製針業は衰退の道を辿っていることが分かる。

　現在，広島の針の国内生産量は縫針100％，待針97％でそれぞれ第１位，家庭用ミシン針は49％で第２位であり，全生産量の73％は海外に輸出している。広島針の品質の良さは世界的に認められているのである。但し，上述したように強力なトップ企業が存在するため，昭和末期から平成において，事業転換を行っている企業が多い。例えば，精密技術を生かし，エレクトロニクスの関連部品や外科用医療器具，あるいは地元の自動車部品の生産など新しい分野へ進出する企業が見られるようになっている。

(2) 印刷業界の新しい潮流とバーコード印刷業

　日本の印刷産業は1990年代に産業全体での出荷額が9兆円近くにのぼり最盛期を迎えたが，その後，徐々に縮小傾向にあり，現在は6兆円程度となっている。その原因としては，電子書籍の登場やインターネットの普及などが挙げられる。

　このような厳しい状況の中で，印刷市場は大きな転換期を迎えることになった。以前の少品種多量生産（同じ内容をたくさん印刷する既存の方式）から多品種少量生産に変わっているのである。それと同時に，新しい技術と機械の導入により，既存の少品種多量生産のときには顧客として想定できなかった新しい顧客が続出している。例えば，故人の遺影写真を編集制作するビジネスで大成功している広島の株式会社アスカネットという企業が事例として挙げられる。故人の葬儀を行う際に急に写真を準備することになると，きれいに写った写真も少なく写真の背景も遺影の写真としては不適切なものが多かった。そこで，この会社はアナログ方式で撮影した既存の写真を顧客から提供してもらい，デジタル化することで，故人が着ている服装や写真の背景を変え，人物写真を鮮明に編集する方式でビジネスを展開している。こうすることで既存の各種印刷関係の業務が簡単になり，単価も安くなるため，各種ビジネスチャンスが生み出されることになっている。

　事例として取り上げる三宅は主に値札の印刷を行い，後にバーコード印刷に注力することになったため，本節ではバーコード印刷業界に焦点を当てることにしよう。バーコードは周知のとおり，キーボードに代わってバーコードをなぞる（スキャンする）だけで，コンピュータに情報を入力する手段である。バーコードは原則として印刷されるものであり，誤読防止のための番号もついているため，手書きの伝票や値札などとは比較できない処理のスピードが最大の優位性である。

　バーコードの発祥はアメリカである。アメリカでは食料品などを週に1回程度で纏めて購入してストックする生活習慣があり，日本の大型スーパーのような大型総合小売店が発達している。しかし，ドルやセントの計算や消費税の計算に手間取ってレジスターに長蛇の列が出来るという問題が起こり，大型小売店がその機能を発揮できないという状況になっていた。一方，コンピュータが実用化の時期を迎えていた1967年に，大手の大型小売店チェーンのクロガー

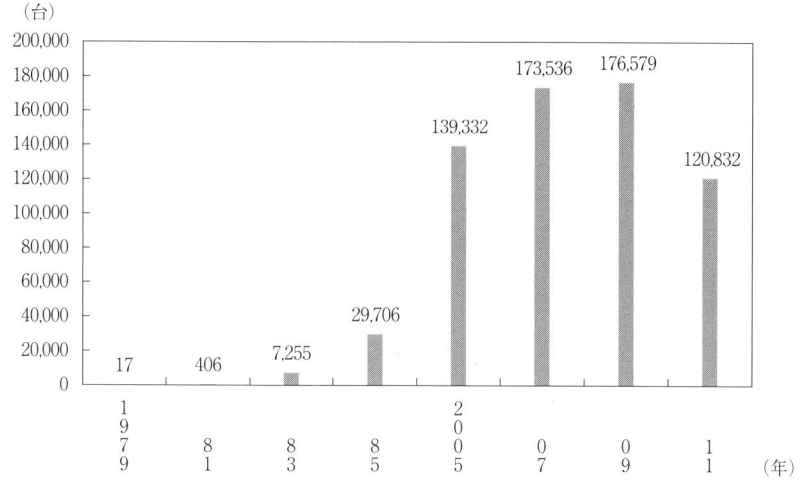

図5-1　POSレジスターの出荷台数

（台）
- 1979: 17
- 1981: 406
- 1983: 7,255
- 1985: 29,706
- 2005: 139,332
- 2007: 173,536
- 2009: 176,579
- 2011: 120,832

出所：矢野経済研究所（2008, 2009, 2010）「国内POSターミナル市場に関する調査結果2008～2010」等を参考に筆者作成[4]。

（Kroger，ケロッグとも読む）が，商品にバーコードを付けてコンピュータに入力する方法を実用化し始めた。これがバーコードの始まりとなっている。

バーコードの実用化には成功したが，これを全米に普及させるためには全ての商品に統一した番号を付ける必要があった。そこでアメリカのフードチェーン協会などが中心となり，1973年に一般商品コード「UPC」を制定することになった。その後，このUPCの成功に目を付けたヨーロッパでは，1977年にイギリス，フランス，ドイツなどがヨーロッパ各国共通の商品コード「EAN（日本の規格は「JAN」）」を制定し，1978年には日本もこれに加盟することになった。

日本におけるバーコードの実用化は，JANがJIS（日本工業規格）で規格化された1985年の前後から始まった。1982年，セブン-イレブンがPOS（point of sales／販売時点情報管理）システムの全店導入を発表したのをきっかけに，日本の小売業がPOS化への道を進み始めたことで，バーコードの普及が広がった。このバーコードの普及はそれを読み取るPOSレジスターの設置台数にほぼ比例しているので，それに関するデータを提示することにする。

バーコードの印刷業者数は明確ではないが，図5-1から読み取れるように，

日本がEANに加盟した1978年から近年までPOSレジスターの出荷台数が急激に増加しており，それに従ってバーコードの印刷需要も増加したと推測できる。しかし，2011年の時点で国内のPOSターミナル市場は飽和状態に達しており，POSレジスターの出荷台数は下向きになっている。

(3) 万引き防止システムの登場

1965年，アメリカにおける万引の急増を背景に，ミナシー，アッサフ，スターンという3人の人物がそれぞれの場所で近代的な防犯事業を興じたことがきっかけで，防犯産業はここ半世紀で数十億ドルの産業に成長しているとされている（シュタイア，2012, pp. 3 -89）。彼らが発明したのは，万引犯が商品を持って店を出ようとした際に警報が鳴る「防犯タグ」と検知器であった。それまでは，警備員が万引の現場を確認するしかなかったが，防犯タグの導入で，万引の検出がより客観的になったのである。3人は各自の技術で企業を設立するが，スターンは，一緒に仕事をしていたアルバート・テッド・ウルフを最高経営責任者（CEO）にして，独自の万引き技術を専門に扱う会社を設立した。これがのちのCheckpoint社の前身である。また，アッサフはいとこであるジャックと，ミシガン大学から技術者2人を雇い入れ，JKR社を設立し，のちにSensormatic社に社名を変更する。現在，この2社が世界の防犯タグ業界を主導している。両社の製品を比較すると，表5-1のようになる。

実際，ビジネスを展開することになると，RF方式に比べAM方式が設備費用やタグの単価の面で不利であるが，現在は進出国でデファクト・スタンダードを確立できるかがビジネス成功の鍵となっている。

日本においては1980年代半ばからRFタグの製品化や応用技術の研究が始ま

表5-1　防犯タグ比較表

RF方式（Checkpoint社方式）	AM方式（Sensormatic社方式）
薄い 単価が安い 製品のサイズが大きいのが短所	厚い 単価が高い 製品のサイズが小さい
全体的に製品の大きさの問題で付着できないケースはほとんどない。（口紅くらいの商品まで対応可能）	ビデオ，CD製品の付着に有利　なかにはリサイクルが可能な商品もある。
ゲートの設備費用が安い	ゲート設備費用が高い

出所：金（2008），p.179。

り，1990年代に入ってからは，FA 分野において海外技術の導入が始まった。多くの企業が RF タグ市場に参入したが，RF タグの技術的制約（大きさ，電源内蔵など）や高価格（1000円以上）により普及が進まず，1995年までには多くの企業が撤退していた。しかし，2000年以降，RF タグは普及に向け大きく動き出した。その理由として，①社会・経済的にトレーサビリティ（流通における生産者情報等の伝達のための仕組み）に対するニーズが高まったこと，②13.56MHz まで出力規制が緩和される（読み取り距離の拡大，移動局での申請が認められ持ち運びが可能）など電波法が改正されたこと，③国の施策として RF タグの普及を打ち出したこと，④半導体技術の向上に伴い，RF タグの小型化，低価格化が進んだこと，⑤ RFID（Radio-Frequency Identification／電波方式認識）の国際標準化活動の推進と国際規格制定団体が設立されたことが挙げられる[5]。

一方，国内における万引きの現状も深刻なものである。2012年に開催された「万引防止官民合同会議」の席上で，万引き推定被害総額は年間4615億円であると発表された[6]。また法務省によると，過去20年間の万引き件数の推移は2004年まで増加傾向にあり，その後もおおむね横ばい（14億件程度）で推移している。それゆえ，ドラッグストア，衣料品・ブランドショップ，総合スーパーや家電量販店では多様な万引き防止システムが導入されている。今後は，高齢者による万引きが増加しているスーパーマーケットでの万引き防止システムの普及が考えられる[7]とされている。

万引き防止システムとして，万引き防止タグとともに大きな役割を果たしているのが，万引き防止ゲートである。万引き防止ゲートは，精算されていない商品が店外に持ち出された場合，音を鳴らすことによって周囲や店員に知らせるものである。印刷業界においても，印刷技術をベースに，IC カードやスマートラベル（ID ラベル）など IC チップに多様な加工を施した RFID 製品，リーダー／ライタを含む一連の RFID ソリューションを展開している企業が増えている（NTT データ・ユビキタス研究会，2003，p.135）。

また，近年万引タグと万引き防止ゲートの性能が上がったことによって，本来の目的である万引き防止だけではなく，顧客管理，在庫管理，情報流出管理，老人や子供の安全管理など，多様な活用方法が存在し，ゲートを導入する企業が増加すると予想されている。

2．事例紹介

　株式会社三宅（以下，三宅）は，1917年（大正6年），広島地域の伝統産業である製針業に参入し，手縫針の専業メーカーとして創業した広島の地域企業である。創業から約100年の歴史を誇っている三宅は，変化し続ける環境の中で生き残るために，製針業から印刷業へ，そして印刷業からセキュリティ事業へと絶えず事業展開を行ってきている。現在の代表取締役は3代目の三宅正光氏であるが，三宅家には「事業機会を認識したら，それに伴うリスクの大きさやできない理由を言わずに，どうすればできるかを考え，行動に移す」という三宅ファミリーの行動様式が引継がれており，環境の変化に素早く対応をする企業家的姿勢を三宅の発展過程における大きな特徴として捉えることができる。

(1)　「三宅製針株式会社」から「株式会社三宅」へ

　株式会社三宅は，1917年（大正6年）に手縫針の専業メーカーとして初代三宅來次郎氏（以下，初代社長）が創業した。広島の地場産業である製針業は，

図5-2　株式会社三宅の外観

出所：株式会社三宅のホームページより。

第5章　地域ファミリー企業の事例分析3

表5-2　会社概要

会社名	株式会社三宅
代表者	代表取締役 三宅正光
本社所在地	本社／〒731-3162　広島市安佐南区沼田町大字大塚151-362
創業年	1917年（大正6年）6月
設立年	1939年（昭和14年）11月
資本金	2000万円
従業員	20名（グループ合計120名）

出所：株式会社三宅のホームページより。

表5-3　沿革

1917年	初代三宅來次郎個人経営製針業として創業
1933年	合資会社に改組
1939年	三宅製針株式会社に改組
1945年	原爆により工場全焼
1946年	復興工事完成，代表取締役社長に2代目三宅來次郎就任
1963年	八千代工場を分離し，八千代工業株式会社を設立
1972年	値札・糸付値札の製造開始
1978年	三宅來次郎藍綬褒章受賞
1979年	シール・ラベル類の製造設備を設置
1981年	米・モナーク社のハンドラベラーの販売開始
1982年	株式会社三宅に社名変更
1983年	ストアセキュリティシステムの販売開始
1985年	ストアセキュリティシステム用セキュリティラベル製造開始
1986年	高速凸版輪転印刷機などの印刷設備増強
1988年	事務所・工場の増築
1989年	東京プランニングセンター開設
1990年	広島工業大学との産学共同開発開始
1991年	代表取締役会長に三宅來次郎就任，代表取締役社長に三宅正光就任，東京プランニングセンターを南青山に移転し，名称を東京オフィスに変更
1993年	三宅來次郎勲五等瑞宝章受賞
1994年	自社開発ストアセキュリティシステム販売開始，スーパータグの開発開始
1997年	大阪オフィス開設
2000年	入退室管理システムの販売開始
2001年	画像によるデジタルセキュリティシステムの販売開始
2003年	広島本社・工場移転

2004年	防犯タグの本格生産スタート
2007年	オランダにディストリビューションセンター設立
2008年	経済産業省の「明日の日本を支える元気なモノ作り中小企業300社」に選定，印刷部門を分社化，ミヤケタグソリューション株式会社設立
2009年	名古屋営業所開設
2011年	顔認識エンジン搭載のi-Gate販売開始，広島本社・東京支店移転，密雅開（ミヤケ）電子上海有限公司設立

出所：株式会社三宅のホームページより。

図5-3　組織図

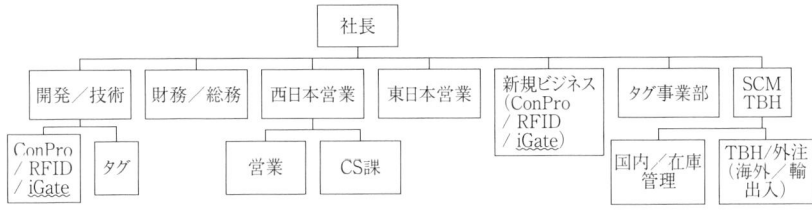

```
                                        社長
        ┌──────┬──────┬──────┬──────┬──────┬──────┬──────┐
      開発／技術  財務／総務  西日本営業  東日本営業  新規ビジネス  タグ事業部  SCM
                                              (ConPro                    TBH
                                              /RFID
                                              /iGate)
       ┌──┐              ┌──┬──┐                            ┌──┐      ┌──┐
    ConPro  タグ          営業  CS課                          国内／在庫   TBH／外注
    /RFID                                                    管理        (海外／輸
    /iGate                                                              出入)
```

出所：株式会社三宅からの資料提供より。

表5-4　売上

(単位：万円)

会計年度	売上高	粗利益
2005年	130,901	32,286
2006年	129,300	31,600
2007年	129,300	31,600
2008年	133,087	33,258
2009年*	99,139	16,720
2010年**	47,787	14,686
2011年	44,500	14,690
2012年	52,815	16,595

出所：株式会社三宅からの資料提供より。
*期中に印刷部門分社
**セキュリティ部門の売上のみ

筆産業，鑢（やすり）業と共に広島地域の発展を牽引した代表的な産業の1つである。創業から50年間，三宅は日本国内において針の生産量トップを誇っていた。当時，他の針づくり業者もそうだったが，外貨獲得のために日本国内市場を攻略せず，輸出に専念していた。中国，インド，アメリカなどの海外市場が大きくなっていくにつれ，三宅の業績も順調に伸びていった。1955年（昭和30年）代後半，ある商社から流通業界向けの値札に付けるピンの製造依頼があった。値札自体は日本国内で生産していたが，ピンはアメリカからの輸入に依存していたので，コストを削減するためには国内でのピンの製造が求められていた。そこで，製針業界においてその製造技術を広く認められ，もっとも信頼できる会社であった三宅に，ピンの製造が依頼されたのである。三宅がピンの製造を始めると，ピンの生産は労働集約的な産業であったため，安い労働力を武器にした後発業者の追随が著しくなった。

　後発業者の追撃を意識した2代目の三宅來次郎氏（以下，2代目社長）は，その対策として特有の金型技術を活用して自動車部品分野に進出し，新しい事業にチャレンジするが，会社の中核事業へ転換させることはできなかった。そこで値札用のピンの取り扱い品目を増やした結果，値札用のピン製造が軌道に乗った。すると，今度は，取引の商社から値札とピンをセットで納品して欲しいという注文が舞い込んだ。三宅はもともと製針メーカーだったので，印刷に関する製造技術は全くなかったが，1971年（昭和46年）のドルショックによる国際経済情勢（為替レートの変動など）を考慮して新たな事業への取り組みを急いだ。

　現在の代表取締役社長である3代目の三宅正光氏（以下，3代目社長）は上述した三宅の変革期に東京において大学生活を送っていたが，事業の深刻性を実感し，大学を中退して父親の仕事を手伝う決意をした。印刷に関する知識が全くなかった2代目社長は，東京生活から戻ってきた3代目社長を新事業のリーダーとして任命し，発注先の商社の紹介により，埼玉県の印刷会社で研修させた。3代目社長は，1年間の研修期間を終え，製針事業部門から移動してきた2人の職員と共に新規事業部である印刷事業を始めた。しかし，印刷の技術はたった1年間の研修でまともな商品が作れるほど簡単なものではなく，印刷事業を始めてからしばらくは商品ができなかった。3代目社長は，広島の印刷会社の職人を訪ねて，3カ月間，技術の修得に励んだ。インクは緑色のよう

に何色か混ぜて色を出すが，そうした技術のコツを始め，多様な印刷技術を修得した結果，商品を完成させることができた。当時，東京のある商社の下請けでスタートしていたため，商品の完成から約2年間は，注文に合わせて制作する体制で事業を行った。

　最初は社員2人と社長の3人でスタートした印刷事業だったが，商社からの注文が増え，本格的に印刷事業を展開するようになった。このころ，埼玉県の印刷会社で研修を始めた場合と同様に，発注先の商社の社長からの紹介で，3代目社長はアメリカのオハイオ州にある印刷会社において1年間研修を受け，先進技術を学ぶ機会を得た。当時，最先端技術であったバーコードは日本の市場においてまだその標準が決まっておらず，市場にも本格的に導入されていなかった。3代目社長はアメリカでバーコードの性能や普及状況を知ることとなり，近いうちに日本にも普及することを確信した。帰国後（1978年），3代目社長は，会社の事業領域を製針業から印刷業へ徐々にシフトさせた。事業転換の理由としては，①印刷業という業種が今後成長する可能性が高いこと，②製針業が特定の発注先に対する下請形式の事業形態であったことに対して，印刷業は独立した組織として自由に生産，営業活動できる点が挙げられる。徐々に印刷技術を修得しながら，広島市内を中心にビジネスを展開していると，日本において，バーコードの規定が統一され，流通業界における電算化（コンピュータシステムの普及）が進んだ。三宅は，バーコード印刷の仕上げの困難さを，インクの濃度や量の配合によって克服し，バーコードの太さ，細さ，それぞれの鮮明さを使い分ける特殊技術を早期に確保した。1982年（昭和57年）には，製針会社という企業イメージから脱皮するために社名を「三宅製針株式会社」から「株式会社三宅」に変更した。

(2) **セキュリティ事業への参入**

　日本ではバーコードの実用化が進み，バーコード印刷の注文も順調に増えていたが，業績が伸びれば伸びるほど，1社への依存度が高くなり，その会社がつぶれてしまうと三宅も共倒れする状況となった。そこで三宅は積極的に営業活動を行い，まずは広島から営業を始め，東京や大阪，名古屋に事業所を拡張していった。営業においては，顧客のニーズをしっかり製品に反映することを最優先していて，顧客のニーズに応えていく中で，自然に新規事業に転換する

第5章 地域ファミリー企業の事例分析3

ことになったという。具体的には当時，3代目社長は取引先から急増している万引き問題に関する悩みを耳にすることになった。これを契機に三宅は，早速万引き防止に関する情報収集に着手し，万引き防止システムの普及が進んでいたアメリカの技術市場から学び，新しいビジネスシステムの構想に取り組んだ。現在，防犯タグを始めとするセキュリティ事業は，三宅の主力事業として成長している。

それでは，三宅におけるセキュリティ事業の成長プロセスをより詳しく見てみよう。

当時，万引き防止システムはアメリカでは発達していたが，日本ではその導入が遅れていた。さらに中四国地方には，セキュリティシステム関連会社が存在していなかったため，三宅は1983年からアメリカのセキュリティ関連会社の代理店としてセキュリティシステムを取り扱うことになった。顧客からの生の声を吸い上げて1980年代中盤からスタートしたセキュリティ事業だが，実際に営業活動を始めると現場の反応はそれほどよくなかった。小売店に万引き防止システムを設置することは，まるで顧客を犯罪者扱いする印象を与える可能性があり，三宅の取引先は万引き防止システムの導入を躊躇した。1年かけて営業活動を続けたが，営業実績はまるでゼロだった。性善説に立脚した日本の商習慣に阻まれ，これ以上の事業展開が難しい状況に陥ってしまった。

ちょうどそのころ，苦戦している三宅に明るい兆しが見えてきた。その希望の光は，地元広島の企業ではなく大阪から広島市内に出店しようとした大手ディスカウントショップからの要望だった。三宅が先方にセキュリティシステムの導入を提案すると，商品管理に対して広島企業と認識の違いがあったのか，先方の社長の英断で契約が成立した。これを機に地元広島の企業にも変化が現れた。特に，商品の単価が高く，商品を展示して，さらに実物を顧客が触るようにしなければ商売が成り立たないような産業においては，万引き問題は深刻な水準に至りつつあった。三宅は，このように万引き防止システムが必要不可欠な業界へ優先的に営業活動を展開した。こうして万引き防止システムは，地元大手家電量販店，CD販売店，レンタルビデオ店に急速に普及していった。

1985年ごろ，輸入に頼っていた防犯タグを日本で現地生産できないかという検討が始まった。防犯タグはアルミ箔の表と裏の両面に回路を精密に印刷する技術が必要であるため，三宅の印刷技術が十分活かされる可能性があった。し

かし，電気回路に関する知識は全く保有していなかったため，試行錯誤を繰り返しながら製品開発を続けた。その結果，海外のセキュリティシステムメーカーの日本現地法人にその技術を認められ，防犯タグの生産を受注することになった。

(3) 産学共同によるダイカット製法の開発

1980年代後半，海外のセキュリティシステムメーカーの日本現地法人が突然，日本の万引き防止システム事業から撤退を決めた。三宅は突如安定的な取引先を失ってしまい，事業を継続するためには自立するしか残された道はなかった。3代目社長は早速セキュリティ事業における自社技術開発を試み始めた。しかし，防犯タグの心臓部である回路に関する知識は全くなかったので，就職情報誌を通じて技術者を募集した。また，友人の紹介を得て，同分野の権威者である広島工業大学の西本教授に産学共同研究を依頼した。印刷業に進出したときから技術の修得には該当分野の専門家の確保が不可欠であることを認識していたため，技術者の雇用と産学共同研究はスムーズに進んだ。1990年から西本教授の指導が始まり，1993年には自社開発の防犯タグを用いたセキュリティシステムの販売が実現した。防犯タグの製造工程には，産学共同の開発の成果である3つの特許を基盤とした「ダイカット製法」という自社独自の要素が組み込まれている。同製法は，回路を掘った金型でアルミ箔を直接打ち抜いて成型す

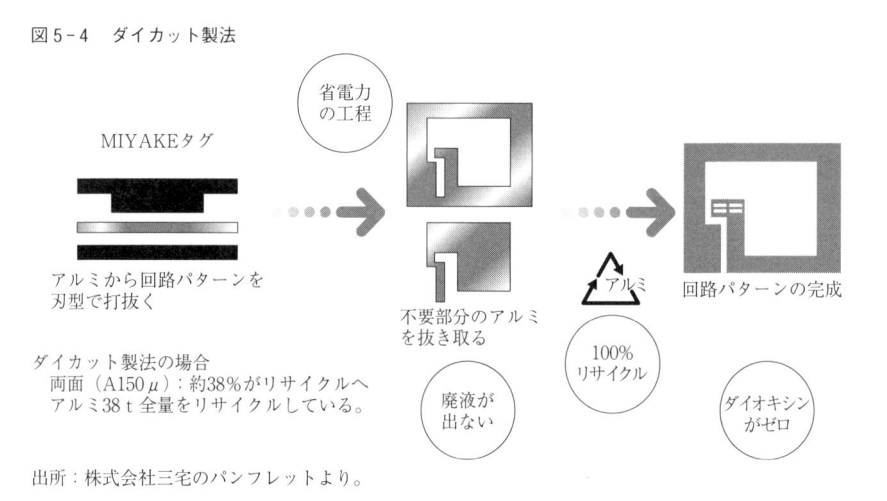

図5-4　ダイカット製法

MIYAKEタグ

アルミから回路パターンを
刃型で打抜く

省電力
の工程

不要部分のアルミ
を抜き取る

廃液が
出ない

アルミ

100%
リサイクル

回路パターンの完成

ダイオキシン
がゼロ

ダイカット製法の場合
　両面（A150μ）：約38％がリサイクルへ
　アルミ38 t 全量をリサイクルしている。

出所：株式会社三宅のパンフレットより。

るもので，従来のエッチング製法のように不要なアルミ箔を溶剤で除去して成型する製法と比べて環境対策及び生産効率の面で有利な製法である。

そのころ，三宅の値札用のピン事業の取引環境に変化が生じた。発注元である商社から下請け取引関係の強化を迫られたのが原因で，三宅は30年間続けてきた同ビジネスを今後どのように展開するかという岐路に立つことになる。自らの創造力と挑戦意欲に満ちた企業経営を目指していた3代目社長は，これ以上，大企業の下請け会社の機能を続けることが会社の将来のためにならないと判断した。勿論，経営は一時的に厳しくなるが，1995年には，ドイツの企業との間でヨーロッパにおける防犯タグに関わる製造と販売のライセンス契約が成立し，そのロイヤルティが新たな収入源となって，業績の回復の助けとなった。ピンの製造から印刷技術を活かした防犯タグへの事業転換はスムーズに行われ，ヨーロッパ市場でのライセンシング供与がきっかけで，同社の製造技術は，業界の注目を集めることになった。

(4) 分社化と世界市場への進出

2009年に三宅は印刷部門を分社し，ミヤケタグソリューション株式会社が設立された。分社化の目的は，①他社が模倣できないタグ技術により特化した印刷会社を存続させること，②異なる分野の事業を同一組織で行う非効率性を回避することである。ミヤケタグソリューション株式会社は，三宅において20年以上勤めてきた川中康夫氏が社長を務めており，3代目社長は情報交換をしながらも，運営に関しては川中氏に一任している。また，ミヤケタグソリューション株式会社には，3代目社長の次男が役員として経営に関わっており，ミヤケタグソリューション株式会社の次期社長になるための経験を積んでいる。

一方，三宅は世界市場での展開と新たな技術開発について，日本国内のマーケットシェアを3割以上（防犯タグ市場）に伸ばし，ヨーロッパ市場進出に成功した後に中国市場，さらにはアメリカ市場にも進出することを目指している。

その中でまず，中国への進出過程について述べることにする。2011年，合成樹皮製品の加工，販売を行っている株式会社天馬と折半出資で中国の上海に密雅開電子上海有限公司を設立し，2012年6月に工場を現地に移し生産を始めた。反日運動といった不安要素もあったが現在のところ，その影響は大きくなく，労働力やアルミなどの材料費が抑えられ，中国への進出は順調である。また，

密雅開電子上海有限公司の総経理と工場長には日本人が就いており，製造した製品はすべて三宅が販売している。このような体制を通じて，情報漏れや製品の横流しなどのリスクを抑えているのである。三宅社長は，今後中国における地産地消を目指しており，密雅開電子上海有限公司は海外販売の重要な役割を担うと考えている。10名ほどで生産を行っている密雅開電子上海有限公司は，現在1億枚の製品を生産しているが，今後稼働率を上げれば4億枚くらいまで生産が可能になる。生産量が伸びれば第2工場を設ける必要があるが，第2工場も上海に設置することはリスクになると考えるため，ASEANのいずれかの国に建てることを検討している。

　第2工場をASEANに建設すれば，どちらかの工場が天災によって稼働できなくなったとしても，生産の完全停止は回避することができると判断するからである。具体的な候補として挙げられているのはフィリピンであり，まず，フィリピンで市場を開拓した後に，将来的にはインドネシア，タイといった周辺諸国へと市場を拡大していく考えである。

　一方，アメリカ進出においては苦戦を繰り返している。アメリカは，全世界の市場規模が50〜60億枚といわれている防犯タグ市場の90％以上のシェアを誇る，業界最大の企業Checkpoint社が存在する市場である。世界最大の防犯タグ企業も三宅の躍進を警戒し，同社に対してダイカット方式の製法の買収を持ちかけ，他方では三宅とライセンシング契約を結んでいるドイツの企業を買収するなど，対応策を講じた。これに対して三宅はダイカット製法を活用した専門装置を導入して増販体制を整えた。これにより年間4億から5億枚の製造が可能となり，工場の24時間稼働も可能になった。その後，防犯タグ市場におけるマーケットシェアを近いうちに30％まで引き上げる計画を立て，伊藤忠テクノロジーベンチャーズ株式会社の手を借りて販売する形でアメリカ市場への進出に挑んだ。しかし，大手企業の壁を乗り越えるのは簡単なものではなかった。3代目社長の長男が伊藤忠テクノロジーベンチャーズ株式会社に1年間出向したが，Checkpoint社が三宅を警戒し，三宅が取引を持ちかけた顧客に対して無料でゲートを設置するなど顧客を囲い込む戦略をとり，結局アメリカ市場に進出することはできなかった。また，JETROから情報を収集したり，日本人が頼れる弁護士を紹介してもらったりしたが，積極的な活用までには至らなかった。現在，3代目社長はアメリカ市場への進出に向けてさらなる工夫を重

ね，近いうちにアメリア市場進出を実現させることを目標としている。

(5) 防犯システム技術を応用した今後の事業展開

今後のビジネスとして，3代目社長は防犯システム技術を活かし，幅広い分野への事業展開を試みている。

まずは，万引き防止だけではなく，入退室管理やVIP来店管理にも適している「iGate」を紹介しよう。これは防犯ゲートに顔認識機能を搭載した製品である。実際，今まではゲートが反応しても，警察が来る前に万引犯が逃走してしまったり，万引が起きてからの対応は販売員などの安全面を脅かす恐れがあったりしたため，防犯システムを導入したとしても万引き防止は小売店にとって課題であった。しかし，iGateは万引犯の顔をデータで残すことができる。そのため，次回その万引き犯が来店した際には，従業員に事前に万引き犯の入店を知らせることができ，万引きを効果的に予防・防止することができる。

また，オフィスや店舗で多く採用されているIDカードによる入退室管理は，カードの紛失・盗難，「なりすまし」による侵入といった危険性をはらんでいるが，iGateの顔認識機能を活用すれば，確実な管理が可能になる。他にもiGateは，来店者の顔を認識できるので，顧客サービスの向上にも活かせる。例えば，お得意様の来店を販売員に知らせ，満足してもらえる接客を提供し，機会損失を防ぐことができる。

図5-5　iGateの基本システム構成

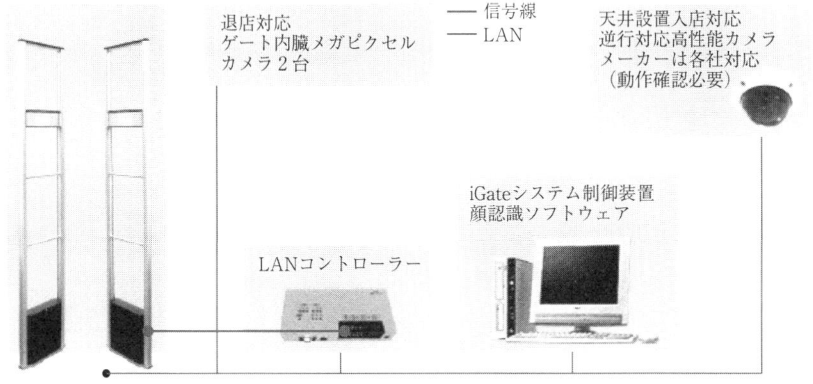

出所：株式会社三宅のパンフレットより。

防犯システム技術の在庫管理への応用も紹介しよう。3代目社長からの提案で，三宅，富士フイルム，大日本印刷，丸善書店の4社で本屋の棚卸を効率化するシステムを共同開発している。本屋は在庫管理のため，定期的に棚卸を行う。棚卸の際には専門会社に依頼して本屋の閉店後に徹夜で何万冊の棚卸を行うが，書籍の紛失防止のために契約社員か社員に任せることになるので，多大な手間と費用がかかる。そのような状況を耳にした3代目社長は，書籍の背表紙を画像で登録して，それを三宅の技術を活用してデータベース化し，照会および管理することができれば，棚卸にかかる労働力，時間，費用が節約され，在庫管理が簡単になるのではないかと考えた。三宅社長はこのビジネスアイデアを富士フイルムに提案し，書籍の背表紙の写真撮影や資金調達への協力を得ることができた。そして現在，このビジネスアイデアの実用化に向けて三宅は技術開発を促進している。

　また，三宅は家畜管理にも当社の技術を応用することを試みている。その契機は，約10年前に3代目社長が参加した異業種交流会で，牛が発情した時期が感知できるシステムを作ってほしいという依頼があったからである。3代目社長は知り合いの国会議員を通じて農水省の課長を紹介してもらい，情報収集を広島県の畜産技術センターに依頼した。牛が発情するとマウンティング[8]を行うことが分かった三宅社長は，三宅の万引き防止システムの原理を応用し，牛の首にゲートのセンサーを，お尻にバーコードをつけるという方法で牛の発情を遠隔地から感知できるシステムを開発した。また，牛の出産を事前に知らせるシステムも作ってほしいと依頼され，開発に取り組んだ。情報交換をするうちに出産が近づくと牛の咀嚼のリズムが乱れることが分かり，現在，咀嚼の乱れを検知する「咀嚼モニタリングシステム」の開発に取り組んでいる。また，発情感知システム，咀嚼モニタリングシステムは，ともに国内外で特許を取得しており，三宅社長は将来的にオランダやベルギーといった畜産管理が進んだ国への販売も視野に入れている。

　このように3代目社長は特許の優位性を活かして現在のビジネスシステムを強化するとともに，次世代の技術研究にも余念がない。現在，IT業界を中心とした幅広い分野で無線ICタグ（RFID）に対する関心が急速に高まってきている。アパレルや書籍，航空手荷物，食品など企業と業界の枠を超えて，その研究が進められている。三宅も新規事業開拓に意欲を見せながら今後も幅広

第5章　地域ファミリー企業の事例分析3

い事業展開の可能性を模索している。

3．事例分析

(1) 生成期（1910年代〜1940年代）：製針業としての発展

初代社長の三宅來次郎氏が生まれ育った広島は，江戸時代から製針業を地場産業としている。明治時代には機械の導入により製針業が飛躍的に発展しており，大正期には第1次世界大戦の勃発により針に対するニーズが高まっていた。また，広島は軍都として政府のサポートを受けており，製針業は成長し続けていた。当然，広島には針づくりの工場や技術者が多く集まっており，町全体において製針に対する愛情やプライド，製針に関する情報が溢れていただろう。三宅の初代社長は，このような環境の中で自然に製針業に関する多様な情報を獲得することができ，1917年（大正6年），株式会社三宅の前身である三宅製針を創業することになった。つまり，広島は製針業に参入しやすい条件だったのである。

図5-7からも分かるように，三宅が製針事業を起こした当時，製針業者の多くは，問屋もしくは輸出業者（商社）を通じて海外に製品を売っていた。も

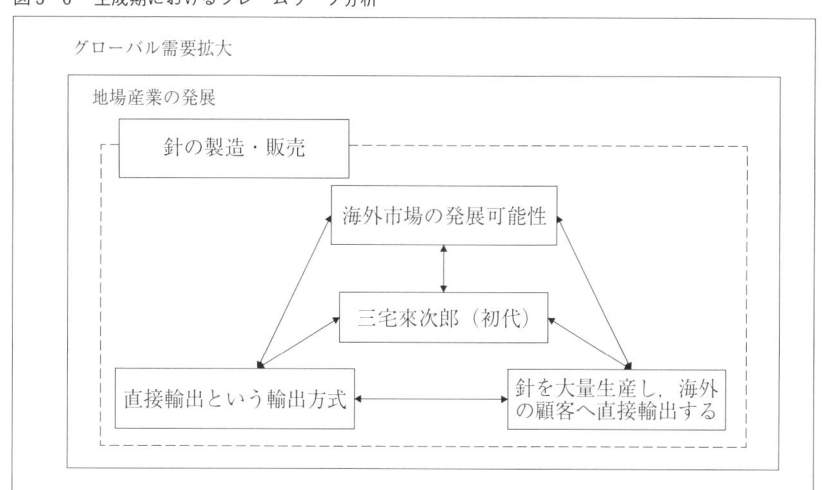

図5-6　生成期におけるフレームワーク分析

出所：筆者作成。

図5-7 第2次世界大戦前後の針の流通経路

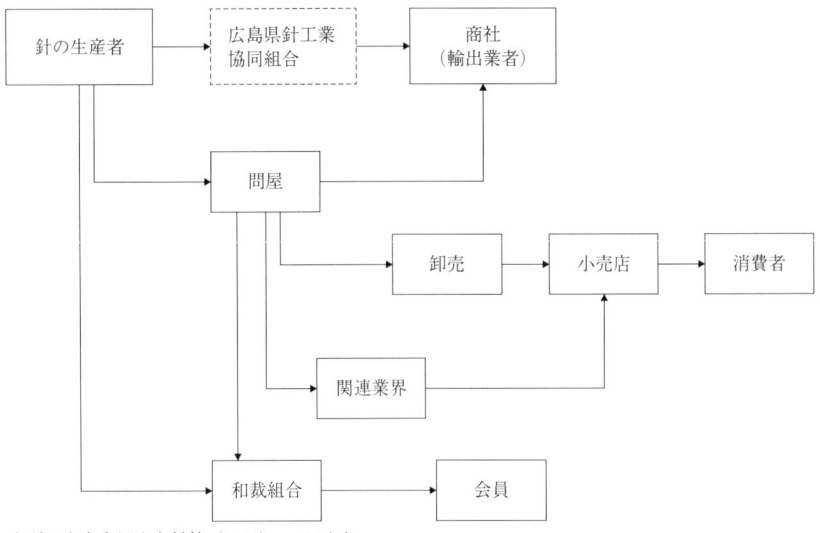

出所：広島市郷土資料館（1992），p.34より。

　もとも針は品質の優れたイギリス産の針が有名で一世を風靡したが，アメリカやイギリスなどの先進国を除いたインド，ブラジル，中国における針の需要が高まるにつれ，品質は少々落ちても低価格の針の生産が求められるようになり，その市場に日本の製針業者が進出することになったのである。三宅も低価格を武器に開発途上国へ輸出を行うことに決めた。初代社長が海外輸出を狙った理由としては，①日本国内市場には萬国製針という強力な競合他者が存在すること，②日本国内市場そのものがそれほど大きくないということ，③今後の中国市場の発展可能性を感知したことが挙げられる。

　企業にとって参入より重要なのが存続であるが，存続のためには他社とは異なる自社独自のコア資源を獲得する必要がある。三宅の製針事業において他社と異なる独創的な要素は「直接輸出という輸出方式」であった。製造は広島のメーカーが行い，流通は輸出業者に任せるという既存の社会的分業システムから脱皮した理由としては，当時，商社を通じて中国へ針を輸出する企業の数が増加傾向であり，商社とメーカーとの力関係においてメーカーが不利になっていたことが考えられる。特に，規模の小さい地域企業であった三宅の場合，自社で販路を開拓した方が資金面においても戦略面においても効率的であると判

断したからであろう。それゆえ，三宅はこのような一般的な生産，流通経路を踏襲しない直接輸出を仕掛けたのである。

　初代社長は，直接輸出を実現するために自ら中国に渡り，様々な苦労をしてやっと現地における販売路を築き，顧客から信頼を獲得することができた。競合他社が数多く存在する中で，顧客から信頼を得るためには廉価な価格だけではなく，高い品質を提供することも必要だった。初代社長は戦争捕虜だったドイツ人から製針技術を教えてもらい，独自の製針技術を開発することでノウハウを蓄積していた。そして，上述したように，直接輸出を通じて流通コストを節約することで製品の値段を抑えることができ，価格面においても品質面においても競争優位を獲得することができたと考えられる。このように独自的なビジネスシステムを構築し，海外に進出した三宅は，日本国内の生産量トップメーカーとして成長した。

　三宅は1917年（大正6年）に創業したが，その時期は，中国を始めインド，東南アジア各国のみならず，ヨーロッパ，北アメリカ，南アメリカ方面にも輸出先が拡大されていた時期であり，製品が不足がちで，針の価格が暴騰していた。その2年後の1920年（大正9年）には，針の値段が暴落し，不況期を迎えることになったが，三宅は中国への直接輸出を通じて独自の販路を開拓していたため，不況期に陥った時期も何とか生き残ることができた。また，好況期には200人以上の従業員（パッケージングなどの作業のために主に女性労働者が多かった）を抱えていた三宅だったが，太平洋戦争が始まると戦時物資調達のために広島における針の生産が難しくなった。そこで三宅は，生産基地を中国の大連に移すことでリスクを回避することができた。直接輸入により得られた中国における経験やネットワークを活用することで，危機を乗り越えられたのである。

　このように，初代社長は，日本市場の縮小と中国市場の拡大という環境の変化を読み取った上，その環境の変化に対応するために「針を大量生産し，海外の顧客へ直接輸出する」といった独自のビジネスシステムの構築に尽力した。また，初代社長は，強い意思を持っていたからこそ，自らリスクを負い，中国に渡ることで，直接輸出というコア資源を獲得できた。つまり，初代社長は，金井（2004, pp. 1-12）の提唱する企業家活動に求められる要件である「コンセプトの創造力」と「仮説構築力」を持っており，販路開拓に対する自信と具

体的な構想・計画を持っていたため「対話力」がより効果をもたらしたのだろう。また，積極的な行動による「ネットワーク構築力」を発揮していたため，独自的なビジネスシステムを構築できたのではないかと考えられる。

　初代社長が亡くなったあと，2代目の三宅來次郎氏が成長するまで親族2人が三宅の経営を受け継いでいたが，初代社長は生前，針の製造技術及び販売技術を親族と2代目の三宅來次郎氏に教えていた。加えて「事業機会を認識したら，それに伴うリスクの大きさやできない理由を言わずに，どうすればできるかを考え，行動に移す」という三宅ファミリーの行動様式を教育していた。ここで，筆者は製造技術や販売技術よりも行動様式の継承が，三宅にとってより重要なポイントであると強調しておきたい。先行研究でも述べているように，前任者までが培ってきた経営資源と戦略が，後継者が事業を引き受けた以後の時代にも持続的に有効である保証はないからである。但し，行動様式は，時代を超えて，成功に導く影響力を果たす場合が多い。実際，三宅は事業革新をし続けており，参入する業界と製造技術は次々と変わってきているが，上述した三宅ファミリーの行動様式は現在に至るまで三宅の事業展開に大きな影響を与えている。

　このような行動様式，つまり「暖簾」は，他の企業に対する模倣困難性を生み，長期存続をもたらす（加藤，2009；前川，2010；曽根，2010；横澤，2011など）。なぜなら，暖簾は，口頭やマニュアルで教育されるというよりは，後継者が先代の行動を実際に見たり，共に事業を営んだり行動したりする中で，自然に受け継がれるものであるからである。初代社長は，中国へ進出する際，「今やらなければ遅い。」と判断し，中国へ渡ったという。このような機敏さとリスクを顧みない大胆さは，2代目の三宅來次郎氏と第3代の三宅正光氏にも継承されている。つまり，長い年月を一緒に過ごすことができるファミリー企業であるからこそ継承が可能であると言える。

　三宅の生成期は，初代社長が製針業に参入し，製針業においては革新的な直接輸出を実現することで独自の販路を構築した時期であった。製針業という広島の地場産業が発展していたという地域環境と，針に対する需要が拡大していたというグローバル環境が三宅の製針事業への参入に影響を及ぼした。その後，初代社長は，針に対する中国市場の発展可能性を認識し，中国現地に渡り企業家活動を行った結果，「針を大量生産し，海外の顧客へ直接輸出する」という

独自のビジネスシステムを構築することができた。次第に中国の取引先から信頼を獲得し，不況期にも中国における経験やネットワークを通じて危機を乗り越えることができた。このような初代社長の革新性，機敏さ，大胆さ，そして，三宅ファミリーの行動様式が，後継者である2代目に継承されていく。後継者選定に関しては，当時は家業を引き継ぐことが当たり前の時代だったため，2代目も幼いころから事業継承を認識していたと考えられる。以下では，2代目が製針業から印刷業へと事業を転換する形成期における分析を行っていく。

(2) 形成期（1940年代～1980年代）：印刷業への事業転換による更なる発展

初代社長の息子である三宅來次郎氏（以下，2代目社長）は，幼いころから製針事業に携わっており，終戦直後の1946年（昭和21年），2代目代表取締役社長として事業を引き継いだ。三宅の生成期でも述べたように家業を継承することが当たり前の時代だったため，早い段階から事業継承を認識していたのであろう。

しかし，終戦後の製針業における環境は，初代社長の時代とはかなり異なるものであった。終戦後，日本の製針企業が中国から引き上げて日本へ帰ってくるときに工場施設を現地に残して帰ったことに加え，現地の労働者に生産技術

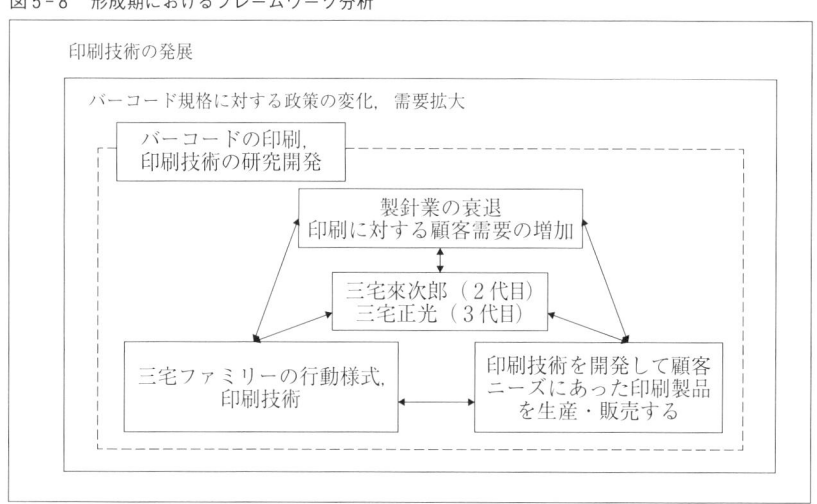

図5-8　形成期におけるフレームワーク分析

出所：筆者作成。

を教えてしまったことが原因で，中国の製針業者は日本の製針業を脅かす潜在的な競合他社として浮上したのである。加えて，香港が日本より賃金が安く，針の製造技術を熟知している人物が経営を始めたために，日本の製針業者は価格競争力を失ってしまった。ヨーロッパにおいても競合他社が次々と誕生し，業界の状況は段々と厳しくなった。このような厳しい状況を目の前にした2代目社長は，製針業だけでは生き残るのが難しいと判断し，次なるビジネスを暗中模索していた。つまり，2代目社長は，製針業の衰退により初代社長の時代の経営戦略が通用できなくなったと認識し，新しい環境の中でファミリー企業を存続させるためには，新しいビジネスシステムが必要であると考えたのである。

　当時，三宅は取引先の商社からの依頼により，1955年から値札用のピンを製造していたが，値札とピンを一緒に納品してほしいという商社からの要望を受けた。ピンと一緒に値札も製造するためには値札に値段などを印刷する技術が必要であったので，2代目社長は印刷業への参入を決め，直ちに事業転換の準備に着手した。「今でないと，この会社の事業転換は難しい。印刷に関する技術はまったくないが，最初から挑戦しても遅くはないのではないか」と思ったのである。これは，初代社長が起業する際の考え方と非常に似ており，初代社長の機敏さと行動様式を引き継いでいることが分かる。つまり，製針技術や既存の事業体制を新規事業に活かしたというよりは，三宅ファミリーにより暗黙的に教え込まれた行動様式が事業転換に大きな影響を与えているのである。

　2代目社長は，印刷業への事業転換のために，まず印刷機械の導入を決めた。機械のセットアップには1年ほどの時間がかかるので，その間に新技術を取得する必要があった。そこで2代目社長は，自身の長男である三宅正光氏に「印刷の方はおまえが全部習得してやりなさい」と命じた。当時，正光氏は，まだ大学を卒業していない学生の身分であり，印刷に関しても全く素人であったが，新規事業をスタートするのに躊躇する暇はなかったので，技術習得のために埼玉の印刷工場へ出向し，研修を受けることになった。

　このような大胆かつ素早い決断は，先代も後継者も，将来，事業を引き継ぐ（先代）もしくは引き受ける（後継者）という認識をお互いに念頭においていたからこそ可能だったと考えられる。つまり，ミラー＆ブレトン＝ミラー（2005）が提唱するファミリー企業の継続性とコマンドがしっかり働いた結果，

後継者も先代の意見を理解し，機敏に対応できたのである。一方，ファミリー企業の継承において，家族の一員である後継者に事業をむりやりに引き継ぐと，従業員を始めとする組織内部，パートナー，顧客に受け入れられず，企業に対するステークホルダーの忠誠心と協力が失われる可能性がある。そうなれば新しい後継者はコマンドが獲得できず，ファミリー企業の継続性も保証できなくなってしまう。それゆえ，ファミリー企業の継承には後継者に対する教育および訓練が必要不可欠であるが，2代目社長が正光氏に早くから印刷業界にて修行させたのは，次世代の企業家としてその事業に関する技術や知識を獲得させるためであった。まさに，星野（2004）の提唱する「ファミリーの専門経営者化」であったと言える。そして，Tagiuri & Davis（1982）が提唱したスリーサークル・モデルからすると，ファミリー企業家は「所有（オーナー）」，「経営」，「ファミリー」の3つの要素が重なるところに位置し，7つの各セクターおよび企業外に位置するステークホルダーに影響力を及ぼしながら企業を運営していくが，企業内外のアクターをコントロールするためにも，「ファミリーの専門経営者化」は欠かせないものであろう。

　形成期において，印刷業への参入を決めたのは2代目社長であるが，具体的なビジネスシステムの構築や必要となる経営資源の蓄積においては正光氏が大きな役割を果たしている。つまり，先代から後継者へと事業を継承する過程で実質的に複数の企業家が存在するため，ファミリー企業家チームの事例となりうる。このように，先代と後継者が企業家チームになり，目標を共有することは，「個人のニーズや興味，関心をどのようにしてファミリーというコミュニティ集団のニーズや興味，関心と一致させるか」（Kenyon-Rouvines & Word, 2005）という継承における課題を解決するに役立つと考えられる。つまり，製針業の衰退や印刷業界への参入に対する必要性を共有していたからこそ，正光氏も自ら印刷業という新しい事業に興味を持つことができたのである。そして，その興味は新しい事業を主導するための能力を培う原動力となり，その結果，コミュニティの一員としてかつ新しいリーダーとして組織から認められるようになった。よって，先代から引き受けた経営資源や戦略が環境の変化によって競争優位を獲得できなくなる場合と同じく，コマンドやコミュニティ，コネクションも，後継者自ら既存のものを自分のものにするために努力したり，リニューアルしたりしないと獲得できないものであると考えられる。

正光氏は，高額の新しい印刷機械3台を導入した後に埼玉から広島の本社へ戻った。最初は印刷業を体験した熟練労働者を雇っていたが，新しい機械の使い方に慣れておらず，印刷業界の新しい動向についても情報収集力の面で鈍かった。結局，2代目社長と新規事業部門長だった正光氏は，既存の製針部門から若い技術者2人を転属させ，4人で新規事業部門を運営することに決めた。最初は，商品が出来上がらなくて苦労していたが，多様な印刷技術の獲得に励んだ結果，商品を完成させることができた。この段階において，2代目社長と正光氏は製針部門の技術者，つまり，先代から引き受けた既存の人的資源を新しい事業においてもうまく活用していることが分かる。実際，製針業をやっていた時期に従業員が100名近く（最高は200名）いたが，印刷業への事業転換にあたって退職させた職員は僅か2人に過ぎなかったという。このような人的資源の活用を可能にするために，2代目社長と正光氏は，印刷事業への事業転換に対する意思を早い段階から表明していたと考えられる。つまり，組織内外に三宅の新しいドメインを認識・共有させていたのであろう。研究開発の努力の末，1972年から値札の製造を開始することができ，最初は注文を受けて納品する下請けだったが，わずか2年で機械は5台に増え，新規事業部の人員も10人程度まで増えた。

　印刷事業が軌道に乗り始めたときに，正光氏は学生時代からの夢だったアメリカ留学を決心した。海外においてビジネス経験を積むために，発注先の商社の社長からの紹介を通じてアメリカのオハイオ州の印刷会社で1年間研修を受けた。その間，アメリカの最先端の印刷技術に出会い，ホームステイをしながら語学力を磨いた。アメリカ留学中に正光氏が身に付けたものは，徹底的な工程管理や機械の操作，そしてそれを支える最先端技術であった。特にバーコードとの出会いは三宅の運命を変える大きな出来事だった。

　当時，日本政府はEAN（日本の規格は「JAN」）に加盟し，JANがJIS（日本工業規格）で規格化されたことでバーコードの普及が広がっていた（詳しくは「第1節　業界動向」を参照）。また，POS（point of sale：店舗販売時点情報管理）にはバーコードが使われているが，大手のコンビニエンスストア・チェーンがPOSシステムを導入したことで，日本国内におけるバーコード市場が拡大されつつあった。このような環境の変化を認識した三宅正光氏は，将来，バーコード市場はとてつもなく大きくなると判断し，バーコード印刷業へ

の事業転換を試みた。正光氏は日本に帰って，早速，バーコード印刷に絶対必要なインク濃度や量の調節の技術を取得し始めた。

　生成期のフレームワーク分析でも述べたが，正光氏は先代の社長らと同様に，ある事業のビジネスとしての可能性を認識し，参入すると決めると，新しい技術を修得しリスクを恐れず機敏に行動し，研究開発にも積極的に経営資源を投入するビジネススタイルを固執している。このような革新性と機敏さ，大胆さは，初代の三宅來次郎氏と2代目の三宅來次郎氏と3代目の三宅正光氏の共通点として挙げられ，この事業が会社の事業転換においていかに重要な要因であるのかが分かる。そして，事業転換を成功に導いているもう1つの要因として，前述した先代からの教育・訓練も欠かせない。2代目社長が事業転換のためのレールをしっかり敷いてくれていたため，正光氏が容易に事業転換に成功することができた。つまり，2代目社長のサポートの基で，次期経営者である正光氏も自ら海外に出向いて情報収集を行うなどビジネスプラン作りの段階から実行レベルまではっきりと関与していたことがさらなる成長を迎えられた要因として大きいと考えられる。

　国内外において研究開発を続けることでバーコードの関連技術を獲得した正光氏は，値札を仕入れていた既存顧客および多様な小売店を新規顧客として営業活動を行い，「印刷技術を開発して顧客ニーズにあった印刷製品を生産・販売する」というビジネスシステムを構築した。三宅は「顧客ニーズに合わせた商品を提供すること」を最も重要な営業方針としていて，その結果，日本市場において「バーコードの三宅」という評判を得ることができた。

　以上のように，三宅の形成期は，製針業から印刷業へ事業転換を行う時期であった。父子関係にある2代目社長と正光氏が印刷業の発展可能性を共有していたので，正光氏は早い段階から印刷業を行うための修行を受けることができた。そして正光氏にも三宅ファミリーの行動様式が継承されており，印刷業への参入という先代からの要望を引き受けると同時に，「バーコード印刷に対する独自の技術を開発して，顧客ニーズにあった製品を生産・販売する」という新しいビジネスシステムの構築を試みた。正光氏が幅広い印刷業の中でもバーコード印刷に焦点を絞った背景としては，正光氏が留学していたアメリカにおいてバーコードの印刷技術が発展を遂げていたことと，日本政府がバーコード規格に対する政策を変えたこと，POSの普及によるバーコートに対する需要

が拡大したことが挙げられる。正光氏はこのような環境の変化を認識し，次期経営者としてリーダーシップを発揮したのである。特に，顧客ニーズを満足させることを第一の営業方針としていたので，取引先からの満足度は高く，信頼も厚かった。横澤（2011）が指摘しているように，顧客や取引先，利害関係者との信頼関係の構築は長期存続をもたらすが，先代から暗黙的に教え込まれてきた「現在の事業に留まるのではなく，常に環境の変化を把握し，対応する」という姿勢が，企業家活動の創出と信頼の獲得につながり，結果的に，三宅の長期存続に影響を与えていると考えられる。

　以下では，印刷業からセキュリティ事業へと事業転換を行った三宅の成長期における分析を行っていく。

(3)　成長期（1980年代〜現在）：セキュリティ事業への挑戦

　正光氏は，製針業の衰退という環境の変化を先代と共有しており，おおよそ10年かけて印刷業への事業転換を行った。そして，アメリカ留学中に，バーコードがこれから必ず発展すると考え，印刷業の中でもバーコード印刷を注力事業として育てた。印刷されたバーコードは，主にスーパーや服屋などの流通業，小売店に納品しており，顧客のニーズに合わせた商品を納品することに専念していたので，取引先からの信頼度も順調に高まっていた。

　印刷事業を成功に導いていたころ，複数の納品先から「このごろ，万引きが増えていて，困っている」という悩みを聞くことになった。三宅は，顧客の声を大切にしていたので，万引き防止について積極的に相談に乗った結果，アメリカの大手システムメーカーの代理店として1983年から電波式の万引き防止システムの販売を開始することになった。顧客ニーズに応えるという三宅の営業方針が新しいビジネスへの参入につながったのである。

　当初，万引き防止システムに使われるラベルはアメリカの本社から輸入していたが，コストが高くて採算が合わなかったので，正光氏はラベルをアメリカの本社より委託生産することにした。ところが，突然，アメリカの大手システムメーカーが日本市場からの撤退を決めてしまったため，三宅の新ビジネスは行き詰まってしまった。つまり，今まではアメリカのシステムメーカーが決めた仕様どおりに生産して決まった取引先に納品すればよかったが，そのような安定的なビジネスができなくなったのである。そこで，正光氏は産学共同で独

第5章　地域ファミリー企業の事例分析3

図5-9　成長期におけるフレームワーク分析

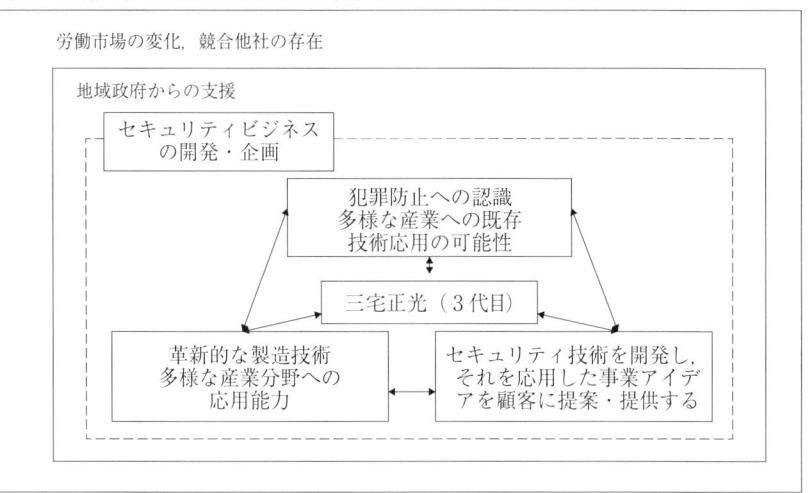

```
労働市場の変化，競合他社の存在
┌─────────────────────────────────────┐
│ 地域政府からの支援                       │
│  ┌─────────────┐                     │
│  │セキュリティビジネス│                  │
│  │の開発・企画    │                    │
│  └─────────────┘                     │
│         ┌──────────────┐              │
│         │犯罪防止への認識 │              │
│         │多様な産業への既存│             │
│         │技術応用の可能性 │              │
│         └──────────────┘              │
│         ┌──────────────┐              │
│         │三宅正光（3代目）│              │
│         └──────────────┘              │
│  ┌──────────┐    ┌──────────────┐    │
│  │革新的な製造技術│  │セキュリティ技術を開発し，│
│  │多様な産業分野への│ │それを応用した事業アイデ │
│  │応用能力     │   │アを顧客に提案・提供する │
│  └──────────┘    └──────────────┘    │
└─────────────────────────────────────┘
```

出所：筆者作成。

自のラベルを開発し，日本市場向けの製品を作り続けることを決めた。防犯タグ市場，セキュリティ事業の拡大を確信した正光氏の勇断であった。

　これは，シュンペーター（1998）による新結合の概念からすれば，新しい品質及び生産方式の創出への挑戦であったと言える。さらに企業家は新結合の構想に留まるのではなく，それを実現させるための具体的な計画を立て，実行することが大切であることは言うまでもない。正光氏は，計画した事業コンセプトを実現するに当たり，地域企業である三宅だけでは経営資源が不足しがちであり，外部からの経営資源の調達が不可欠であると考えた。それゆえ，研究開発パートナーとして化学と機械工学の分野から若手技術者を2人補強した。加えて，特許侵害にならない範囲で既存の製法とは全く異なる手法で製造するためには大学や研究機関などの斬新なアイデアが必要だと判断し，友人の紹介で広島工業大学の西本澄教授（知能機械工学）を招いて，1990年に産学協同の研究開発をスタートした。西本教授から回路設計の基盤から学び始めた正光氏と2人の技術者は試行錯誤の末，従来の製法とは全く異なる「ダイカット製法」の開発に成功することになった。正光氏がネットワークの構築力とリーダーシップを発揮したことで，新しい組織で革新的な製造技術を開発することができたのである。

143

同分野について全く知識のなかったスタッフが2年目にして回路を設計出来るまでレベルを上げ，さらに全く新しい製法の開発まで成功できた理由として三宅が培ってきた技術資源が多重展開可能であったためであると考えられる。従来は，アルミ箔に回路をインクで印刷した後，酸やアルカリで不要な部分を溶かす「エッチング」と呼ばれる製法で作られていた。これに対して三宅のダイカット方式は回路を掘り込んだ金型でアルミ箔を打ち抜いて作った。この方式を採用したら，高感度で，加工コストも従来に比べ，2割ほど安い。同社が新製法に辿りついたきっかけは，長年手がけた針を製造する金型の技術，そして，タグ（値札）やシール印刷で不要な縁などを型抜きする技術からヒントを得て，金型を使う発想である。つまり，製針技術と印刷技術を持つ人材を先代から大切に守ってきて，その知識を活用できたことが成功の要因であったと言える。

　広島工業大学との産学共同開発開始した翌年の1991年（平成3年），2代目の三宅來次郎氏は代表取締役会長に，三宅正光氏は代表取締役社長に就任した。2代目社長は正光氏に印刷部門を委任してから，修行から留学に至るまであらゆるサポートを果たしてきた。Handler（1989）のファミリー企業における継承プロセスからすると，いよいよ正光氏が仕事全般を理解し，リーダーとしての能力を発揮するときになると，2代目社長の役割はコンサルタント（諮問者）に代わり，後継者である正光氏は完全なる新しいリーダーとして組織内外から認められるようになっている。

　正光氏（以下，3代目社長）が新しいリーダーとして昇格する時期に開発された「ダイカット製法」という革新的な製造技術は，現在において他社には模倣できない多重利用可能なコア資源となっている。ドイツの印刷会社であるメト社がダイカット技術の特許を買い取ろうとしていた時期があったが，3代目社長は，製造・販売のライセンス契約だけを成立させている。つまり，3代目社長は既にダイカット製法を，競争優位性を持つコア資源として認識していたため，「金の卵を産む鶏は殺さない」という言葉もあるように，売却しなかったのである。内田（2003）の見解のように，ビジネスシステム構築の発想の源は，顧客に何らかの価値を提供する事業コンセプトを作ることにあり，コア資源は価値創造の重要な要素となる。実際，後ほど，三宅がダイカットの製法で作り上げたセキュリティシステムは多様な事業へ活用されていく。

第 5 章　地域ファミリー企業の事例分析 3

　例えば，老人ホームにおけるセキュリティ事業である。最近，認知症などで悩まされている高齢者が増えてきている。老人ホームのスタッフは一生懸命に患者の面倒を見ようとするが，万が一，病気を患う患者がスタッフ側の不注意で老人ホームを出て事故にあった場合，その責任問題は非常に大きい。三宅はこのような問題を解決するために広島の老人ホーム施設と組んで入室している高齢者の所持品の下履き（スリッパ，服など）にタグを埋め込むことで管理者（スタッフ）の許可なしに施設を出ようとした場合，警報を鳴らして知らせるシステムを開発して現在，納品中である。

　また，日本が世界一の地震国であることに着目し，地震による 2 次災害を防ぐために土の下にガス管を埋める段階において一定の間隔ごとにタグを貼っておくことで，土を掘らなくてもガス管の配置がわかるようにするシステムも開発した。このシステムは地震による災害が発生した場合のガス管の位置把握などに非常に役に立つシステムである。

　さらに，広島市立大学，KDDI，児童保護施設，中国電力とともにコンソーシアムを組んで最近大きな社会問題になっている誘拐，暴行などの児童安全対策問題に取り組んでいる。子供が移動している際に位置識別をして親や先生が自動的に受信できるシステムを電力会社や携帯電話会社と一緒に開発している。従来の GPS 機能では解決できない問題も電力会社（電信柱）や三宅（位置識別タグ）を利用することでさらに明確な場所確定ができるようになる。

　三宅の新規ビジネス開発の取り組みはその他にもある。牛の出産タイミングを正確に知らせるプロジェクトを広島県畜産試験所と共同で推進したり，病院の検査装置（患者の検査履歴などをソフトウェアでサポート）などに使われるRFID システムなども開発済みで島根県の病院などで導入したりしている。

　このように三宅のセキュリティシステムが多様な産業分野に応用できる理由は，以下の 2 つである。まず，三宅の革新的な製造技術が多重展開可能な経営資源だからである。先行研究で述べてきたように，限られた経営資源を持つ地域ファミリー企業にとってコア資源の活用は大事であり，地域ファミリー企業の企業家は「自社がコア資源として蓄積している強みは何であり，どのような顧客のどのようなニーズに生かせるか」を常に考えることが求められる。コア資源の多重利用を通じて，次の新たな創業への道筋が見えてくるからである。そして，このような多重展開可能なコア資源は，価値の高いものとして企業内

外から認められることとなる。

　三宅のセキュリティシステムが多様な産業に適用できたもう1つの理由は，三宅が構築してきた異業種との広いネットワークを用いて，多様な産業分野へ三宅のセキュリティ技術を応用する能力を持っているからである。小売店だけでなく，福祉産業や畜産産業など「セキュリティ技術を開発し，それを応用した事業アイデアを多様な産業における顧客に提案・提供する」という三宅社長のビジネスシステムは，三宅の初代社長から得意であった「事業機会の認識」とそれを実現するための「適切な経営資源の配置」，「ネットワークの構築力」という企業家活動なしには実現不可能である。伊丹・軽部（2004）は，長い歴史の中で先代から受け継がれた熟練技術や暖簾，組織風土という経営資源を「見えざる資産」としているが，まさに，3代目社長が先代から引き受けた最も大切な経営資源は，三宅ファミリーの行動様式やコア資源を活用する能力などといった見えざる資産であろう。

　現在，三宅が取り掛かっている事業はセキュリティタグ・ラベル事業とセキュリティシステム事業である。まず，セキュリティタグ・ラベル事業に関しては，経営陣及びタグ事業部が開発企画を行い，基礎研究に関しては広島市立大学，広島工業大学，慶應義塾大学などの研究機関に依頼している。基礎研究を通じて知識を獲得した後は，自社内で応用研究を行い，アプリケーションを開発する。例えば，回路設計の基礎知識を基盤にダイカット製法を開発し，その独自の製法を用いて多様なセキュリティタグを開発していている。ダイカット製法は，三宅が長年手がけた針を製造する金型の技術，そして，タグ（値札）やシール印刷で不要な縁などを型抜きする技術をもとに開発したものであり，他社が模倣しにくいコア資源となっている。そして，技術の特許を出願・取得したり，製品改良を通じて大量生産を可能にしたりして，世界市場シェアを拡大している。国内における製造，販売，保守運用に関してはほとんどアウトソーシングしているが，中国（上海）においては情報漏えいといったリスクを回避するために，販売提携している天馬株式会社と折半出資し合弁会社を設立している。生産管理・技術開発に関しては三宅が，人事・労務を含めた管理業務に関しては天馬株式会社が担当している。

　セキュリティシステム事業に関しては，三宅のコア資源である革新的な製造技術を活かせる，つまりコア資源を多重利用するための新規事業を経営陣と新

規ビジネス部が企画する。そして，セキュリティタグ・ラベル事業と同じく公共研究機関に基礎研究を依頼し，新事業に適用できるアプリケーションの開発は三宅で行っている。例えば，広島の老人ホーム施設，KDDI，児童保護施設，中国電力，広島県畜産試験所などと共同で行っているセキュリティシステム事業に使われるアプリケーションである。その他にもネットワークを組んでいる企業や機関には，自社のセキュリティシステムを応用した新しい製品や技術，事業アイデアを提供・提案し，市場開拓を試みている。つまり，革新的な製品技術を開発することと，それを多様な産業分野へ適用する能力が三宅のコア資源であると捉えられる。

　三宅はビジネスシステムを発展させていくために情報収集に力を入れている。特に異業種間交流の場に積極的に参加し，ニッチ市場を探索している。先行研究で述べたように，地域企業は人・モノ・金・情報といった経営資源が一般的に不足しているため，大企業との競争に巻き込まれないようなニッチな市場に，地域特有の経営資源を活用した独自性のある製品を，地域のネットワークを活用して経営資源の不足をカバーしながら開発・製造・流通させていくことが必要なのである。つまり，金井（2006）が地域企業の経営戦略の特徴として，地域独特のニーズを発見すること，そのニーズに応えるような事業を創造・展開していること，地域資源を活用すること，ネットワーク創造（活用）による連携戦略を挙げているように，三宅も地域企業として上述したような経営戦略を構築しているのである。これに関して3代目社長は，「時代の3歩先，つまり，行きすぎでも駄目です。半歩先でも十分です。自社の技術の強みが活かせる分野であれば進出時期は少々遅れてもいいわけです。」，「100億円以上の市場規模になると，大企業が参入してくる可能性が高いが，それ以下の市場規模だと入ってくることが滅多にない。中小企業のコア資源を活かし，ニッチ市場を開拓することが得策である」と語っている。

　現代においては，経済の構造的変化やグローバル化によって生じた潜在的ニーズの発見・探索を通じて，ニッチ市場を開拓することが求められている。三宅はアメリカへの進出にあたり苦戦中であるが，①広島県が行っている企業同士の提携を支援する取り組みを利用すること，②アメリカで大きな取引先を得てCheckpoint社に交渉を持ちかけること，③Checkpoint社に製品を売ることなどの方法を通じてアメリカのニッチ市場に参入することを考えている。

その反面，中国への進出は順調である。三宅は，2011年，合成樹皮製品の加工，販売を行っている株式会社天馬と折半出資で中国の上海に密雅開電子上海有限公司を設立している。為替の変動や反日運動といった不安要素もあったが，経費を削減すると共に為替リスクも回避することができている。

　三宅の成長期は，印刷業からセキュリティ事業への事業転換を行う時期であった。事業展開の理由としては海外の労働市場の変化により，海外の印刷関連企業が競合他社として浮上したことが挙げられる。また，事業転換において注目すべきところは，事業機会の認識は顧客ニーズから獲得できたということである。顧客が三宅に相談した理由は，三宅が約100年の歴史を持っている信頼できる企業であることと，先代の時代から技術開発に優れているという評価を得ていたからである。また，「セキュリティ技術を開発し，それを応用した事業アイデアを顧客に提案・提供する」というビジネスシステムを構築出来，新規事業を成功に導いたのは，製針技術と印刷技術を応用した革新的な製造技術と三宅ファミリーの行動様式を初めとする革新性に富む企業家精神（事業機会の認識，適切な経営資源の配置，ネットワークの構築力など）であった。両方とも長い年月を経て三宅に蓄積されてきたものであるため，他社には模倣できないファミリー企業ならではのコア資源となっている。また，多様な分野におけるプロジェクトを実現において地域政府からの支援も欠かせない。例えば，咀嚼モニタリングシステムの開発にあたって，広島県から300万から500万円ほどの補助金が交付されている。

　現在，3代目社長は，株式会社三宅の後継者探しにも傾注しており長男と次男が各々，本社と関連会社（ミヤケタグソリューション株式会社）の次世代の社長になることを希望しているが，そのためには自分が先代からされてきたように，ファミリーの専門経営者化（星野，2004）に力を注ぐ必要があると考えられる。

4．本事例のまとめ

　株式会社三宅は，1917年（大正6年），縫針業のメーカーとして起業し，環境の変化や顧客のニーズに応えて，製針事業から印刷事業へ，バーコード・シールやラベルの印刷事業からセキュリティ関連事業へ進化を続けてきた。

三宅の事例において重要なポイントは，製針技術や印刷技術だけでなく，三宅ファミリーの行動様式に代表される企業家精神を引き受けていることが，3代に渡る絶え間ない事業転換において大きな役割を果たしているところにある。つまり，株式会社三宅がファミリー企業であり，先代と息子である後継者が早期から事業継承を意識していたため，次なるコア資源を獲得することに怠けなかったのである。このような三宅の見えざる資産は，約100年という年月を越えて，三宅のさらなる成長への多大な原動力となっている。

三宅の事業転換や成長において欠かせないもう1つの大切な経営資源は，先代から受け継がれた製針技術と印刷技術である。内田（2003）が述べているように，「コア資源が多重展開可能なものであるかどうか」は地域企業の存続において重要視されるが，三宅社長は，針を製造するに当たっての中核技術である金型技術を値札印刷に転用し，さらに防犯タグの製造にも活用している。また，技術そのものだけではなく，特定分野の基礎技術を取得し新しく応用するにあたって，既存事業の技術や知識を持っている技術者らと企業外部のアクターとのネットワークを有効活用している。つまり，既存事業の技術を多重利用することによって存続し続けているのである。

三宅は見えざる資産を経営における中心軸にしながら，技術に対するコア資源は，顧客ニーズや環境の変化に合わせて活用したり，新しく獲得したりしている。そして，後継者にも変化に対応できるような姿勢を教育しているが，これはファミリー企業の特性である継続性と関連付けられる。つまり，ミラー＆ブレトン＝ミラー（2005）によると，ファミリー企業は継続性という特性をもつので，一般企業よりも多重展開可能なコア資源を獲得しようとする意欲が強く，コア資源の獲得には企業家活動が求められるため，継承者を専門経営者化させる必要性が生じる。2代目社長が3代目社長を早い段階から埼玉やアメリカにて修行させたことも，次世代の企業家として企業内外から認めてもらうためであった考えられる。

但し，企業が保有している経営資源が，多重利用可能かどうかを判断する主体は企業家である。三宅においても，約100年の歴史を経てコア資源を活用しながら厳しい経営環境の変化に対応できた背景には，初代社長から3代目社長まで受け継がれてきた企業家活動があった。初代の三宅來次郎氏は国内市場の限界と中国市場の発展可能性を認識して製針事業に参入し，中国に進出してい

るが，当時の一般的な海外進出方法ではなく直接輸出という革新的な方法を試みた。2代目の三宅來次郎氏は，製針業の衰退を目の前にし，印刷事業への転換を決め，組織内部にその意志を表明し，後継者の育成において重要な役割を果たした。さらに3代目の三宅正光氏は留学を通じてバーコードの普及可能性を認識し，バーコード印刷技術に関する研究開発，セキュリティ事業の関連製品に関する研究開発を行うことで，コア資源の有効活用を実行している。

2代目社長と3代目社長の印刷業への展開の時期においては，企業家チームの企業家活動が行われていた。2代目社長が事業機会を認識し，具体的なビジネスシステムの構築や必要となる経営資源の蓄積においては3代目社長が大きな役割を果たしていたが，これは，製針業の衰退や印刷業界への参入に対する必要性を共有していたからこそ可能であった。

つまり，先代と後継者が目標を共有することは，「個人のニーズや興味，関心をどのようにしてファミリーというコミュニティ集団のニーズや興味，関心と一致させるか」（Kenyon-Rouvines & Word, 2005）という継承における課題を解決するに役立つものであり，その興味は新しい事業を主導するための能力を培える原動力となり，その結果，後継者は，コミュニティの一員としてかつ新しいリーダーとして組織から認められることになる。

本研究においては，加護野・石井（1991）の先行研究を踏まえ，企業の境界，つまり，企業の事業の範囲に関しても述べてきた。三宅の場合，設立初代の企業境界は針の製造と販売であった。それがバーコード印刷技術の開発及び製造に変わり，現在のところ，製造と販売はほとんどアウトソーシングしている。つまり，針の製造・販売から，バーコードの研究開発・製造にシフトしており，現在は，基礎研究は外部へ委託，セキュリティ製品やRFID製品の一部の製造も委託生産，販売活動は大手商社や協力会社と分業体制をとっており，三宅はセキュリティシステムを応用したビジネスコーディネート，開発企画機能を果たしているのである。このような特性も経営資源が限られている地域企業において見られるものであり，各代において異なる体制で事業を営んでいるため，ファミリー企業が長い年月，1つの体制を固執することによって陥りやすいイカルス・パラドクスを回避する要因になっている。

一方，グローバル化における競争環境が激しく変化する環境の中で成果を挙げている地域企業には，①製品の高付加価値化戦略，②コストダウン戦略，③

新市場・新事業の創造といった戦略が見られる（金井，2006）が，三宅も製針業を行うときには直接輸出を通じた販路開拓とコストダウン戦略，防犯タグ事業においては新しい製法の研究開発，セキュリティ事業においては新市場・新事業の創造に取り掛かっている。また，外部の競争環境の激しい競争環境を乗り越え，自社に有利な形で事業を展開するためには企業家の革新性と機敏さ，実行力が必要である。

　3代目社長はインタビューの中で，「基礎技術も大事だが，それを応用していくアイデアや最後までやり通す意志があれば事業は成功する確率が高い」と述べている。技術や物的資源も勿論重要であるが，三宅ファミリーの行動様式の継承が地域ファミリー企業の真の強みであり，革新を継続できる原動力なのではないだろうか。このような地域ファミリー企業ならではの原動力を維持し続け，三宅が今後，セキュリティ業界のトップメーカーになることを期待したい。

*　1．本章は，金（2008）「第6章：町工場から世界的企業への飛躍に向けて」『グローバル環境における地域企業の経営』をもとに作成した。
　　2．本章は，三宅正光氏に対するインタビュー（2013.12.09）をもとに作成した。

第6章
地域ファミリー企業の事例分析4：田中酒造株式会社
―地域密着型の事業で発展を遂げる企業―

1．業界動向

本章の事例として取り上げる田中酒造株式会社（以下，田中酒造）に対する本格的な事例紹介及び事例分析に入る前に，国内酒類業界と北海道の清酒業界の状況を簡単に分析することにする。

(1) 国内の酒類業界の現況

2010年（平成22年）に国内で販売（消費）された酒類数量は，清酒・ビール・ワイン・調味酒などを含めて全体で851万5000kℓに上る。酒類全体の推移では，1970年（昭和45年）から1996年（平成8年）まで増加していたが，その年をピークに減少し始めた。

酒類別に見ると，2010年（平成22年）にはビールや発泡酒が39％を占め，次に多いのがリキュール類（スピリット等含む）[1]の20％，焼酎（連続式蒸留・単式蒸留を含む）[2]の10％となっている。清酒の数量は合成清酒を含めても全体の7％（63万2000kℓ）に過ぎず，焼酎（10％）より少ない。

年度別の販売推移を見ると，ビールは1970年（昭和45年）から年々増加し，1996年（平成8年）の669万7000kℓをピークに減少した。一方，代替商品として生産された発泡酒は1989年（平成元年）の大型ディスカウントストアの低価格競争により，1996年（平成8年）の28万9000kℓから2002年（平成14年）に246万5000kℓまで増加した。しかし2010年（平成22年）にはビール類の低価格競争が細分化され，また第3のビールの登場やノンアルコールビール飲料の影響などにより，92万3000kℓまで下がった。ただそうは言っても現在もビール類（発泡酒も含め）は酒類のトップシェアを維持している。

第6章　地域ファミリー企業の事例分析4

図6-1　2010年（平成22年）の酒類別シェア

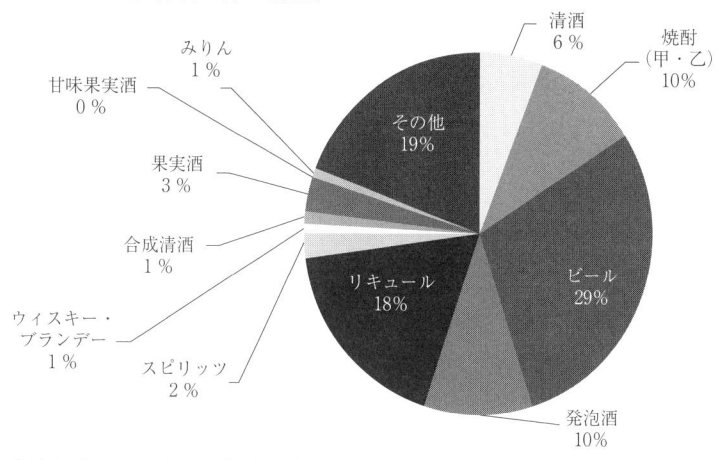

- 清酒　6％
- 焼酎（甲・乙）　10％
- ビール　29％
- 発泡酒　10％
- スピリッツ　2％
- リキュール　18％
- ウィスキー・ブランデー　1％
- 合成清酒　1％
- 果実酒　3％
- 甘味果実酒　0％
- みりん　1％
- その他　19％

出所：国税庁資料（2011）『酒税統計』をもとに筆者作成。

表6-1　国内酒類販売推移

(単位：千kℓ)

区分	1970	1975	1989	1996	2002	2004	2010
清酒	1,532	1,675	1,345	1,213	888	746	589
焼酎（甲・乙）	202	189	492	689	832	983	923
ビール	2,910	3,736	6,060	6,697	4,132	3,617	2,764
発泡酒	0	0	0	289	2,465	2,213	948
リキュール	15	16	89	236	541	692	1,754
スピリッツ	8	6	35	30	26	59	212
ウィスキー,ブランデー	132	238	276	173	122	100	102
合成清酒	39	22	21	52	62	63	43
果実酒	6	27	113	159	259	226	262
甘味果実酒	27	23	17	12	12	8	8
みりん	30	44	85	89	100	103	100
その他	0	2	7	18	16	232	810
合計	4,901	5,978	8,540	9,657	9,455	9,042	8,515

出所：国税庁資料（2011）『酒税統計』をもとに筆者作成。

焼酎（連続式蒸留・単式蒸留）は1970年代後半と1980年代前半に第1次・第2次ブームが起き，焼酎の販売数量は1985年（昭和60年）に59万3000klまで増加したが，1989年（平成元年）には49万2000klまで落ちた。しかし，1990年（平成2年）から年々増加し続け，2003年（平成15年）の第3次焼酎ブームの影響を受け，2006年（平成18年）には100万klを達成し，2010年（平成22年）にはシェアの10%を占める92万2000klとなっている。

(2)　清酒業界の現況

　2010年の清酒の製成数量は58万9000klとなっている。清酒の販売数量がピークを迎えた1975年には167万5000klであったことからも，清酒の消費量はピーク時と比較すると半分以下にまで落ち込んでいるということが分かる。清酒業界の変化をみていくために，オイルショック後まで時代をさかのぼってみよう。オイルショック後，日本経済は赤字財政体質となり赤字国債の発行や増税が行われた。それにともない，清酒上級酒の酒税引き上げは五度にわたって実施された。

　これに対して清酒業界は，当初は増税を価格転嫁して，増税実施のたびに駆け込み需要を見込んだ生産増などで一定の活力を維持することが出来たが，次第に特級酒，一級酒の割高感から消費者離れが進んでいった。このような状況の中で，上級酒では灘・伏見に勝てないと見た地方の清酒企業の中には，特・1級酒にふさわしい酒があっても，上級酒認定を申請せずに，酒税率の低い2級酒のままで販売するところが増えた[3]。このような背景から，地方には灘や伏見の1級酒より旨い2級酒があるという評判が広がっていた。1990年代のいわゆる「地酒ブーム」はこのようにして下地が作られた。

　1989年4月に行われた酒税法の大改正は，ウイスキー級別の廃止，清酒特級の廃止，従価税制度の廃止を主な内容とし，さらに清酒の1・2級制は1992年4月に全廃するというものであった。清酒の級別制廃止にともなって，「清酒の製法品質基準」が定義され，特定名称酒の呼称が登場した。清酒は特定名称酒と普通酒に，特定名称酒は吟醸酒，純米酒，本醸造酒の大きく3つ，細かくは8種類に区分された。このような新たな品質基準制のもと，1990年代前半に「地酒ブーム」が起こった。しかし，地酒ブームは全国の地酒産地に波及するほどの盛り上がりにはならず，バブル経済の崩壊を境に清酒の消費は大きく落

ち込み始める。

　これらの原因の1つは，バブル経済崩壊と消費減退の中で価格破壊が広範囲に進んだことである。低価格化の波は酒類業界にも波及し，国産米を原料とする清酒の価格は酒類全体の中で割高となり，価格競争力を著しく低下させた。また，級別制廃止により輸入障壁が大きく引き下げられた結果，安価なウイスキーやワインの輸入が急増した。ビール業界では発泡酒が，焼酎では缶チューハイや大容量の本格焼酎などが開発され，酒類市場は低価格酒時代に入ることとなった。このような市場変化に対して，清酒業大手は紙パック酒の投入，アルコール混入率が高い低コストの大容量経済酒などを投入していくが，清酒市場の割高感が払拭されたとは言い難い。また「特・1級は大手，2級は中小」という棲み分けが崩れ，品質と価格をめぐる激しい競争の時代へと突入していった。清酒市場は縮小し，大手企業がシェア争い，コスト競争の様相をますます強める一方，地方の酒蔵では経営難に陥る企業も少なくない。

　それを示すように，清酒を製造する清酒製造免許場数の数は年々減少してきている。1955年に4021あった清酒製造免許場数は，2011年には1709にまで減少している。清酒製造免許を持っているものの，休業している場合や，実際には清酒の製造を行わずいわゆる桶買いにより自社ブランド商品を販売したりしている企業も少なくないことから，実際に醸造している蔵はさらに少ないと推測される。また，規制緩和の進展や消費者の購買行動の変化によって，小規模な清酒製造業者の主要取引先である一般の酒類小売店の販売力は低下し，スーパーやコンビニエンスストア等の小売業における酒類の販売量が増加している状況を考えると，既存の販売先に頼っているだけでは，売上が落ちていくばかりとなる恐れもある。

(3) 北海道における清酒産業の発展と衰退

　北海道の酒造りは，江戸時代にはすでに，道南の江差，松前，函館などで行われていた。1872年（明治5年）に北海道で酒造りが本格的に始まり，当時の石川県出身である柴田與次右衛門が札幌の創成川沿いに造り酒屋（現在の日本清酒）を創業した。小樽に限ってみると，現在残っている酒造では，株式会社山二わたなべが最も古く（1879年［明治12年］），次いで田中酒造株式会社（1899年［明治32年］），北の誉酒造株式会社（1901年［明治34年］）となって

いる。本来，気候が酒造りに適した地域である北海道は，水資源の豊富さや稲作の定着，蒸米のための燃料となる伐採木資源の豊富さといった原料面での優位さもあった。特筆すべき点は，1898年（明治31年）の鉄道の開通と陸軍第七師団の設営であり，1902年（明治35年）には北海道内に約200カ所の酒蔵があった[4]。小樽でも，小樽湾が開港された1899年（明治32年）には酒類製造戸数は兼業も含めると37カ所あり，北海道内でも有数の清酒生産地として知られるようになっていた。

　高度経済成長に伴い大きく発展した北海道の酒蔵は，1966年（昭和41年）には出荷量にして約5万7000kℓを生産するまでに成長を遂げた。しかし，1950年代後半から1972年のワインブーム，1973年の貿易自由化の影響でビールを皮切りに西洋酒のシェアが急速に拡大した。さらに本州の大手企業が清酒の量産化をし始め，北海道市場に次第に入ってくるようになった。このような人々の食生活の変化と大手企業参入の影響で，1975年（昭和50年）に約4万kℓあった出荷量が10年後の1985年（昭和60年）には約2万kℓまで減少した。これによって1970年（昭和45年）10月に中川酒造・朝日酒造が倒産し，これを契機に北海道内の酒造企業の再編が活発になった。

(4)　北海道の清酒業界の現況

　上述のような流れを受け，1985年（昭和60年）には2万kℓあった北海道の清酒生産量は2010年（平成22年）に3272kℓまで下がっている。これは，全国の清酒生産量の0.7％のシェアに過ぎない。北海道内の消費量も年々縮小傾向を見せており，1997年（平成9年）には4万404kℓだった消費量が2010年（平成22年）には3分の2の2万4053kℓまで減少している。

　生産量の減少は北海道内の酒造企業の業績にも影響を与え，2007年ごろからは酒造会社の再編が活発になった。高砂酒造は2004年6月に倒産し，2007年に日本清酒の子会社となった。また，北の誉酒造は同年に合同酒精株式会社（現オエノンホールディングス）に合併され，2008年（平成20年）4月には金滴酒造，2010年7月には雪の花酒造が倒産している。この結果，2007年（平成19年）に14社あった北海道の酒造会社が2010年（平成22年）には実質11社まで減少している。

　一方，道産清酒の北海道におけるシェアを見ると，もっと厳しい状況が分か

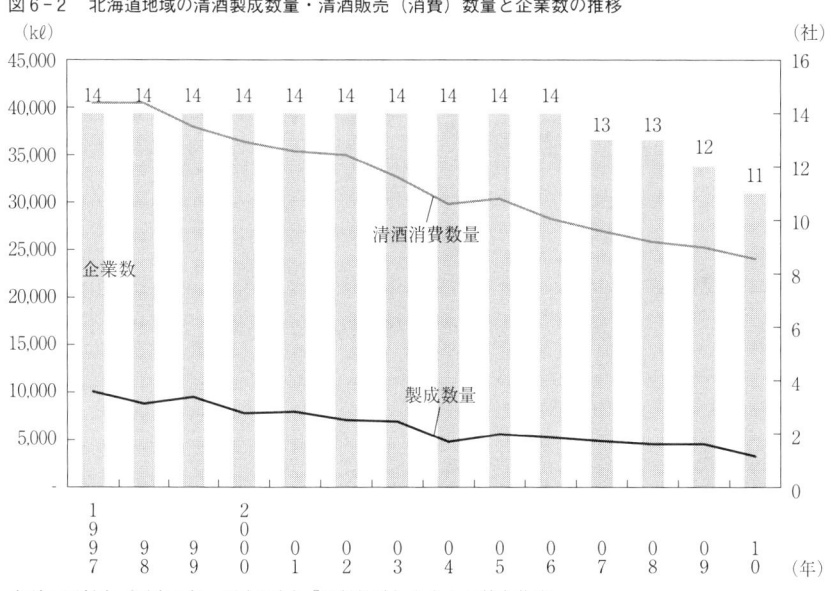

第6章　地域ファミリー企業の事例分析4

図6-2　北海道地域の清酒製成数量・清酒販売（消費）数量と企業数の推移

出所：国税庁（平成9年～平成22年）『酒税統計』をもとに筆者作成。

る。北海道内の清酒生産の縮小や本州の大手会社の進出などにより，1990年（平成2年）に約38％あった道内生産の清酒のシェアは年々減少し，2009年（平成21年）には道内対道外で2：8になっている。このように，北海道の清酒業界は清酒業界全体の縮小傾向と，本州の大手会社の北海道内シェアの拡大などにより，倒産や合併などが活発化しており，内外的に厳しい状況に置かれているのである。

こうした事態を打開するために，北海道酒造組合を中心として北海道産酒の生産・消費の拡大を目指した活動を行っている。2009年から2013年にかけては，北海道経済の活性化を目指して，北海道庁，北海道商工議所，北海道経済産業局，ホクレン農業協同組合連合会が一体となった「道産酒チェンジ」という活動を行った[5]。この活動では，道産酒の消費拡大に向けてパンフレットを作成して配布したり，地域内の各種団体がイベントする際などに共同でPR活動を行ったりしている。この活動が功を奏し，これまで減少傾向にあった北海道産清酒の出荷量が2012年，2013年と2年連続で増加に転じるなど北海道内の「地産地消」につながっている。また，北海道酒造組合は，2012年からJTBが中

図6-3　道内清酒と道外清酒の比率

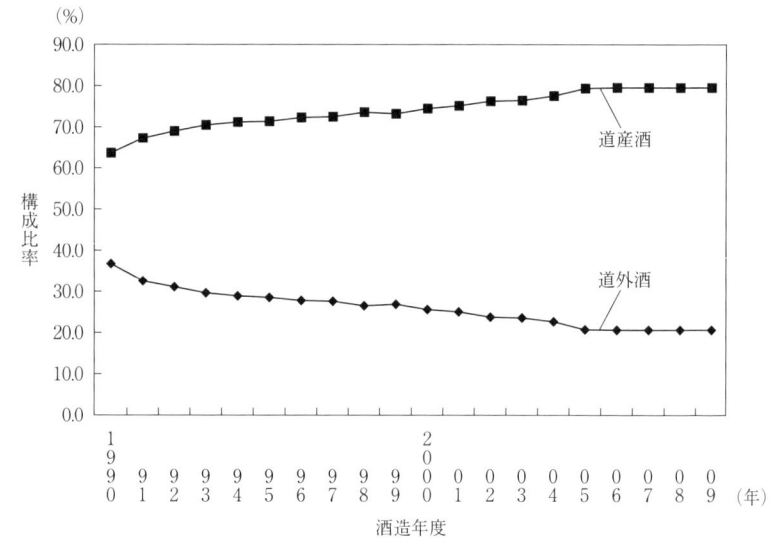

出所：北海道立総合研究機構（2011）『進化する北海道の清酒・ワイン』（http://www.hro.or.jp/event/lunch/lts11.html; 2013年2月4日アクセス）。

心となって進めている「パ酒ポート」というスタンプラリーにも参加している。「パ酒ポート」とは北海道で市販されている冊子で，北海道にある日本酒・ワイン・ビール・ウイスキー計23の酒蔵所をめぐるスタンプラリーである。この取り組みを通じて，「チーム北海道」として道産酒の活性化を図ろうとしているのである[6]。

このように北海道の酒造業界を取り巻く現状は楽観視できる状況にないが，現状を打開するべく同業者間，異業種間交流を進めようとする新たな取り組みも見られるようになってきている。次節以降では，北海道の酒造業界において革新的な取り組みを行っている田中酒造株式会社の取り組み及び分析を行っていくことにしよう。

2．事例紹介

田中酒造は，1899年（明治32年）に初代・田中市太郎氏が創業した100年以上の業歴を有する小樽の酒造会社である。現在の当主は4代目の田中一良氏で

あり，創業者の遺志を継いで古き良き時代の風情を残しながらも，常に新しい技術を取り込み，小樽の清酒である「宝川(たからかわ)」を守り続けている。

　田中酒造の特徴としてはまず，生産数量が少ないことがあげられる。その生産数量は年間で500石，一升瓶で換算するとその量は約5万本となり，大量生産する酒造会社が1日に出荷するようなわずかな量を丁寧に製造している。細部まで「テマ・ヒマ」を惜しみなくかけたお酒は，「宝川」を中心に「しぼりたて生原酒」，「季節限定酒」が人気である。これらの製造された酒は生産数量が少ないこともあり，「直販」中心，すなわち，自社で醸造した清酒が自社店舗を中心として小樽市内で販売されているのである。また酒造りは寒い冬に仕込み作業を行う「寒造り」が一般的だが，田中酒造の持つ見学製造工場の「亀甲蔵」では，北海道の冷涼な気候を生かして1年を通して清酒を醸造することができる。

　そして田中酒造のなによりの特徴は，100％北海道産の酒造好適米(しゅぞうこうてきまい)を使用したお酒を製造していることである。1998年（平成10年）に北海道の酒造好適米が開発されて以来，田中酒造では農家と協力して北海道らしい地酒造りを追求してきた。そして2000年（平成12年）の仕込みから全量を北海道産の米へと切り替えている。現在は，酒の特徴に合わせて米を使い分けながら，100％北海道産の酒造好適米を使ったお酒を製造し続けている。

　また田中酒造では，100％北海道産の酒造好適米を使ったお酒を製造するだけでなく，先祖代々受け継がれてきた清酒造りの技術を生かしてみりんやその他発酵食品の製造販売にも取り組み，発展を遂げている。

(1)　「造り酒屋」田中酒造の創業と発展

　田中酒造の創業者である田中市太郎氏は，現在の岐阜県大垣市の出身であった。元々，田中家は代々刀鍛冶屋(かたなかじや)を営んできたが，明治維新以降に刀の需要が無くなり，鍛冶屋稼業の継続が困難になった。そこで市太郎氏は知人を頼って，1887年（明治20年）ごろ，当時，開拓とニシン漁で好景気であった北海道小樽へと渡って行った。明治時代の北海道ではお酒は貴重品であり，ほとんどのものを本州から仕入れていた。小樽は港町として経済的に繁栄しており，本州と北海道をつなぐ船便である北前船を通じて本州産の清酒がぞくぞくと入ってきて売れ行きも好調であった。小樽にやってきた市太郎氏は，「篠原」とい

図6-4　田中酒造株式会社　外観

出所：田中酒造株式会社提供。

表6-2　企業概要（2014年現在）

企業名	田中酒造株式会社
代表者	代表取締役　田中一良
所在地	本店：北海道小樽市色内3丁目2番5号 本社，製造場：北海道小樽市信香町2番2号
創業	1899年（明治32年）
創立	1956年（昭和31年）
資本金	1000万円
従業員数	37名

出所：田中酒造提供資料をもとに筆者作成。

表6-3　売上高推移（2014年現在）

（単位：円）

	売上高	営業利益	経常利益	当期純利益
2009年	932,595,939	△182,244	△1,678,907	△1,877,907
2010年	966,953,786	△5,602,372	219,910	40,810
2011年	921,915,504	377,849	△461,964	△541,964
2012年	975,990,054	8,991,231	1,096,409	826,909
2013年	998,026,633	△1,906,923	1,907,772	1,363,172
2014年予想	1,150,000,000	35,000,000	30,000,000	18,000,000

出所：田中酒造提供資料をもとに筆者作成。

表6-4　沿革

1899年	初代　田中市太郎氏が「曲イ（カネイ）田中酒造店」を創業 焼酎と白酒の製造・販売を始める
1923年	「宝川」の製造を始める
1927年	本店店舗を建て直す
1935年	2代目に俊二氏が就任
1943年	戦時の経済集中法の発動により，小樽の酒造が全て小樽合同酒造株式会社に集約される
1956年	小樽合同酒造株式会社から製造機能を分離し，自社で製造再開
1972年	雪の花酒造に酒の醸造を委託（一部・または全量）
1988年	3代目　良造氏が心筋梗塞により急死 4代目　一良氏（31歳）が代表取締役に就任
1993年	田中酒造本店，小樽市の歴史的建造物へ登録される
1995年	雪の花酒造への委託契約が終了，全量を自社製造で再開
1996年	亀甲蔵，小樽市の歴史的建造物へ登録される
1997年	見学製造工場に亀甲蔵を改修 女性だけで醸造した「雅夢」を商品化
1998年	北海道初の酒造好適米「初雫」が誕生 「みりん」の開発を行う
2000年	仕込みの米を全て北海道産に切り替える
2002年	厚真町産酒造好適米を原料にした地酒「美苫」完成
2004年	出前の「きき酒教室」を始める
2005年	「丹水」や「しぼりたて生原酒」が道産食品「北海道ブランド」に認定される
2007年	北海道産酒造好適米「彗星」を使用した大吟醸原酒「宝川」が全国新酒種鑑評会で金賞受賞
2010年	「美苫」が世界モンドセレクションを受賞

出所：田中酒造提供資料をもとに筆者作成。

う洋品店で丁稚奉公をして働いていた。そこで商いの修行をしていた市太郎氏は「お酒の商売は儲かる，さらに造って売ればさらに儲かる」と気付き，早速洋品店を辞めた。その後1899年（明治32年）に20代の若さで独立し，現在の本店の場所において造り酒屋を創業した。岐阜時代の家業の屋号であった「曲イ（カネイ）」を使用して店名を「曲イ（カネイ）田中酒造店」とし，個人事業として営んでいた。当時北海道は産業・企業が少なかったために，若くして起業する人たちが多かったようで，洋品店を市太郎氏と共に辞めた仲間は，質屋，薬局，金物店などを開業していた。

創業当初は焼酎と白酒を製造して直販していた。なぜ焼酎と白酒を製造して

いたのかというと，市太郎氏には酒造りの経験がなく，技術や設備がそれほど整わなくても製造できるのが焼酎と白酒だからであった。醪（もろみ）や酵母などの微生物管理が厄介で，高度な製造技術が求められた清酒造りは創業後すぐにはできなかったのだろう。清酒の製造法に関しては，当時北海道の酒造業界全体のレベルが低く，酒造りに携わる杜氏（とうじ）などの技術者もいなかったために，市太郎氏は見よう見まねで試行錯誤して酒造りに励んでいた。本店の場所が小樽港に近くそこが物資の集積地となっていたため，港湾労働者が顧客となり，朝・昼・晩に「モッキリ」とよばれる一杯飲み屋のような商売を行いながら店は繁盛していった。田中酒造が造った「焼酎に甘いもち米を混ぜた」白酒は，甘いものを欲する肉体労働者に評判がよくヒット商品となっていた。このように問屋や小売を通さず店頭のモッキリに訪れる顧客に白酒や焼酎を直接販売することで，田中酒造は多くの財産を築いた。

　そしてその後，1923年（大正12年）に現在まで受け継がれることとなる，清酒「宝川」の製造を開始した。当時，建物や製造設備が発達していなかったため，北海道の気候は寒すぎて酒造りには適していなかった。また清酒の原料でもある米も北海道産は品質が悪く使用することができなかったため，北海道の造り酒屋は本州産の米を使っていた。田中酒造が造り上げた「宝川」は順調に売れて，商売は順調に発展していった。当時製造されていたお酒は，お客さんが容器を持って酒を買いに来るという量り売りの形態をとっていた。また，先述した酒屋の店先で酒を飲んでもらう「モッキリ」も重要な販売方法であった。

　明治期の小樽の商売屋は創業者が成功すると番頭を置いて，本人は市会議員などになって町づくりに参加するのが一般的であった。そのため市太郎氏も小樽市の市会議員に立候補し，何度も当選していた。この当時は何もないところから町が行政を作っていた時期であり，各業界の成功者が町の役職について，自分たちにとってより良い経営環境の整備をしていたのである。番頭がいなければ政治活動も財界活動もできないために，田中酒造でも番頭経営の形態をとっていた。商売が好調であったので，1927年（昭和2年）には本店店舗の立て直しも行った。

　1935年（昭和10年）ごろ2代目の田中俊二氏が代表となった。俊二氏は初代・市太郎氏の先妻との息子であった。俊二氏は酒造りの技術的な教育を受けるというよりも，家業を助けながら経営者としての修行を行っていた。そのた

め他社で修業などをした経験もない。2代目として就任したものの，初代市太郎氏が成功者であったために，市太郎氏の存在に圧倒されていたという。また，経営者としての能力もあまり高くなかったために，経営の実権は2代目に就任した後も，初代の市太郎氏が握っていた。初代からの番頭経営の形態は続いており，渋谷氏という古参社員を番頭に据えていた。このころから，大規模な造り酒屋は製造に特化していき，酒問屋の流通業や小売販売専門の酒屋も出てきて，製造規模による販売方法の違いがでてきた。田中酒造では製造直販から，北海道内陸部を「山方面」，漁業中心の町や村を「海方面」と呼び，さらに当時日本の領土であった「樺太」にも出荷を始めて商売の広域化が進んでいった。樺太には小樽の人間が多く渡り，小樽に物資拠点が形成されていたものの，樺太には造り酒屋がなかった。また2代目の時代からは，当時栄えていた小樽では製造直販を主とした販売形態が，樺太などの遠方地へは問屋の流通機能と輸送機能を活用した販売形態が取られた。

　酒造りの技術者である杜氏を現在の新潟県から招いて品質の向上を図ったのも2代目の時代である。当時，新潟には「越後杜氏」と呼ばれる優秀な酒造技術者集団がいた。彼らは，夏場は農業に従事し，冬場は出稼ぎで各地の酒蔵に住み込みで春まで働いていた。小樽にも様々な酒屋があり，越後杜氏の流れを受けた人々が多く来ていた。業界には杜氏を紹介してもらう制度や，杜氏の弟子たちが独立するときに呼んでくる制度があった。杜氏を受け入れるためには，資金を集め，設備を設置することが必要となるため，田中酒造は創業から20数年をかけて経営環境を整えていった。その後，経営環境を整備した田中酒造は杜氏の弟子たちが独立する際を見計らって，5～10人の技術者集団を招き入れた。

　当時は娯楽が少なかったため，北海道の開拓が進むにつれて酒の需要がますます拡大していた。田中酒造では，技術者間のつながりを活かして，小樽の酒造業界を束ねていた「北の誉酒造」の杜氏から酒造りの教えを受けながら品質の向上を図っていた。製造量を増加させた田中酒造は港湾労働者と直接取引をしているうちに，製造に特化するというよりも小売販売業志向の事業形態へと変化していき，自社製造の酒類に加え，他社製造の酒類，食料品や雑貨などの販売を行うようになっていった。

　戦争が始まり，1940年（昭和15年）ごろになると，食糧難のため原料となる

米が不足し，主力の商品であった清酒の製造が困難になった。そして1943年（昭和18年），戦時の経済集中法の発動によって，小樽市内のすべての造り酒屋に企業合同が強制され，田中酒造も小樽合同酒造株式会社に集約された。田中家では，2代目俊二氏をはじめ男子全員が徴兵され不在となり，止む無く初代の市太郎氏が販売拠点として残っていた色内の本店での販売業務を担うこととなった。戦争が終わると，初代・市太郎氏は最初に戦地から帰ってきた後妻の男子の末っ子であった良造氏を田中酒造の3代目に据えた。その後に，生死不明だった2代目俊二氏や良造氏の兄たちも帰ってきたが，3代目が変更されることはなく良造氏のままであった。

(2) 清酒需要の減少と造り酒屋の危機

　3代目の良造氏は，市太郎氏の後妻の男子の末っ子で，先妻の兄俊二氏が2代目として家業をついでいたため，本人は家業を継ぐ予定もなかった。しかし，学校卒業後に室蘭工業大学へ進学，工業化学を専攻していたところから酒造業に興味があったのは間違いないと言われている。ただ良造氏は，学徒動員のため大学を2年で卒業して兵役へ就き，技術将校として現在の中国の満州へ行かなければならなくなった。敗戦後に家へ戻ってきた際に，2代目の俊二氏や他の兄弟が帰ってきていなかったため，3代目に就任したのであった。

　1956年（昭和31年）に製造機能を小樽合同酒造株式会社から分離させ，現在の製造場がある信香町で製造を再開させた。戦後は酒といえば清酒しかない時代であったため，順調に商売を回復させていくことができた。3代目の時代には，免許内容による事業内容の明確化と効率化を目的として，製造業と卸売業は田中酒造株式会社，小売販売業は株式会社田中市太郎商店というように会社を分割して事業を営んでいた。酒造りに関する品質や種類の管理は，高綱氏という杜氏が行っていた。2代目までと同様，経営体制としては番頭経営の形態がとられており，野村氏という古参社員が番頭を務めていた。田中酒造が法人となって以降は，野村氏は専務という役職で番頭を務めており，営業や経理も全て一任されていた。当時の酒造会社は，社長だからという理由で経営や酒造りには携わらないこともよくあり，良造氏も飲食店や小売店をまわる営業が主な仕事であった（読売新聞，2006）。基本的には，杜氏と番頭への指示と報告を受けて，最終決定を下すのが良造氏の役割であった。ただ，実質的には良

造氏の母親が健在であったため，母親が最終的な決済の決定権を握っていた。良造氏は世話好きで温厚な性格のため，会社での仕事の他にも様々な役割を引き受けており，酒造組合の役員や小樽ロータリークラブの会員などを務めていた。また色内ひふみ町内会長なども務めていた。

　順調に商売を回復させていた田中酒造であったが，昭和40年代をピークに，清酒の需要が減り始め，以降長い低迷期に入っていくこととなる。清酒販売（消費）数量は1970年（昭和45年）に153万7000kℓ，1975年（昭和50年）に167万5000kℓとなった後，年々減少していく[7]。ビールやウイスキーなどの酒類がどんどん売れだし，清酒産業は衰退を始めた。また，小樽市は戦後，人口減少などによって地域経済・地域産業が停滞しており，斜陽の街と言われるようになっていた。昭和50年代には，小樽市内の造り酒屋の廃業が相次ぎ，ますます造り酒屋の業務は困難な時代を迎えた。

　このような清酒の造り酒屋の窮地を見て，監督官庁である国税庁の国税局税務署は，各造り酒屋からの酒税を担保するために全量，あるいは一部の量を小樽にある雪の花酒造に委託製造させるという集約製造を指示した。当時，税務署からの指示は絶対的であったため，田中酒造でも1970年代から1980年代にかけて，一部または全量を雪の花酒造へ委託して製造してもらっていた。雪の花酒造は，協和発酵工業株式会社（現・協和発酵キリン）という原料アルコールや原料調味料を製造する全国規模の会社の子会社の1つであり，自社ブランドで酒を販売しない受託製造専門の会社であった。田中酒造をはじめ，多くの酒造会社が冬しか酒を製造していなかったため，酒が不足したときに酒を供給してもらったり，一定量を製造してもらったりと，業界の需給調整の役割を果たしていたのが雪の花酒造であった。

　しかし，1970年代にこのような委託製造が「桶売り」や「桶買い」としてマスコミに取り上げられ非難されることとなり，清酒の長期にわたる消費の減少と相まって，雪の花酒造への委託先や委託製造数量は急激に減少した。それに伴って委託価格はどんどん高くなっていった。また，その後雪の花酒造が自社ブランドで清酒を販売し始めるようになり，1980年代末にはこのような集約製造は見られなくなった。田中酒造でも委託するよりも自社製造するほうがコスト的に有利になったこと，また小樽への観光客が増加し「地酒」として売上が伸びる見込みが立ったことを受けて，再度設備投資を行い，委託契約が終了す

る1995年から全量を自社製造に切り替えていった。

　田中酒造では清酒の清酒販売数量がピークを迎えて減少し，経営が苦しくなってきた際には，サービスと低価格でやっていこうとしたが業績はどんどん悪化していった。その後，1988年（昭和63年）に良造氏は心筋梗塞で急死し，長男であった田中一良氏が急遽田中酒造の4代目となった。

(3) 観光造り酒屋としての発展

　良造氏が33歳のときに生まれた田中一良氏は，物心ついたときから造り酒屋の中にいた。ごはんを食べるのも蔵人達と一緒で，酒屋の中にいるのが自然だった。そのため，一良氏は目の前でいつも見ていた親の仕事がどのようなもので，また清酒はどう造るのかも大体は分かっていた。夏休みや冬休みなどの長期休暇には家業の手伝いをし，アルバイトもさせてもらえなかった。小樽商科大学に入学した一良氏であったが，良造氏から「会社を継げ」とも言われなかったため，将来のことをあまり深く考えていなかったそうである（読売新聞，2006）。その後，卒業後に銀行に就職したいと良造氏に相談した際には，「家業を継ぐ気があるなら大手銀行はやめておけ」と言われ，大学卒業後，地方銀行に就職した。銀行員時代には，中小企業の経営者の手法を見聞きすることがあり，社長に就任してからこのときの経験が役に立ったことがあるという。8年間銀行に勤めた後，良造氏が倒れたため，一良氏は1988年小樽に戻り，31歳で4代目の社長に就任した。

　一良氏が会社に戻ったときには，会社は事実上倒産状態で，田中家の資産で赤字を埋めていた。就任してからの5～6年は手探り状態で経営に没頭した（読売新聞，2005）。このころ，3代目の良造氏のおかげで，小さな小樽の中では「お前の父さんにはよく世話になった」と言って助けてくれる人が多かったそうである。

　一良氏が小樽に戻ったころ，小樽運河の埋め立て論争から小樽運河が歴史遺産として見直され，観光都市へと転換し始めていた。この観光業の進展に目を向けた一良氏は，昔ながらのお酒の小売店の様子を残した本店店舗の建築の価値が古い大工から認められ，小樽運河の近くにあることもあり，観光客向けに改造して観光客の集客を図った。一良氏は，小樽の観光業で有名な「北一硝子」を参考にしながら，「小樽ならではの観光造り酒屋」の形を考えていっ

た。そこで，一良氏が考えたのが小樽観光の３点セットともいわれる「小樽運河」，「ガラス」，「寿司」を活用するというものだった。具体的には，「ガラス製品の内，酒を飲む製品が結構な割合を占めるので北一硝子さんに酒の売り場を作ってもらって酒を売ったり，寿司を食べる時にはお酒を飲むので，その寿司屋さんに酒を売り込みに行ったり，その一角に地酒を食い込ませる努力はしてきた[8]」という。一良氏は「観光ブームはうちにとって神風だった。あれがなければ今の会社はなかった[9]」と振り返っている。また，観光事業をやって会社が変わっていくのが社員に伝わったことは，社内の掌握する上でも有効であったようである。小樽の観光はその後急速に産業化し，田中酒造は全国的にも「観光造り酒屋」として発展し始めた。北海道中央バスが小樽市内観光バスの一日コースと半日コースを設け，田中酒造にも観光バスが来店するようになった。そうすると，他の観光バスも田中酒造へ来店してくるようになり，小樽の観光施設としての認知度も上がって，旅行会社のツアーの立ち寄り先にも組み込まれるようになっていった。田中酒造はツアーをする中で，観光客から酒を造っている工場を見たいという要望を受けた。そこで，1996年（平成8年）に「亀甲蔵(きっこうぐら)」を改修して小ロットの生産設備を備えた四季醸造蔵を造り，シーズンを通して酒造りを見学できる製造工場にした。業界の常識として「寒(かん)造(づく)り」という冬に造る形式が一般的であったが，一良氏は北海道が1年を通して涼しいため冬以外でも造れるのではと考えた。実際に，断熱材や空調の技術なども発展しており，技術的にも可能であった。四季醸造蔵に造り変えたことで，観光客の集客が進み，さらに業績が伸びていった。一良氏は「観光造り酒屋」を実現するにあたって，もともと製造機能と卸機能を持っていた田中酒造株式会社に，田中市太郎商店が持つ小売免許を移転している。酒の製造，卸，小売をするためにはそれぞれについて，国税局の許認可が必要であった。この3つの免許を1つの会社にまとめたことで，田中酒造は観光造り酒屋としてそのまま販売することが可能になったのである。

　その後，北海道大学大学院に入学して「地域貢献型事業」という考えを知った一良氏は，「北海道ならではの地酒とは何か」といつも心の中で問いかけていた。一良氏がたどり着いた答えは，「北海道の米を使うのが筋だろう」というものだった。そこで，北海道農業試験所に依頼し，北海道の酒造好適米を作ってほしいという要望を投げかけた。当時は気候や品種の問題から無理だと

言われたが、それでもやってくれと働きかけた。そこから誕生したのが北海道初の酒造好適米「初雫(はつしずく)」である。「初雫」はこの後北海道の奨励品種に認定されている。さらに、2年後には北海道立中央農業試験所が「吟風(ぎんぷう)」という新たな北海道の酒造好適米を開発している。「吟風」の開発にあたっては、同研究所が費用を持ち、田中酒造に「実験」を依頼している。これは、新しい酒米の良し悪しを見極めるためには、醸造に3年かけてみないと分からないからである。田中酒造としては費用を負担する必要がないため、快く実験を引き受けている。これまでは、麹造りに欠かせない酒造好適米は、山田錦(やまだにしき)、五百万石(ごひゃくまんごく)、美山錦(みやまにしき)など本州酒米ばかりが使用されていたが、一良氏は北海道産の「吟風」をみて「北海道米もやっとここまで来たか」と自信を持ったという。田中酒造では2000年（平成12年）の仕込みから、使用米を実質全量、北海道産の米に切り替えた。田中酒造の米使用料は年間で1000俵（1俵60キロ）と生産量が少なく、小回りがききやすいというが、「このままだと経営はジリ貧になる。うちの特色を出すために、道産酒造好適米と心中するつもりで全量切り替えた[10]」と本音を明かしている。

ただ2000年頃から、小樽の観光ブームにも翳(かげ)りが見え始め、それまで増加していた観光客が減少し、観光産業が停滞し始めた。小樽経済発展の目玉であった小樽築港(おたるちっこう)地区の再開発も中核であった複合大型商業施設のマイカルの破綻によって頓挫(とんざ)し、小樽市内の景気は一気に悪化し始めた。このような小樽の観光ブームの低迷に伴い、田中酒造も観光客の来店が減少し、業績が落ち込むようになっていった。

(4) 総合発酵食品会社への転換に向かって

田中酒造では業績の落ち込みを乗り切るべく、様々な取り組みを行っている。1997年には女性だけで醸造した純米吟醸酒「雅夢(まさゆめ)」を商品化した。これは本店店長で、酒造技能士1級の資格を持つ嵐氏をチーフとして、12人の女性社員が仕込みから醸造まで全工程を手掛けたもので、女性の感性を生かした、女性のためのお酒となっている（読売新聞、2004）。また2004年の秋からは出前の「きき酒教室」を始めた。これは依頼先に無料で出向き、清酒について説明をしながら様々なタイプの清酒をきき酒してもらうものである。もちろん本店の店頭でも常時きき酒は出来るのだが、車での来店客や観光客が多いことなどか

ら，地元の人により小樽の酒に親しんでもらうために，きき酒師の資格を持つ本店店長の嵐氏らによって企画されたものであった。高齢者や町会のサークル，飲食店などから問い合わせが相次ぎ，これまでのターゲットであった観光客だけでなく，地元の人の間でも人気となっている。

　また，田中酒造は北海道中小企業家同友会苫小牧支部と「美苫（びせん）」という地酒の製造も行っている。これは，苫小牧市と隣町の厚真町（あつまちょう）とで設置した広域苫小牧農協の地域活性化の活動の中で，厚真町で栽培している酒米を活用して地酒やつまみなどを作りたいという意見が出たことを受け，同じ同友会の会員であった田中酒造が委託製造したものである。この事業は14年目（2014年度現在）を迎えており，酒造業界の中でも成功事例として評価されている。

　このような北海道の特産品を使って酒類や醸造品，発酵食品を作ってほしいというような要望は通常，道立の総合研究機構の中央農業試験場と食品加工研究センターに持ち込まれる。そこで，以前から研究施設を頻繁に訪問し，研究施設の方と絶えず連絡を取り合うようにしていた田中酒造に事業化話が回ってくるようになったのである。田中酒造は先述したように，小ロットの生産設備を持っており，小回りの利いた研究開発を実用段階まで実験することが可能だった。このような依頼は一良氏が「新商品を作る上でもいいですし，技術の蓄積にもなる。酒だけでは解決できないものもあるので，色々な場面で考えさせられる機会になる[11]」と述べているように，田中酒造にとってもメリットがあった。また，開発費も一部を依頼元から受け取るためコストがかからないということもあり，田中酒造では色々なところの共同作業を楽しんでやっていたようである。

　受けた案件の実用化に向けたアイデアを練る上で，田中酒造は「もんじゅチーム」という新たなシステムを導入している。これは，1人ヘッド，2人サブをつけた3人で構成される部門横断的なチームで，若手育成の意味合いも込めて，与えたテーマに対してアイデアを出させ，企画を練り，それを毎月1回開く「エンジン会議」を通じてブラッシュアップしていくというものである。このシステムからは，「燃えるヤーコン漬」という漬物グランプリに出て最高金賞を受賞したという成績も出るようになってきている[12]。一良氏はインタビューの中で，若手のアイデアに対して「やはり保守的になるので，社員には金のことも考えず，やりたいことをやれと言っている[13]」と述べている。ただ

し，こうすると収益を無視する可能性があるため，若手のチームには売上を上げるという分かりやすい目標を与えながら，田中一良氏を中心とした執行役員会がしっかりと収益の管理をするという形を取っているそうである。銀行員だった一良氏のキャリアはこういった収益を管理する上で大いに生かされているのである。

　2010年ごろからは，小樽の観光業界の国際化が急速に進み，台湾や韓国，香港，シンガポールなどから観光客が訪れるようになった。田中酒造では海外観光客の需要を取り込むため，「インバウンド」を念頭に置いた海外戦略を取っている。一良氏は海外への「輸出」を「インバウンド」の手段として考え，商品を売り込むというよりは，北海道の魅力を伝えること，実験の場として活用し海外のニーズを知ることに重点を置いて取り組んでいる。田中酒造では過去10年ほどJETROを通して輸出に取り組んでいたが，全くと言っていいほど成果を得られなかった。そこで発想を転換し，北海道の魅力を伝えるようにしたところ，小樽を訪れて田中酒造で商品を購入してくれるようになった。また，海外の観光客に商品を販売する際には，海外での「実験」を通じて知った海外の人々の情報が役に立っている。一良氏は，輸出するためには輸送費などのコストがかかること，日本では可能な銀行間の信用情報の確認が出来ないことなどを考えると，この方法の方がよいと考えている。

　一良氏の後を継ぐ後継者はまだ現在決まっていない。長男と長女がおり，長男は公認会計士を目指している。一良氏は長男が継ぎたければ継がせるが，父親として「継がないか」と話したことはないそうである。社内では，30歳代の若手の社員の中から何人か育成し，役員にしてから経営者を務める人間に継承してもらう可能性が高い。田中酒造の社員育成の方法は独特で，執行役員や先輩社員が先生役となり，新卒採用者を育てている。酒造りに関することからその他約30種類の検定試験にも取り組んでおり，研修や検定受験にかかる費用などは会社側が負担し，社員が業務に関する検定や講習会などに参加しやすいよう支援している。

第6章　地域ファミリー企業の事例分析4

3．事例分析

(1)　生成期（1890年代～1930年代）：造り酒屋としての発展

　同社はもともと清酒造りに携わってきた家ではなかった。創業者である田中市太郎氏は知り合いを頼って北海道の小樽に移住したときに，小樽が物資の拠点となって栄え本州から続々と清酒が入ってきており，その売れ行きが好調だったことに事業機会を見出し，何もない状態から小樽で造り酒屋を創業することにした。

　清酒を醸造する技術も設備も持たない中，市太郎氏が取り組んだのは「焼酎」と「白酒」の醸造であった。焼酎と白酒には清酒のような高度な技術（経営資源）が要求されず，比較的容易に生産することが可能だったからである。このころは，朝・昼・夜と小樽港にやってくる港湾労働者を「顧客」として一杯飲み屋のモッキリを開き，問屋を介さず直接「焼酎」と「白酒」を販売していた。このころは地域の分業システムが未発達で問屋や小売があまり存在していなかったことを考えると，「港湾労働者に焼酎や白酒を直接販売する」ことを明確に意識していたわけではなかったかもしれない。ただ，いずれにせよ問

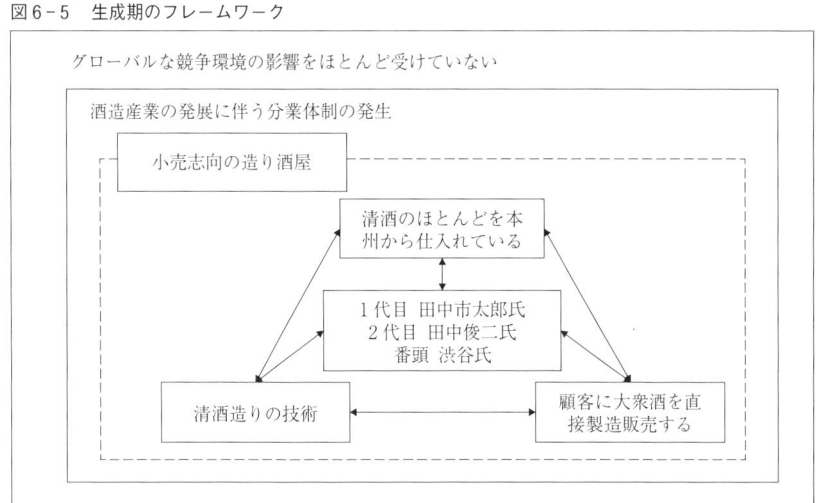

図6-5　生成期のフレームワーク

```
┌─────────────────────────────────────────────────┐
│  グローバルな競争環境の影響をほとんど受けていない      │
│  ┌───────────────────────────────────────────┐  │
│  │  酒造産業の発展に伴う分業体制の発生            │  │
│  │  ┌─────────────────────────────────────┐  │  │
│  │  │  小売志向の造り酒屋                    │  │  │
│  │  │                                     │  │  │
│  │  │       ┌──────────────┐              │  │  │
│  │  │       │清酒のほとんどを本│              │  │  │
│  │  │       │州から仕入れている│              │  │  │
│  │  │       └──────────────┘              │  │  │
│  │  │       ┌──────────────┐              │  │  │
│  │  │       │1代目 田中市太郎氏│              │  │  │
│  │  │       │2代目 田中俊二氏 │              │  │  │
│  │  │       │番頭 渋谷氏      │              │  │  │
│  │  │       └──────────────┘              │  │  │
│  │  │  ┌──────────┐   ┌──────────────┐  │  │  │
│  │  │  │清酒造りの技術│   │顧客に大衆酒を直│  │  │  │
│  │  │  │            │   │接製造販売する  │  │  │  │
│  │  │  └──────────┘   └──────────────┘  │  │  │
│  │  └─────────────────────────────────────┘  │  │
│  └───────────────────────────────────────────┘  │
└─────────────────────────────────────────────────┘
```

出所：筆者作成。

屋や小売を通さずに港湾労働者に「直接」販売する形を取り，高級品の清酒よりは廉価な大衆酒を求める港湾労働者たちに合った商品を提供してきたと言うことが出来るだろう。焼酎や白酒の販売から得られた資金は清酒造りに必要な技術を獲得するまでの間，同社を支える基礎体力となっていた。

　24年をかけて清酒技術を獲得し，「宝川」のブランドを立ち上げて会社を発展させた市太郎氏は，成功したら地域に貢献するべきだという地域の風習を受けて市議会議員となった。当時の小樽は町が行政を作っていた状態であり，市議会議員となることで地域の有力者たちが自分たちにとってより良い「地域の競争環境」作りをしていたのだと考えられる。

　市太郎氏が小樽市議会議員になるにあたって，同社では「番頭経営」の形態に移行している。このとき，市太郎氏の後を引き継いだのが2代目の田中俊二氏である。事業継承のプロセスにおいて，俊二氏は事業を支える「ヘルパー」の役割を担いながら「意思決定者」として修業を重ねていた（Handler, 1989）。

　ここで重要なのは，事業継承のプロセスにおいて「番頭経営」の形態に移行したことによって，会社全体に関わる意思決定は「田中家」，それをサポートするのが「番頭」の渋谷氏であると明確な役割分担がされていたという点である。これによって，後継者が取り組むべき課題や優先順位が明確になるとともに（Tagiuri & Davis, 1996），経験不足から事業継承後のマネジメントが不安視される後継者の俊二氏をサポートする体制が整えられたのである。ただし家業が万全でお金の心配はなく，仕事は番頭に任せればよく，強いリーダーシップを持った初代もいたため，後継者である俊二氏は主体的な企業家活動をする意欲を持つことが出来ていなかった。すなわち，俊二氏個人のニーズと同社のコミュニティ集団としてのニーズを一致させることが出来なかったのである（Kenyon-Rouvines & Word, 2005）。そのため，この時期は強いリーダーシップを持っていた市太郎氏が「君主」として会社の実権を握りながら，後継者の俊二氏は「マネージャー」として関わり，実際の運営実務の多くは番頭の渋谷氏が担う「ファミリー企業家チーム」の体制が取られていたのである。

　田中俊二氏が2代目として事業継承をしたころ，北海道では次第に酒造産業が活性化し，市場のパイが大きくなっていた。それによって，大規模な造り酒屋は製造に特化するようになり，酒問屋の流通業や小売販売専門の酒屋も出て

第6章　地域ファミリー企業の事例分析4

きて，製造規模により販売方法の違いが現れるようになっていた。すなわち，地域内に社会的分業システムが構築され始め，どのようなビジネスシステムの構想を持つのかによって企業間に差異が出る時期に入ったのである。市太郎氏を中心とするファミリー企業家チームが本格的にビジネスシステムを構想したのもこの時期からであると考えられる。

　同社では創業者である市太郎氏の成功体験から，「造り酒屋」として自社で醸造したものを顧客に直接販売することが望ましいと考えていたと思われる。この姿勢が垣間見えるのが，樺太に商圏を拡大した際に見られた同社の事業の「仕組み」である。この当時樺太には小樽から多くの人が移り住んで活動拠点を築いていたものの，その拠点の中にはまだ造り酒屋が存在していなかった。ファミリー企業家チームはここに事業機会を見出し，小樽市内に対しては従来通り顧客への直接販売を行いながら，遠方の樺太などに対しては地域の問屋の「流通機能」と「輸送機能」を活用して，商業の広域化を進めている。すなわち，同社は「造り酒屋」としてのビジネスシステムの構想に基づいて，小樽市内では顧客への直接販売，地域外では取引パートナーを自由な競争にかけることによって，自社に残る付加価値を高めていたのである。この時期には商業の広域化を図ると同時に，同社の誇る「清酒の製造技術」の改良・改善にも改めて力を入れている。商圏が広域化することによって，競争が激化することが予想されたからであろう。そこで，俊二氏は新潟県から酒造りの技術者を小樽に招き，「品質の向上」に取り組んでいる。

　ただし，同社は清酒の醸造に特化した会社になろうとしていたわけではない。同社は生成期でも見られた「造り酒屋」としてのビジネスシステムの構想に基づいて，小売販売業志向の事業化を進め，自社で醸造したお酒に加え他社が製造したお酒や食料品，雑貨などの販売も行っていた。「造り酒屋」として発展したことで店舗に多くの人が集まってくるようになり，その人たちに自社製品以外も販売することによって売上拡大を図ったのだろう。すなわち，事業の幅を広げるのではなく，すでに自社内に統合している小売業の機能を深耕することによって清酒に特化する競合他社に対して差別化を図っていたのだと考えられる（加護野，1999）。

　このように生成期の同社のビジネスシステムは，「造り酒屋」という独自の構想のもと，同社で醸造したお酒を小樽市内の顧客に対しては直接販売，樺太

など遠方の顧客に対しては地域の問屋の機能を使っていた。こうすることによって，地域内では付加価値を奪われることなく，また地域外では自由な競争にかけることによって付加価値をめぐる競争で優位に立とうとしていたのである。また，その後事業が拡大するにつれて小売機能を強化し，競合他社に対して差別化を図っていた。ここで得られた資金は田中酒造のコア資源を獲得・強化するための基礎体力として機能していた。このような経緯でコア資源を確立し，ビジネスシステムを構築した同社であったが，その後清酒産業全体が落ち込み，従来のやり方では成り立たなくなり，新たな顧客の創造が必要となっていく。以下では，形成期における経営環境の変化に対して，ビジネスシステムがどのように変化していったのか見ていくことにしよう。

(2) 形成期（1930年代～1980年代）：企業合同と市場ニーズの変化

その後，順調に事業を営んでいた同社であったが満州事変を契機に戦争が始まり，2代目俊二氏をはじめとする田中家の男子全員が徴収されたため一時的に初代の市太郎氏が会社の経営に復帰していた。その後，最初に戦地から帰ってきた良造氏がその跡を継いで3代目となった。

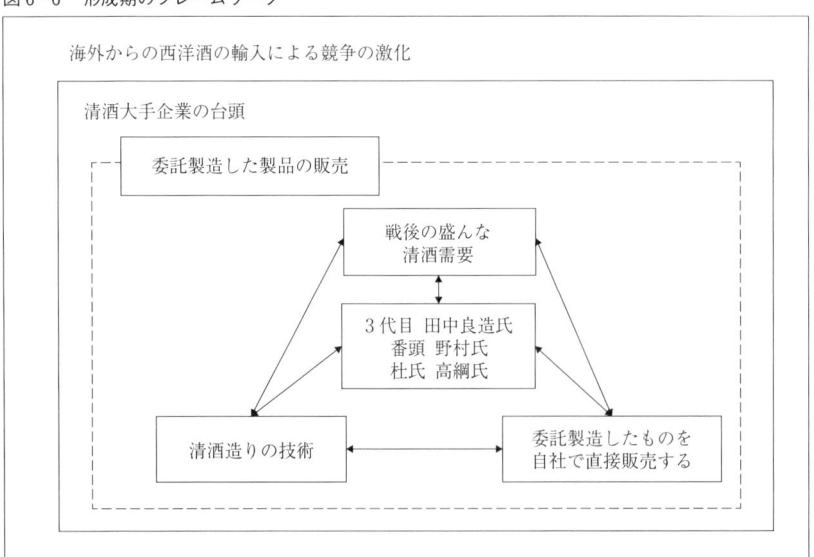

図6-6　形成期のフレームワーク

出所：筆者作成。

このときは番頭経営がまだ続いており、番頭は古参社員が務めていた。野村氏が田中酒造株式会社が法人となって以降専務という役職で番頭を務めており、営業や経理も全て担っていた。また、酒造りに関する品質や種類の管理は、杜氏の高綱氏が行っていた。そして、良造氏は主な業務はその2人に任せ、飲食店や小売店をまわる営業と最終的な意思決定をする役割を担っていた。ただし、実質的には良造氏の母親が健在で実質的な権力を握っていたようである。すなわち、この代では良造氏と母親がファミリー企業家チームとして機能し、会社の最終的な意思決定権は家族構成員が持ちながらも、営業や経理、製造といった会社の主要な機能は会社内部の非ファミリーの人材が担うといった形が取られていたのである。確かに、良造氏は戦争の影響で急遽事業を継承する必要に迫られため、事業継承のプロセスにおいて社内教育や社外での勤務経験を経て、企業家活動を実行する能力を十分養うことが出来ていなかった（後藤，2012）。事業継承に関して肯定的に考えていたといわれる良造氏であったが、経営手腕の面で見ると決して十分なわけではなかったのである。こう考えると、社内で長く活躍して社内外から信用のある人材を実質的な経営者に据えて事業運営を行う同社の経営スタイルは極めて合理的な選択であったといえるだろう。それが出来たからこそ、同社内外の利害関係者をまとめ、コンフリクトを招くことなく事業継承を行うことが可能だったのだと考える（Kellermanns & Eddleston, 2004）。

　ところで、戦時中にあって同社は経済集中法の発動によって、小樽合同酒造株式会社に同社の製造機能が集約されていた。これは製造場を集約することによって、規模の経済性を働かせコストダウンを図らせる狙いだったと考えられる。ただ、販売拠点としての本店は残されていたため、小樽合同酒造株式会社で製造したものを本店で販売していた。その後、戦争が終わると良造氏は小樽合同酒造株式会社から自社製造機能を分離させ、現在の製造場がある信香町で製造を再開させている。良造氏が事業継承をした戦後間もない時期は、酒といえば清酒しかない時代であったため、特に新たな事業機会を模索しようとしなくても、順調に商売を回復させることが可能であった。

　しかし、業界分析で見てきたように、1950年代後半から伸び始めたビールを皮切りに、西洋酒のシェアが1972年のワインブーム、1973年の貿易自由化の影響で急速な拡大を見せ、さらに本州の大手酒造会社の清酒量産化が始まり北海

道市場にどんどん入ってくるようになった。日本国内における商圏の拡大や経済のグローバル化が進展したことによって，地域企業を取り巻く地域の競争環境に変化が訪れたのである。これまで北海道内の需要に依存していた同社にとって，清酒の大手酒造会社の台頭やワインなどの代替品の登場は，地域の競争環境をより熾烈なものとする脅威として認識されただろう。また同時期に，同社が本社機能を置く小樽市も戦後の人口減少などによって地域経済・地域産業が停滞して「斜陽の街」と言われるようになり，小樽市内の同業他社の廃業も相次いで見られるようになった。

　このような状況を受けて，国税局から各造り酒屋が醸造している全量，あるいは一部の量を小樽にある受託製造専門の企業に集約製造してはどうかとの勧奨があった。同社もこの勧奨を受け，一部または全量を雪の花酒造へ委託して製造していた。このような地域内の他企業との協働は，企業が単独では対応することの難しい需要と供給のバランスを調整する機能を果たしていたと考えられる。これによって，同社を含む地域の同業他社との不毛な競争を避けることが出来たと考えられる。また，需要が急激に落ち込む中で，地域大手の酒造会社の高い生産性を活用できたことは，経営資源の乏しかった同社が厳しい競争環境の中で生き延びる上で一定の役割を果たしていたとも考えられる。ただし，この時期は企業合同によって企業活動の自由が制限されており，ビジネスシステムで独自性を打ち出し差別化を図ることが難しかったという点には留意する必要があるだろう。

　ところで，同社を取り巻く競争環境の変化から生じたビジネスシステムの機能不全は克服することが出来ない問題だったのだろうか。この点について，イカロス・パラドクスの観点から接近してみよう。確かに，行政の作った制度的環境が同社のビジネスシステムの構想に多大な影響を与えたのは事実である。ただし，この時期のすべての企業が同じように衰退したわけではないだろう。3代目の良造氏は，海外からのビールなどの西洋酒の輸入や日本国内に清酒の大手企業が現れたことによって，新たな事業機会が生じたことを認識することが出来なかった。良造氏は「清酒が売れた良い時代がまた来る」と思っており[14]，利益を無視した低価格による販売や人員の削減といった効率化一辺倒で乗り切ろうとしていた。すなわち，過去の成功体験に囚われてしまったために，新たな事業機会を認識することが出来ず，ビジネスシステムを変革し，新たな

付加価値を創造することが出来なかったと考えられるのである。

このように，形成期における同社のビジネスシステムは，経営環境の変化から受けた影響も大きかったものの，3代目である良造氏がイカロス・パラドクスに囚われ，主体的な企業家活動を通じて新たな顧客価値を創出することが出来なかったことが，ビジネスシステムの機能不全を招いていたと見ることが出来る。次項からは，良造氏の息子である一良氏がこのような厳しい清酒産業の中で，清酒の「地酒」としての価値に活路を見出し，「観光造り酒屋」という新たな業態を作り上げていくことになる。

(3) 成長期（1988年〜現在）：観光造り酒屋として「第2の創業」

国税局の勧奨で受託製造専門の雪の花酒造に製造機能を集約していた同社であったが，1970年代にこのような桶売りがマスコミなどに批判され，清酒業界全体の落ち込みもあって雪の花酒造への委託数量が急激に減少していった。そして，それによって委託製造費が高騰し，雪の花酒造も自社ブランドを展開するようになった。つまり，加護野・石井（1991）がビジネスシステムの変革の源泉は付加価値の「競い合い」であると指摘していたように，付加価値分配のバランスが崩れたことで社外パートナーである雪の花酒造の戦略に変化が生じ

図6-7　成長期のフレームワーク

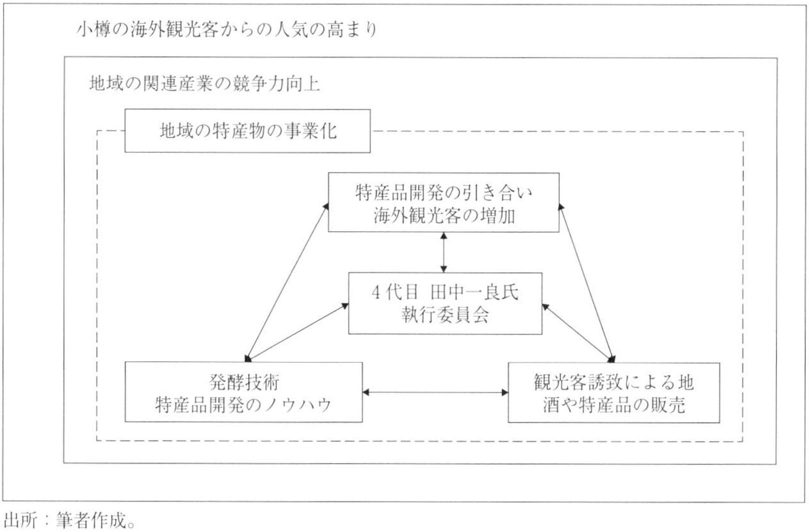

```
┌─────────────────────────────────────────────────┐
│ 小樽の海外観光客からの人気の高まり                  │
│  ┌───────────────────────────────────────────┐  │
│  │ 地域の関連産業の競争力向上                  │  │
│  │  ┌─────────────────────────────────────┐  │  │
│  │  │ 地域の特産物の事業化                  │  │  │
│  │  │         ┌──────────────┐              │  │  │
│  │  │         │特産品開発の引き合い│          │  │  │
│  │  │         │海外観光客の増加  │          │  │  │
│  │  │         └──────────────┘              │  │  │
│  │  │              ↕                        │  │  │
│  │  │         ┌──────────────┐              │  │  │
│  │  │         │4代目 田中一良氏│              │  │  │
│  │  │         │執行委員会    │              │  │  │
│  │  │         └──────────────┘              │  │  │
│  │  │     ↙           ↘                    │  │  │
│  │  │ ┌─────────┐   ┌─────────────┐        │  │  │
│  │  │ │発酵技術  │↔│観光客誘致による地│    │  │  │
│  │  │ │特産品開発│   │酒や特産品の販売 │    │  │  │
│  │  │ │のノウハウ│   │                │    │  │  │
│  │  │ └─────────┘   └─────────────┘        │  │  │
│  │  └─────────────────────────────────────┘  │  │
│  └───────────────────────────────────────────┘  │
└─────────────────────────────────────────────────┘
```

出所：筆者作成。

たのである。一方で同社としても委託製造費が高騰し自社生産の方がコスト的に有利になったことから，新たなビジネスシステムの構想が必要とされるようになった。

　3代目の田中良造氏が急逝し，急遽田中一良氏が4代目社長に就任したのはちょうどそのころである。一良氏は昔から家業を見て育ち，大学卒業後に銀行での勤務した経験があった。しかし，会社を経営する立場は初めての経験で，社長に就いた当初は目の前の仕事をこなすので精いっぱいだった。このとき，地域の人々から助けを受けることが出来たのは一良氏にとって大きな支えとなっていた。先代の良造氏は，世話好きで温厚な性格のため会社での仕事の他にも，業界あるいは地域社会の集まりにも積極的に参与していた。また，一良氏は先代の良造氏から「家業を継ぐ気があるなら大手銀行はやめておけ」と言われ，地方銀行の北陸銀行に就職したという経緯を持っていた。こう考えてみると，良造氏は一良氏が事業を継承するにあたって，意識的に企業家活動を実行する能力を養う環境を整備していたわけではなかったものの，進路選択や普段の企業家活動を通じた地域社会との信頼関係の構築を通じて，間接的に一良氏の事業継承に影響を与えていたと言えるかもしれない。

　ところで一良氏が小樽の観光産業の活性化に事業機会を見出したのは，就任した直後から数年たってからのことであった。そのころ小樽は，小樽運河の埋め立て論争から歴史遺産としての価値を見直され，観光都市へと転換し始めていた。一良氏は雪の花酒造への委託製造費が高騰し，観光客に清酒を「地酒」として売り出すことに事業機会を見出したことを受け，大工から歴史的価値を認められた本店店舗を観光客向けに改良するとともに，清酒の自社製造に向けた再設備化を進めていった。一良氏は観光客を集客するために，小樽ならではの「観光造り酒屋」の形を作っていた。それは，小樽観光3点セットとも呼ばれる「小樽運河」，「ガラス」，「寿司」に関連させ，北一硝子や寿司屋に営業をかけ，同社のお酒を「地酒」として販売あるいは使用してもらうというものであった。また，同社では「観光造り酒屋」になるにあたって，製造機能と卸機能を持っていた田中酒造株式会社に，田中市太郎商店が持っていた小売機能を統合していた。こうして田中酒造内部の活動と社外パートナーの活動を調整し整合性を持たせたことによって，観光客に「地酒」の直接販売するための最適なビジネスシステムが構築され，「観光造り酒屋」として多くの観光客を惹き

つけるようになっていく（加護野，1999）。

　その後，ツアー客と接する中で，お酒を造っている工場を見てみたいという要望を受けた一良氏は観光客がシーズンを通して訪れることが出来るよう，小ロットの生産設備を備えた四季醸造蔵「亀甲蔵」に改修した。ここで重要なのは，地域内の同業他社は従来までの慣習に囚われて「寒造り」という手法を固持していたのに対し，一良氏はその慣習を疑い，日本ではほぼ見られない四季醸造蔵を用いた酒造りをしている点である。すなわち，「顧客からの要望をどうしたら実現できるのか」を業界の慣習に囚われず考え抜き，顧客価値を最大化しようという姿勢を一良氏が持っていたことが，地域内の企業間に戦略的な差異を生んだのである。

　また，一良氏は地酒を観光客に販売する中で「北海道ならではの地酒とは何か」となったとき，「北海道の米を使うのが筋だろう」と考えていた。つまり，いかにして地域性を付加した「新製品」を「市場」と結びつけるかということを考えていたのである（吉田，2006）。「地域性」を打ち出していくにあたっては，北海道立中央農業試験所と北海道農業試験所が重要な役割を果たしていた。それまで，北海道の酒米は気候的な問題から本州酒米の山田錦や五百万石，美山錦といった品種に比べ品質が劣っていた。表現を変えれば，地域の関連産業の競争力が高くなかったのである。しかし，同社が中心となって地域の研究機関に働きかけたことで，北海道ならではの酒造好適米が開発され，それをきっかけとして北海道内で酒造好適米の品種改良に向けた取り組みが活発化した。その研究成果が地域に還元されたことによって，地域の関連産業のレベルを向上させることが出来たのである。一良氏は地域に立地する優位性を発揮し差別化を図るために，この機を見計らって使用米を全量北海道産に切り替えていた（金井，2006）。

　ただ，好調であった小樽の観光業も2000年頃から低迷しはじめ，同社も観光客の推移によって業績が激しく左右されるという難しい状況に置かれた。そこで一良氏は，観光に依存しない安定的な収益を確保するために，新規事業の創造に取り組んでいた。女性だけで醸造した純米吟醸酒「雅夢」の商品化や，出前の「きき酒教室」などもその1つである。こういった取り組みを通じて，従来まで清酒や地酒に関心を持っていなかった女性や地域住民といった新しい顧客層の開拓を図ったのである。

また，このころから一良氏は地域の特産品づくりにも積極的に関わるようになった。一良氏がこのような志向性を持つようになったのは，大学院で学んだ「地域貢献型事業」の考え方によるところが大きい。これは，経営学の分野では「戦略的社会性」（岩田・金井，2006）と呼ばれるもので，事業に社会貢献を盛り込むという考え方である。一良氏はこの考え方に基づき，各地域の特産品を活かした商品の開発を通じて収益を獲得しつつ，事業を通じて広く地域社会に貢献しようと考えたのである。一良氏はこの考え方を「地酒」だけに限定することなく，清酒造りの過程で培った「発酵技術」を新たなコア資源として認識し，「研究開発型の総合発酵食品企業」として新たなビジネスシステムを構想する際にも適用して考えていた。

　一良氏は「発酵技術」を活用した新たな商品を開発するにあたって，北海道総合研究機構の中央農業試験場や食品加工研究センターなどと絶えず連絡を取り合うようにしていた。同社と研究機関の関係を見てみると，両者は相互補完的な役割を果たしていた。同社としては研究者とネットワークを構築することによって，商品開発にあたって自社に不足する知識やノウハウを獲得することが出来る。一方で，研究機関にとっては基礎研究を事業化するために必要なノウハウを補うことが出来る。このように，両者にとってWin-Winの関係であったため両者の関わりは密接なものとなり，地域から特産品開発の依頼が来た際に，研究機関が同社の事業化の能力に頼って，地域の特産品の実験的な開発依頼が多く舞い込むようになっていった。同社では，このような開発依頼を事業機会として認識し，自社の発酵技術を活用した様々な地域の特産品開発の事業に積極的に取り組んでいくこととなる。地域の特産品を開発するにあたっては，依頼先からは開発費の提供を，また研究機関から研究開発の面でサポートを受けていた。また，同社が扱っていない商品のジャンルの場合，地域内に多く存在する食品加工企業などと共同で商品の企画・開発・製造・流通・販売を行っていた。このように，同社が地域の研究機関から信頼され，かつ他社にない独自のコア資源を持っていたことで，付加価値の創造において主導的な役割を果たし，対等な立場からネットワークを構築することが出来たのである。加えて，対等なネットワークだからこそ，付加価値の奪い合いではなく，付加価値を最大化するパートナーとして地域内の企業と協働できたという見方も出来るだろう。

同社のビジネスシステムの特徴的な点は，小ロットで小回りが利き，かつシーズンを通して生産できる設備があるからこそ事業機会を獲得することが可能だという点と，案件を何件も引き受ける間に蓄積した知識やノウハウが「見えざる資産」として蓄積され，競合他社に対する模倣困難性をもたらすコア資源となっているという点である（伊丹・軽部，2004）。

　まず，前者について「実験」をするといった場合，大量生産をするわけではなく，試験的に限られた量を生産することが多い。そのため，規模の大きい企業では「実験」を引き受けることが難しい。また，地域内の同業他社は「寒造り」を固持しているため，冬季の限られた期間しか開発依頼を引き受けることが出来ず，その期間を過ぎてしまうとまた来年ということになってしまう。その点，同社は四季醸造蔵でいつでも案件を引き受けることができる。つまり，「エコノミー・オブ・スピード」の面で競合他社に対して差別化することが出来るのである（金井，2006）。「最先端を行きながら，毎年新しいことをやっている限りは，他社は追いつくことができない」と一良氏が述べているように，いち早く最新技術を導入することで経営環境の変化への対応力を高めることが出来ると考えられる。

　後者については，様々な案件を受けることで，「酒造り」だけでは分からなかった新たな課題に直面することになる。その課題に対処する過程で蓄積してきた特産品開発のノウハウは，競合他社にとって模倣困難な経営資源，つまり同社にとってのコア資源であると言えるだろう。

　また，特産品開発をするプロセスは，同社にとって後継者育成の意味合いも含んでいる。同社では引き受けた案件を事業化させる際に，1人ヘッド，2人サブをつけた3人からなる部門横断的な「もんじゅチーム」というプロジェクトチームを立ち上げている。これは，同社の「30代の若手社員の中から何人か育成し，役員にしてから経営者を務める人間に継続してもらう」という社内で合意形成されている後継者選定の方針に基づいて行われているものである。

　「もんじゅチーム」が発案したアイデアは，毎月1回ある「エンジン会議」で発表され，そこで同社の各部門の責任者からなる執行役員が収益の上がる事業かどうかを判断し，改善点を指摘する。そして，その後に一良氏が最終チェックをするという形になっている。この会議を通じて，事業として洗練されていくと同時に，事業間で知識やノウハウが共有され，「見えざる資産」の

図6-8　もんじゅチームの構成

```
          田中一良氏
             |
          執行役員
         /    |    \
プロジェクトA プロジェクトB プロジェクトC
   (仮)      (仮)       (仮)
```

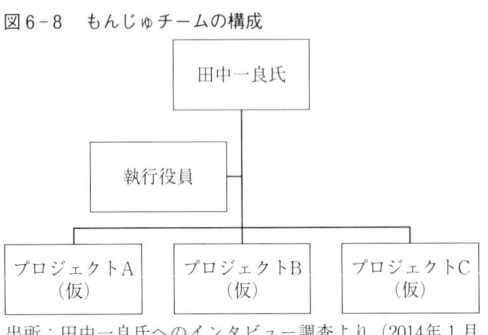

出所：田中一良氏へのインタビュー調査より（2014年1月27日実施）筆者作成。

蓄積へとつながっていると考えられる。

　また,「もんじゅチーム」は若手社員に小さいチームの運営を任せ,企業家活動を実行する能力を養う場ともなっている。一良氏は長男が継ぎたければ継がせるが,父親として「継がないか」と話したことはなく,「自分でやるって言わないとやらせても無駄なんです」[15]と考えている。このように,一良氏は心情的には親族に事業を継承してもらいたいという気持ちは持ちながらも,事業継承を安定的に行うために「継承の制度化」を図り,優れた人材を登用するという仕組みを取っている（星野編,2006）。ところで,一良氏は自身が保守的になり若手のユニークな意見をつぶさないように,「社員には金のことを考えず,やりたいことをやれ」と普段接する中で社員に説いていた。つまり,若い社員のユニークな意見を意識的に取り入れることによって,イカロス・パラドクスに陥るのを防ごうとしているのである（ミラー,2006）。

　その後,一良氏は小樽が国際的な観光地となったことに新たな事業機会を見出し,清酒を中心とした「輸出」に取り組んでいた。しかし,JETROを通じて10年間出展を続けたものの,ほとんど成果に結び付けることが出来ないでいた。これは,取引をする相手国のバイヤーにとって同社が外国の企業であり,「信頼」に値するパートナーだと見なさなかったことが原因だったのだろう。そこで,同社は海外への出展を「輸出」と考えるのではなく,「インバウンドを増やすための広報の場」,「海外の人々のニーズを把握する手段」として活用し,北海道,特に小樽を訪れてもらえるようにするという発想の転換をしている。一良氏がインタビューの中で「相手の土俵では戦わない」と述べていたよ

うに，商習慣が異なり信用情報の確認が難しい取引相手と，輸出による不利な条件の中で交渉するのは得策ではないだろう（岩田，2006）。そこで，グローバルな競争環境で戦うのではなく，自分の土俵，すなわち地域内での取引を選択したのである。

　このように，成長期における同社のビジネスシステムは，形成期のビジネスシステムとは大きく様変わりし，「観光造り酒屋」という新たな構想を打ち出されていた。それによって，清酒に「地酒」としての新たな付加価値が付与され，「観光客」という新たな需要層の創出に成功していた。また，清酒産業や小樽の観光業の衰退に際しては従来通り「観光造り酒屋」をベースとしながらも，①「研究開発型の総合発酵食品企業」としての新たなコア資源の蓄積・活用を通じた新商品の開発と，②経済のグローバル化によって生じた新たな顧客層に対して「インバウンド」を促進し，外国人観光客の需要を取り込むといった取り組みを行っていた。このように，同社は「経営環境の変化には（更なる）変化で対応する」[16]形で，ビジネスシステムを変革したのだと考えられる。

4．本事例のまとめ

　本事例では，北海道の酒造産業がまだ十分に発展していなかった時期から，清酒造りに取り組み，創業者の意思を継いで古き良き時代の風情を残しながらも，常に新しい技術を取り込みながら発展を遂げてきた田中酒造株式会社のビジネスシステムの変化を時系列に沿って検討してきた。ここからは3つのフェーズを俯瞰的に捉え，内容を整理することにしよう。

　同社はもともと清酒造りをしていた家系ではなく，清酒業界で生き残るために必要な「コア資源」を持っていなかった。しかし，創業者である田中市太郎氏は，北海道で清酒の需要が高いところに着目し，比較的容易に醸造することが可能な大衆酒の醸造から始めて，そこから得た資金によって，コア資源を蓄積し，「清酒事業」に参入していった。

　一方で，4代目での一良氏は清酒産業が行き詰まっていたとき，小樽が観光地として人気を博していることに着目し，「観光造り酒屋」として観光客に「地酒」を直接販売していた。また，その後観光に依存するあまり業績が急激に落ち込んだ際には，清酒造りをする過程で培ってきた「発酵技術」を新たな

コア資源として認識し，地域のネットワークを活用して「総合発酵食品企業」として新たなビジネスシステムを構築しようとしていた。さらに，経済のグローバル化によって小樽に外国人観光客が多く訪れるようになると，既存の「観光造り酒屋」の仕組みを応用して，海外でインバウンド活動を行い，小樽で直接製品を購入してもらうという新たな「仕組み」を作り上げようとしていた。

　ここで注目されるのは，既存事業と新規事業の関係性である。市太郎氏が創業した当初や一良氏が「造り酒屋」から「観光造り酒屋」へと変化を遂げようとしていたとき，既存事業が新規事業の資金源となっていた。ただし，4代目では清酒産業がすでに衰退して売上が落ちて資金面で切迫した状況にあり，観光造り酒屋としてビジネスシステムを再構築する際に，思い切った投資をすることが出来ないでいたと推測される。しかし，同社は競合他社が潜在的なニーズに気づいていないうちに，いち早く観光客の需要を獲得することによって，その不足分を補い，徐々に自社独自のビジネスシステムを構築することが出来ていた。

　本事例からも明らかなように，新しいビジネスシステムを形成するためには，一定の「時間」と「コスト」がかかる。そのため，本業で採算がとれ投資に回す余裕がある内に，コア資源を蓄積し，新たなビジネスシステムの構想を練っておく必要がある。その点において，成長期の同社は常に最新の市場動向・技術動向に気を配り，新規事業の創造に向けた取り組みを継続して行っていた。

　また，本業でコア資源が競争力を持たない場合は，事業の「仕組み」レベルの差別化が重要な役割を果たしていた。本事例に一貫して言えることは，同社が本業の清酒業界において一二を争う企業のように競争優位のあるコア資源を持っていなかったということである。それでも，同社が生き残ることが出来たのは，各フェーズのファミリー企業家が本業で強みを持つことが難しいからこそ，ビジネスシステムを構想する際に明確な差別化を意識して，顧客価値を最大化するために，会社内部の活動と外部の活動を調節し，整合性を高めていたからだと考えられる。

　地域ファミリー企業がビジネスシステムを構想する上では，基本的には企業が保有するコア資源をベースとすることが望ましい。しかし，業界が構造的な機能不全に陥っている場合やコア資源が同業他社にとって模倣困難でない場合，

第6章　地域ファミリー企業の事例分析4

コア資源に過度に依存してしまうと地域の競争環境，あるいはグローバルな競争環境の変化に対応することが出来ず，潜在的な事業機会を失うばかりか，意識的にせよ意識的でないにせよ，地域ファミリー企業をイカロス・パラドクスに導いてしまう恐れがある。これに該当する世代としては形成期が挙げられる。形成期の良造氏は清酒業界全体が衰退傾向にある中で，既存のコア資源に囚われて，コストカットや人員削減によってしか競争環境の変化に対応することが出来ないでいた。

　本事例で参考になるのは，成長期において一良氏が観光客に地酒を直接販売する「観光造り酒屋」というビジネスシステムが有効に機能するうちに，「清酒業界」という業界区分に固執することなく，新たな事業機会を模索していた点である。一良氏は，「清酒を造る技術」に固執するのではなく，経営資源の多重利用の可能性を模索し，「発酵技術」を今後コア資源になるものとして考えていた。そして，「発酵技術」を既存の「観光造り酒屋」のビジネスシステムの中に位置づけ，地域の特産品の企画・開発・製造・販売に活用することによって，「観光造り酒屋」としての事業の幅を広げ，差別化を図っていた。言い換えれば，模倣困難性の高いコア資源を持つことが難しい場合，既存のビジネスシステムの構想をベースとして，企業内部の経営資源を応用すること，あるいは別の業界で従来とは異なる経営資源が求められる場合は，企業外部とのネットワークを活用して獲得していくことが有効であると考えられるのである。

　ところで，同社の事業継承のプロセスでは大きなコンフリクトこそ生じてなかったものの，新規事業の創造に肯定的な影響を与えてこなかった。意図的に不均衡を創造し企業を発展させる企業家本来の役割を考えたとき，同社の事業継承のマネジメントは本来果たすべき役割を十分果たせていなかったと考えられる。先行研究でも見てきたように，事業継承においては「誰を後継者にするか」という問題よりも，いかにして革新性を持った企業家活動を行うファミリー企業家を育成するかが重要な問題となっていた。

　この点に関して，各フェーズに共通して言えることは，「後継者にいかにして企業家活動を実行する能力を培わせるか」という部分に関してほとんど明確なビジョンを持っていなかったという点である。そのため，2代目の俊二氏や3代目の良造氏が事業を継承した際は，活発な企業家活動を通じた新規事業を創造することが出来ないでいた。しかし，4代目の一良氏に関しては，2代目

や3代目と同じような経緯で事業を継承したものの，良造氏の代からつながりのある地域の人々の支えや銀行員時代の勤務経験などが，企業内部での事業継承のプロセスに代替する役割を果たしていたのである。

　ただし，一良氏は不確実性の高いものを事業継承のプロセスとして代替させようとしていなかった。同氏は継ぐ意思のある場合のみ家族に継がせ，そうでない場合は会社の経営権は田中家が持つが，実質的な意思決定は社内の優秀な人材に任せるという形でもよいと考えている。社内には後継者を育成するための仕組みが制度化され，意思疎通を図りながら何人かの候補者を競争させ，その中から選ぶといった形が出来つつある。これがどのように機能するかはまだわからないが，このような先進的な取り組みは他の地域ファミリー企業も参考にしてしかるべきではないだろうか。

* 　本章の内容は，特に断りのない限り以下のインタビュー調査をもとに作成した。
　　なお，2009年11月9日のインタビュー資料に関しては，北海道大学観光学高等研究センター准教授内田純一先生からご提供いただいた。この場をお借りして感謝申し上げる。
　〈2009年11月9日　田中一良氏に対するインタビュー調査〉
　〈2014年1月14日　田中一良氏に対するメールインタビュー調査〉
　〈2014年1月27日　田中一良氏に対するインタビュー調査〉
　〈2014年1月28日　田中一良氏に対するインタビュー調査〉

第7章
本研究のまとめとインプリケーションの提示

1．比較事例分析

　ここまで，地域ファミリー企業4社の事例を本研究の分析枠組みを用いて分析してきた。

　ここからは，分析フレームワークにあった「ファミリー企業家（チーム）」，「事業機会の認識」，「コア資源」，「ビジネスシステム」，「地域との関係」，「海外との関係」という6つの側面に合わせて各事例の内容を整理した表4-1の内容をもとに，各事例を比較検討していくことにする。

表7-1　比較事例分析のための構成要素比較表

生成期	かけはし株式会社	株式会社細尾	株式会社三宅	田中酒造株式会社
ファミリー企業家（チーム）	梯　義一氏 梯　あきこ氏	先代 （細尾徳次郎氏の父） 細尾　徳次郎氏	三宅　來次郎氏	田中　市太郎氏 田中　俊二氏 番頭　渋谷氏
事業機会の認識	家業である刺繍業の継承	商業活性化による物流業の隆盛	海外市場発展の可能性	北海道外からの活発な清酒の移入と消費
コア資源	手刺繍技術	製織技術 問屋業のノウハウ	直接輸出という輸出方式	清酒造りの技術
ビジネスシステム	上流階級の顧客に高品質な刺繍を提供する	高品質な織物を顧客に低コストで提供する	針を大量生産し，海外の顧客へ直接輸出する	大衆酒を顧客に直接製造・販売する
地域との関係	同業他社との競争 社会的分業システムの活用	座や社会的分業システムの活用	地場産業の発展	地場産業発展に伴う分業の発生
海外との関係	×	戦争による原材料価格の高騰	世界的な針需要の変化	×

形成期	かけはし株式会社	株式会社細尾	株式会社三宅	田中酒造株式会社
ファミリー企業家（チーム）	梯　義夫氏 梯　君子氏	細尾　真一氏 細尾　俊夫氏 細尾　真生氏 細尾　佳弘氏	三宅　來次郎氏 三宅　正光氏	田中　良造氏 良造氏の母親 番頭　野村氏 杜氏　高綱氏
事業機会の認識	洋装化時代の到来 ミシン刺繍への既存技術応用の可能性	西陣織の生産技術の獲得	製針業の衰退 印刷に対する顧客需要の増加	戦後の旺盛な清酒需要
コア資源	手刺繍技術 大規模なミシン設備	生産一貫体制	三宅ファミリーの行動様式 印刷技術	清酒造りの技術
ビジネスシステム	大衆層にミシン刺繍の洋服を大量生産で提供する	国内顧客に自社製品及び他社製品を販売する	印刷技術を開発して顧客ニーズにあった印刷製品を生産・販売する	委託製造したものを自社店舗で直接販売する
地域との関係	地域内他企業の機械化，大規模化	呉服メーカー間の競争激化	バーコード規格に対する政策の変化，需要拡大	日本酒大手メーカーの台頭
海外との関係	コスト競争力のある海外製品との競争	海外生産によるコスト削減	印刷技術の発展	海外製品の輸入による競争の激化

成長期	かけはし株式会社	株式会社細尾	株式会社三宅	田中酒造株式会社
ファミリー企業家（チーム）	梯　義行氏 梯　真琴氏	細尾　真生氏 細尾　真孝氏 細尾　佳弘氏 細尾　哲史氏	三宅　正光氏	田中　一良氏 取締役会
事業機会の認識	後継者としての独立意識 刺繍産業衰退への危機感	ファブリック素材としての「西陣織」の可能性	犯罪予防の認識 他の産業への既存技術応用の可能性	特産品開発の引き合い 海外観光客の増加
コア資源	かけはしの「刺繍作品」	生産一貫体制 広幅織物技術	革新的な製造技術 多様な産業分野への応用能力	発酵技術 特産品開発のノウハウ
ビジネスシステム	国内観光客に京都の伝統を手ごろ価格で体感してもらう	高級志向の強い顧客の要望に合った西陣織のファブリックを受注生産する	セキュリティ技術を開発・応用して，顧客の抱える問題を解決する	国内外から観光客を誘致し，地域の特産品を販売する
地域との関係	地域観光の活性化に向けた競争と協調	呉服市場の縮小	地域政府からの支援	地域の関連産業の競争力向上
海外との関係	京都への外国人観光客の増加	西陣織に対する海外市場の需要	労働市場の変化 競合他社との競争	海外での小樽に対する人気の高まり

出所：筆者作成。

第7章　本研究のまとめとインプリケーションの提示

(1) ファミリー企業家（チーム）
① かけはし株式会社
　生成期において，創業者の梯義一氏は高度な刺繍技術を身につけるべく，地域内の刺繍屋に丁稚奉公に通っていた。その後，独立した義一氏は「かけはしの刺繍」を屋号として同社を創業している。義一氏にとって刺繍は自分の家系を象徴するものであり，生まれ育った環境も着物製作に関わる職人達が多く集まっている地域であったことが義一氏の創業に大きく影響している。同社の経営は，義一氏と妻のあきこ氏が二人三脚で行っており，義一氏は経営の意思決定を下す役割を，あきこ氏は経理の役割を担っていた。
　形成期では，義夫氏が父義一氏と同じように丁稚奉公に通い，刺繍を学んでいた。刺繍に惚れ込むようになった義夫氏であったが，義夫氏は事業を継承するにあたって，その方向性の違いから先代の義一氏と衝突し，独自でミシン刺繍工場を立ち上げ，洋服への刺繍を手掛けるようになっていった。しかし，独断で意思決定をする場合が多く，ネットワークも限られていたため，経営環境の変化に対応することが出来ず，同社は衰退することとなった。
　成長期には，義行氏が千切屋で勤務経験を積んでいた。成長期でも家族内で継承問題が生じたものの，義行氏が家族内の利害関係を上手く調整し，自らは強いリーダーシップを発揮して，刺繍業から観光業へ大胆な事業転換を行った。また現在では，娘の真琴氏が体験事業についてアイデアを出したり営業するなどして，事業の継承に向けて着実に経験を積みつつある。

② 株式会社細尾
　生成期において，細尾徳次郎氏は家業であった西陣織の製織業から事業転換を図り，新たに問屋として同社を創業した。百貨店などが成長し流通業の盛んになることを予想した先代が，徳次郎氏に問屋の知識を積ませたことがそのきっかけとなっていた。
　形成期では，徳次郎氏の長男の真一氏が事業を行っていたが，同氏が体調を崩してからは俊夫氏（真生氏の叔父），真生氏（真一氏の長男）が実質的に事業に関する取り決めをしていた。真生氏は，同社を継承する意思がなかったため商社に入社し，国内外での勤務経験を積んでいたが，真一氏に同社を継ぐことを懇願されたため，同社に入社し経営にも参与していくようになった。製織

技術を全くと言っていいほど持っていない当時の状態から，一貫生産体制を構築するという意思決定を下す際には社内から反発もあったが，俊夫氏と真生氏の2人が強いリーダーシップを発揮したため，再び製造卸として再スタートすることが出来た。

　また，成長期には西陣織の価値を海外に発信しようとする真生氏の考えを先代の真一氏が大いに歓迎し，後継者の革新的な考えを肯定的に受け入れていた。真生氏がそうしたように，真孝氏（真生氏の長男）にも海外での勤務経験を積ませている。さらに真孝氏が自らの意思で入社することを決断した際には，1年間の猶予を与えて本業の傍ら海外事業の開拓に取り組むことを認めている。海外事業が軌道に乗った後は，真孝氏を海外事業部管轄の第2事業部取締役に据え，新規事業の開拓・運営を一任している。

③　株式会社三宅

　生成期においては，製針業が盛んな広島で生まれ育った三宅來次郎氏（初代社長）が株式会社三宅の前身である三宅製針を創業した。製針業を発展させた後は，自分の息子（三宅來次郎氏）に事業を継承している。ここから，創業者が企業を立ち上げた当初は一般的な企業家活動が行われていて，息子が生まれてから継承のための準備が行われたと考えられる。

　形成期においては，2代目社長となった三宅來次郎氏が自分の息子である正光氏と共に製針業から印刷業へと事業転換を行った。この段階では，事業機会は來次郎氏が認識しており，ビジネスシステムの構築と経営資源の獲得に関しては正光氏が担っていた。また，2代目社長は息子に早くから関連技術や情報の獲得を勧めていて，それに対するサポートも惜しまなかった。正光氏も事業を継承するにあたって，国内研修や海外留学など努力を続けた結果，組織内外から後継者として認められるようになった。

　成長期では，3代目の社長になった正光氏が，「事業機会を認識したら，それに伴うリスクの大きさやできない理由を言わずに，どうすればできるかを考え，行動に移す」という三宅ファミリーの行動様式（暖簾）を引き継いでおり，印刷業からさらにセキュリティ事業へと事業転換を行っている。

④ 田中酒造株式会社

　生成期において，明治維新以降に刀の需要がなくなったことを受けて，知人を頼り小樽にやってきた田中市太郎氏は，「篠原」という洋品店で丁稚奉公をして働いていたが，同社を創業し，焼酎・白酒の直接製造・販売から始め，「宝川」というブランドを立ち上げていった。宝川を立ち上げ会社を成長させた市太郎氏は，その後地域行政の一員として，同社にとって好ましい経営環境を作り上げようとしていた。事業継承においては，後継者の長男・俊二氏が事業を支える役割を担いながら，意思決定者としての修業を重ねていた。この時期は強いリーダーシップを持っていた市太郎氏が会社の実権を握りながら，番頭の渋谷氏のサポートを受け，俊二氏が事業の運営を行うという形態がとられていた。俊二氏は，先代が作り上げた造り酒屋の成功体験を踏襲して，小売志向の造り酒屋の形を作り上げていった。

　形成期になると，戦争で徴収されていた田中家の男子の中で一番早く帰ってきた三男の良造氏が急遽事業を継承することとなった。この時期は，営業や経理は番頭の野村氏，酒造りに関する品質や種類の管理は杜氏の高綱氏，飲食店や小売店をまわる営業と最終的な意思決定をするのが良造氏，そして実質的な権力を握っていたのが良造氏の母親であった。良造氏は，事業を継承したものの，酒造業界全体が落ち込む中でいつか以前の賑わいが戻るはずだと信じ，新規事業の創造に向けた取り組みを行っていなかった。

　成長期のファミリー企業家である良造氏の長男の一良氏は昔から家業を見て育ち，大学卒業後に地域の銀行で勤務した経験があった。事業継承して間もないころは，先代の良造氏をよく知る地域の人々から支えられながら，目の前の事業に専念していた。その後，観光に突破口を見出した一良氏は，大学院で学んだことを活かして，地域内の同業種・異業種の事例を参考として，観光造り酒屋を作り上げるために積極的な企業家活動を展開していた。また，一良氏は地域とのネットワーク構築にも積極的で，彼を通じて自社に足りない技術や知識，ノウハウの獲得がなされ，二度目の大学院進学で学んだことを活かし，地域密着型の事業創造を行っていた。そして，銀行員であったというキャリアから海外との金銭のやり取りには不安がなかったため，海外での事業展開も積極的に行っていた。

⑤ まとめ

4社のファミリー企業家（チーム）の特徴を要約すると下記のとおりである。

第1に外部経験の重要性が挙げられる。伝統産業の御曹司として，地域社会において自然に後継者として認められる経営者の子息であっても敢えて外に送り出し，経験を積ませることが新規事業の開発などの役に立っている。

第2に，地域社会における各利害関係者とのネットワークづくりが非常に重要である。単に同業者同士の集まりに顔を出すくらいの消極的なものではなく，異業種交流会や行政との連携など地域社会に貢献する普段の活動そのものが後に様々な事業展開を助けることになる。

第3に，ファミリー企業家チーム内部の役割分担の重要性があげられる。一般的に中小企業であれば社長が財務，営業，総務，技術関係のすべての分野に関与していてその役割分担が明確にされてないと言われていた。しかし，本研究の中に取り上げられていた清酒製造業者の場合は番頭経営，その他に刺繍や着物，製針業界においても財務や営業，技術などにおいて明確な役割分担をすることでそれぞれの業務に集中でき，効率的な会社経営につながっていたとみることができる。

第4に，ファミリー企業内部の継承問題において先代のリーダーシップと後継者の自主性の対立問題があげられる。本研究で取り上げられた複数の事例の中で伝統産業を継承する際に先代の経営者と後継者の経営スタイルが必ずしも一致している訳ではなかった。新規事業への参入などこれからの会社の方向性を決める重要な意思決定をする際に後継者の意見を尊重してスムーズに継承が移行する場合もあったが，なかには先代と後継者が継承の問題を巡って対立する場合もあった。伝統産業では先代と後継者が重要な意思決定をする過程においてお互いの意見を尊重し合う体制作りが必要不可欠である。古き良き伝統を守ることと新しい挑戦を恐れない姿勢を同時に持ち合わせて初めてファミリー企業の明るい未来が見えてくるからである。

(2) **事業機会の認識**

① かけはし株式会社

生成期のファミリー企業家である義一氏は，代々刺繍を行ってきた家計に生まれ，若くして地域内の刺繍屋に丁稚奉公に通い技術や職人としてのあり方を

学んでいた。当時の時代背景を考えれば家業を継ぐことが当たり前の時代であったことから，刺繍業を引き継ぐ必要性を感じ，同社を創業させたのだと考えられる。

　形成期において，義夫氏は洋服の普及，ミシン刺繍の本格化といった経営環境の変化に対応するために，手刺繍の技術を応用してミシン技術を用いた洋服への刺繍などに取り組んでいた。そこで義夫氏は当時珍しかったストッキングへの刺繍や洋服への刺繍を試行錯誤の末に成功させた。そして，大阪の商社に売り込みに行きに高評価を得たことで，今後訪れる洋装化時代の事業の方向性を確信し，本格的にミシン刺繍に取り組んでいった。

　成長期には，義行氏が着物産業衰退への危機感を抱いたことが，観光業に業態転換を図るきっかけとなっていた。偶然出会った観光従事者との出会いが，同社の刺繍作品の価値を見直し，観光業に転換していく契機となっていた。

② 株式会社細尾

　生成期において，先代は同社を取り巻く経営環境が変化することを見込んで，事前に徳次郎氏を問屋に丁稚奉公させていた。問屋業で経験を積んだ徳次郎氏は，物流業が活性化していることに事業機会を見出し，問屋業へと事業転換させている。さらに，戦後の西陣織が大衆化した際は，それを新たな事業機会として認識し，大衆層の需要を獲得しようとしていた。

　形成期では，同業者の相次ぐ廃業や，呉服の卸売事業の売上の伸び悩みに危機感を抱き，製造機能を会社内部に取り込んでいる。同社に製織技術はなかったものの，西陣という土地柄，職人の獲得が容易であり，また江蘇省で経済特区が解放されていたことから一貫生産体制の構築現実性あるものとして実行することができた。

　成長期は海外経験のあった真生氏が「西陣織は世界に通用するのではないか」という考えのもと，国際見本市へ積極的に出展していた。そこで，ファブリック素材としての西陣織の需要があることを実感し，新たな事業機会として認識した。その後も，改善・改良を加えながら継続して国際見本市に出店し続けた結果，ピーター・マリノ・アーキテクツとの出会いにつながり，西陣織をファブリック素材として海外に積極的に売り出すようになっていった。

③ 株式会社三宅

　生成期において，創業者が生まれ育った広島は製針業が発達しており，針づくりの工場や技術者が多く集まっていた。また，町全体に製針業への愛情やプライド，情報が溢れていた。三宅の創業者はこのような経営環境の中で自然に製針業に関する多様な情報を獲得し，株式会社三宅の前身である三宅製針を創業した。生成期において同社は海外輸出を狙っているがその理由としては，①国内には萬国製針という強力な競合他社が存在すること，②国内の市場規模がそれほど大きくないこと，③今後の中国市場の発展可能性を評価したことが挙げられる。

　形成期において，2代目社長が印刷業への事業機会を認識した理由としては，中国，香港，ヨーロッパから競合他社が多く現れ，日本の製針業が衰退の道を辿ることになったこと，値札用のピンを製造していた三宅に値札とピンを一緒に納品してほしいという顧客からの要望を受けたことが挙げられる。また，3代目社長が印刷に関する技術や情報を獲得する過程でバーコード技術と出会い，その発展可能性を感知したことが，印刷の中でもバーコード印刷に集中するきっかけとなっていた。

　成長期では，値札の仕入先である商社から万引きに関する相談を受けたことがきっかけで，セキュリティ事業に取り掛かるようになった。そして現在は，小売店だけでなく，福祉産業や畜産産業など様々な業界におけるニーズを把握し，独自のビジネスシステムを構築することによって新規市場の開拓を図っている。例えば，異業種交流会で牛の発情・出産の時期が感知できるシステムを作ってほしいという依頼を受けたことが，ゲートのセンサーとバーコードを活用した咀嚼モニタリングシステムの開発につながっている。

④ 田中酒造株式会社

　生成期では，田中市太郎氏が北海道内での清酒人気の高さ，地域内に同業他社があまり存在しないことに目をつけ，造り酒屋を創業した。その後，小樽の人々が多く移住し，活動拠点を形成している樺太にまだ酒屋がないことを知り，地域の流通機能を使って事業の拡大を図っている。

　形成期では，戦後の旺盛な清酒需要に事業機会を見出し，従来通りのやり方で清酒を販売していた。しかし，形成期を境に清酒の大手企業の台頭や西洋酒

の人気の高まりを受けて清酒需要が急速に落ち込み，従来のやり方では成り立たなくなってしまった。

　成長期では，このような状況に危機感を感じた一良氏が，小樽が観光地化していることに注目し，歴史的価値を持つ自社店舗の改修と製造工場の見学地化によって観光客に清酒を「地酒」として売り出していった。その後，密接な関係を構築していた地域の研究機関を通じて，特産品開発の依頼が入ってくるようになったため，清酒造りの他に地域の特産品開発にも取り組むようになっていく。また，小樽が国際的な観光地となったことや海外で清酒の人気が高まったため，海外で北海道（小樽）の魅力を発信し，外国人観光客に小樽に来てもらい自社店舗で製品を購入してもらえるように取り組んでいる。

⑤　まとめ

　事業機会の認識という面からみると，4社ともに受動的な経営環境への適合から能動的に企業を取り巻く経営環境に働きかける（時代を先導する）立場に進化してきた。

　次に，市場から与えられた情報は同業他社と同じであるが，それをどのように認識し，事業に反映させるかの違いが企業成果の差を生んでいた。

　また，安定的な市場を確保していた伝統産業の成長が鈍化し，新しい事業への転換の必要性が生じたときには顧客の生の声にどのくらい耳を傾けてきたのかがポイントとなってくる。4社の顧客はそのフェーズごとに異なるが，国内のみならず海外においても存在していた。早い段階から海外の市場情報や国内の市場動向に対する情報収集はもちろん取引先などからの顧客の生の声に耳を傾けていた結果が，新製品・新事業の展開へつながったケースが多いのも特筆すべき点である。

(3)　コア資源

①　かけはし株式会社

　生成期から，社会的分業システムの下で刺繍業に特化した事業を行っていた。義一氏の刺繍技術は地域内外から高く評価され，国宝への推薦状が届くほどであった。そのため，生成期には「手刺繍技術」がコア資源であったと考えることができる。

形成期には，同社のコア資源であった「手刺繍技術」をもとにミシン刺繍事業を立ち上げている。しかし，その後競合他社がより性能の高いミシンを導入したため，地域内の他社または海外との差別化を図ることが困難になった。そこで義夫氏は同社の手刺繍技術を守るべく，晩年は高度な手刺繍技術を要する刺繍作品の作成に没頭した。この刺繍作品が成長期に事業転換を図る際にコア資源として機能している。
　成長期では，刺繍業から観光業へ事業転換されているが，この際にはコア資源である「刺繍作品」が生かされていた。つまり刺繍を製作する技術は，生成期，形成期，成長期と成長するにつれて失われてしまったが，刺繍の持つソフト面の価値は観光資源として認識され，事業に活かされていたのである。この点において，同社のコア資源は形態こそ異なるものの，多重展開されてきたと見ることが出来るだろう。

　② 株式会社細尾
　同社は新たなビジネスシステムを構築するに当たって従来のコア資源を活かすというよりは，コア資源を獲得していく場合が多かった。生成期で，製織業を営んでいた際には「製織技術」というコア資源があった。その後，問屋業に転換した際には，問屋業としての1からノウハウを蓄積してきた。また上仲買と下仲買を統合したことで，同社は問屋業として幅広いノウハウを獲得することが出来た。
　形成期には，生産機能を回復させるために，問屋業を営む傍らゼロから製織技術を獲得に取り組んでいった。一貫生産体制というシステムは同業他社には見られず，製織工程全般に渡る知識は同社のコア資源となっていた。
　成長期の事業では，形成期の一貫生産体制が重要な役割を果たしていた。例えば，海外企業の受注条件に応える際は，一貫生産体制をベースとして，それをさらに顧客の要望にあったものにするために，新たな広幅織機やソフトウェアの開発している。また，製品の生産にあたっては，1人の職人が特定の顧客に製品を提供するまでのすべての工程を担っており，これが同業他社に先駆けた独自性の高いコア資源の獲得・蓄積につながっていると考えることが出来る。

③ 株式会社三宅

生成期においては，戦争捕虜だったドイツ人から製針技術を教えてもらい，独自の大量生産技術を開発することで，三宅は日本国内において針の生産量トップメーカーとして成長することができた。また，海外進出にあたっては，直接輸出という他社とは異なる方法を採用していた。これによって，流通コストが削減され，価格・品質の両面において競争優位を獲得することができた。そして，直接輸出を通じて独自の販路を開拓していたため1920年（大正9年）に針の値段が暴落し，不況に陥った際にも生き残ることができた。

形成期では，製針業から印刷業への転換が行われているが，これは「事業機会を認識したら，それに伴うリスクの大きさやできない理由を言わずに，どうすればできるかを考え，行動に移す」という三宅ファミリーの行動様式（暖簾）が根強く存在していたからこそ可能であったと考えられる。また，三宅現社長は，バーコード印刷の仕上げの課題を，インクの濃度や量の配合によって克服し，バーコードの太さ，細さ，それぞれの鮮明さを使い分ける特殊技術を早期に確保していたため，競争優位を持つことができた。

成長期においては，産学共同でダイカット製法を開発しているが，同社が新製法に辿りついたベースには，長年手がけた針を製造する金型の技術，そしてタグ（値札）やシール印刷で不要な縁などを型抜きする技術がある。つまり，既存技術の応用が新たなコア資源の獲得につながっているのである。また三宅は，ダイカット製法を用いた三宅独自のセキュリティシステムを様々な業界に提案するコーディネート，開発企画する能力も持ち合わせている。つまり，革新的な技術と多様な分野へ応用する能力が三宅のコア資源となっているのである。

④ 田中酒造株式会社

田中家はもともと酒造りを行ってきた家系ではなかったため，生成期の同社では造り酒屋として事業を営むために，コア資源獲得の必要性を強く感じていた。そこで，当面の間は大衆酒の生産によって資金を確保し，その資金を基礎体力として見よう見まねで徐々に清酒づくりの技術を獲得していった。その後，商圏の拡大によってコア資源のさらなる蓄積の必要性を感じた同社は，地域内の同業他社である「北の誉」の杜氏から技術者を通じて清酒造りの技術を獲得

するとともに，一定程度まで規模を拡大し設備や資金面で充実した際には地域内の他の蔵元から紹介してもらった越後杜氏を招き入れ，技術水準の向上に努めていた。

その後，形成期において清酒需要の停滞から新たなコア資源の獲得が急務となった同社であったが，それに向けた新たな取り組みはなされず，これまで培ってきた清酒造りの技術を頼りに事業を継続させていた。

成長期になると，清酒を販売するだけでは立ち行かなくなると判断した同社は，成長期の初期においては清酒造りの技術をコア資源として据えたまま，清酒を「地酒」として販売するという新たな方向性を打ち出すことによって，コア資源の価値を高めていた。その後，清酒需要で落ち込んだ売上を持ち直した同社は，清酒造りで培ってきた発酵技術をベースとして，その技術を活用した特産品開発などに取り組んでいる。特産品の開発にあたって足りない技術や知識に関しては地域内の研究機関や他企業との連携を通じて克服し，商品開発のノウハウに関しては開発する経験を積み重ねる中で蓄積していった。

⑤ まとめ

本研究にて取り上げた4社のコア資源の特徴を類型化すると下記のように整理することができる。

⑤-1 伝統技術維持型：かけはし
⑤-2 伝統技術発展型：細尾，三宅（形成期）
⑤-3 伝統技術応用型：三宅（成長期），田中酒造

飛躍的なイノベーションを経験していないほとんどの伝統産業関連企業はいわゆる「伝統技術維持型」企業に属する。つまり，古き良き時代の伝統技術を守り続けながらその関連産業において長年にわたりその技術を守り続けてきたことに対する強い自負心を持っている。かけはしの場合も刺繍技術という日本の伝統技術に対する職人の技を重視してきて着物産業の発展とともに安定的な需要を確保してきたが，激烈な競争環境のなかで同社が構築した大量生産システムが意味をなさなくなったときに大きな失敗を経験した。その後，同社は社内に蓄積した技術と職人を抱え込むことがコア資源の維持・発展よりこれまでの優秀な職人が残したすばらしい作品を展示する方法で新しいビジネスチャンスを見いだした。伝統産業に従事する若手職人が激減する中，また刺繍業を支

第7章　本研究のまとめとインプリケーションの提示

える関連産業野衰退が目立つ中やむを得ない選択だったかもしれない。

　次に,「伝統技術発展型」に関しては,細尾と形成期の三宅が該当するが2社ともに業種は異なるものの早い段階から一貫生産体制,海外工場移転や直接貿易など同業他社より一歩早い事業展開をして業界を先導してきた。特に細尾の場合,細かく分類されている西陣織業界において業界初の垂直統合という偉業を達成したことは注目すべきところである。原材料や労働者が全く異なる中国に進出し日本の工場で生産するものと比べて品質が劣っていないものを生産できたのも同社の伝統技術を大切にしながらも現地との融和を大切にしてきたからだろう。三宅に関しても中小企業でありながら海外への直接貿易に挑んだ姿勢とそのノウハウが後継者たちの新しいものへの挑戦を刺激し,後にアメリカ留学や印刷業への業種転換を可能にした。

　最後に,「伝統技術応用型」企業として三宅(成長期)と田中酒造があげられる。三宅の場合,印刷業からセキュリティというまったく新しい分野に進出できたきっかけは先代から伝わってきている挑戦的な行動様式が顧客からの相談を受けた際に新規事業への挑戦意欲を促したと分析することができる。田中酒造の場合,従来の業界の慣習や常識を打ち破る年中仕込みや酒造技術を応用した発酵技術開発の根底には発想の転換とコア資源の応用可能性の探索があった。

　最後に4社のコア技術の進化パターンは異なるものの,1つ共通しているものがある。それは時代の変化とともに4社が大事にしているものが目に見えるもの(Visible Asset)から目に見えないもの(Invisible Asset)へ変化してきていることである(伊丹,1984)。

　刺繍産業の伝統を観光業という形で守ろうとしているかけはし,垂直統合という大胆な発想の転換をベースに西陣織という伝統産業を海外へ独自ブランドで浸透させている細尾,絶えず挑戦する姿勢を崩さない三宅の新規事業部門への進出,日本の伝統酒を海外に売り込むことを観光業とのコラボを通じて可能にし,発酵技術を使って新しい分野へ進出している田中酒造ともに伝統産業において培ったコア資源を現代に活かす形で業界においてその存在感を示してきたのである。

(4) ビジネスシステム
① かけはし株式会社
　同社は時代の流れに合わせてビジネスシステムを変化させ，急激に変化する経営環境に対応し存続してきた。生成期には，商店形式で事業が始められており，当時は地域の社会的分業システムが同社のビジネスシステムの構想において重要な位置を占めていた。職人は刺繍に専念して手刺繍技術を磨いて品質の良い製品を造り，地域の問屋・小売りが最終消費者に製品を届ける役割を担っていた。

　形成期には，洋装化や刺繍業の衰退によって，同社を支えてきた社会的分業システムが再編されつつあった。そうした経営環境の変化に伴い，同社は大量生産が可能なミシンを導入し，当時としては画期的な洋服やストッキングへの刺繍を手掛けるようになった。1件1件注文を行う従来の悉皆屋との取引もあったが，大阪の商社と取引を行うなど，生成期とは異なる流通経路も持つようになった。

　成長期には，5代目の義行氏が同社のコア資源である「刺繍作品」を活かして，観光業に参入した。観光業界において刺繍作品を見学できる場所は他にはないため，同社のビジネスシステムは「希少性」，「模倣困難性」の高いものであったと言える。

② 株式会社細尾
　同社はいずれの時代においても，経営環境の変化に対応していち早く抜本的なビジネスシステムの変革に着手している。生成期では，原材料価格の上昇によって経営が圧迫されたことを受けて，製織業から問屋業へと大胆な事業転換を図っている。さらに，効率化を追求して，高品質の商品を廉価で提供するために，上仲買と下仲買を統合させている。

　形成期では，西陣織産業の停滞によって顕在化しつつあった西陣織の生産体制の崩壊問題，国内の呉服市場の縮小に対して危機感を抱き，早い段階からビジネスシステム変革の必要性を感じ，一貫生産体制の構築に着手している。垂直統合を進めた同社のビジネスシステムは当時としては非常に画期的であった。

　成長期には，西陣織にファブリック素材としての価値を見出し，既存の呉服市場に加え，新たに海外の高級ファブリック市場を開拓していった。海外顧客

第 7 章　本研究のまとめとインプリケーションの提示

のニーズに対応するために，同社は新たに広幅織機やソフトウェアを開発するとともに，1 人の職人が特定の顧客に提供する製品の全生産工程を担えるように社内体制を整備していった。既存の業界の枠組みに囚われない柔軟な発想が，ビジネスシステムの差別化へとつながったのである。

③　株式会社三宅

　生成期において，三宅の創業者は「針を大量生産し，海外の顧客へ直接輸出する」という構想を持ち，中国でも針の製造・販売し始めた。このビジネスシステムにおいて，他社と異なる独創的な点は「直接輸出」という方法を取ったことであった。製造は広島のメーカーが行い，流通は輸出業者に任せるという既存の社会的分業システムから脱皮した理由としては，当時，商社を通じて中国へ針を輸出する企業の数が増加傾向にあり，商社とメーカーとの力関係においてメーカーが不利になっていたことが挙げられる。特に，規模の小さい三宅の場合，自社で販路を開拓した方が資金面においても戦略面においても効率的であると判断したのだろう。それゆえ，三宅はこのような一般的な生産，流通経路を踏襲しない直接輸出を仕掛けたのである。

　形成期では，「印刷技術を開発して顧客ニーズにあった印刷製品を生産・販売する」という構想があった。ファミリー企業家の人的ネットワークを活用して先端の印刷技術を獲得し，バーコードに必要な印刷技術の研究開発に成功した三宅は，「顧客ニーズに合わせた商品を提供すること」を最も重要な営業方針とし，日本市場において「バーコードの三宅」と言われるほど業界内で高い評価を受けていた。

　成長期においては，「セキュリティ技術を開発・応用して，顧客の抱える問題を解決する」というビジネスシステムを構想していた。詳しく説明すると，三宅は自社独自の製法でタグを開発し，特許を出願・取得してロイヤリティ収入，製品改良などを通じて大量生産を可能にし，世界市場シェアを増やすことで売り上げの拡大を図っているのである。また，セキュリティタグおよびセキュリティゲートなど防犯関連製品の販売もしている。事業の売り上げは，設備投資，次世代製品開発のための R&D 投資，セキュリティシステムを用いた新しい分野の開拓のために使われている。

④　田中酒造株式会社

　生成期の同社のビジネスシステムは自社生産した大衆酒を顧客に直接販売するという形を取っていた。これによって，取引コストをかけることなく，廉価な大衆酒を求める港湾労働者たちに合った商品を提供しようとしていた。このビジネスシステムがこの後のビジネスシステムの基礎枠組みとして継承され，樺太に商圏を拡大する際にも，既存の小樽市内での自社製造・直接販売の形式を保ちつつ，地域の流通機能の活用を通じて事業を拡大するという意思決定がされている。

　形成期になると，行政の指示を受けて企業合同をすることとなり，地域内の他企業に委託製造したものを，自社店舗で販売するという形に変化していた。直接販売するという形を維持しながら，一部制限された部分に関しては委託製造をしているという点において，生成期のビジネスシステムの原型を維持していたと見ることが出来る。

　成長期になると清酒需要の落ち込みから既存のビジネスシステムが上手く機能しなくなった。観光に活路を見出した同社は，清酒を「地酒」として売るための新たなビジネスシステムを構築し，観光客を新たな顧客層として開拓していった。その後は，「観光造り酒屋」としてのビジネスシステムをさらに進化させて，特産品開発事業をその中に組み込んでいる。特産品開発にあたっての基礎研究は，地域の研究機関が，その実用化及び製造・流通・販売に関しては同社と地域内他企業が担うといった形となっている。

⑤　まとめ

　もともと社会的分業システムが確立していた同じ着物業界に属したかけはしと細尾は与えられた仕事を決まった範囲内でこなしていた。両社とも形成期に入って大量生産を可能にするビジネスシステムを構築するが，それぞれが狙ったマーケットの中身は全く異なるものであった。大衆性を意識して機械による大量生産に踏み切ったかけはしと，大衆性を意識しながらも高級品市場志向の姿勢を崩さず，既存の技術を守りながら労働集約的なやり方で大量生産している細尾の違いは明らかであった。新のビジネスシステムにおいても着物という伝統産業の主軸を温存しながらも海外市場など新規事業部門へ積極的に展開している細尾と，刺繍という伝統産業を観光業の中に位置づけて伝統産業と観光

業との融合をはかっているかけはしのビジネスシステム変遷過程は同じ京都に位置している伝統産業に従事してきた企業同士として非常に興味深い。

次に，伝統産業である針の製造から出発した三宅は2度にわたる業種転換に成功した数少ない中小企業である。同社も上述した京都の2社と同じく製造と流通が分離されていた社会的分業システムから脱皮する動きを生成期から見せている。その後，顧客のニーズにあう製品開発をしているうちに印刷業に転じることに成功し，その後伝統的な製造業からまったく新しい事業を開発・企画するビジネスシステムを社内に確立させた。

最後に，田中酒造は少品種少量生産から委託製造・販売業へ転じ，清酒業界の衰退を見据えた経営者が最近では「産業の観光化」ということばで表現される工場見学が可能なビジネスシステムへの転換を図っている革新的な老舗企業である。新しいビジネスシステムの構築には柔軟な組織形態が必須条件となるが，もんじゅチームなどは同社の新しいビジネスシステムの構築に大きな支えとなっている。

特に，伝統産業であるため，それぞれ異なる社会的分業システムにおいて存在していたこと（かけはし，細尾，三宅）と時代の変化とともに大量生産を目指していた（4社共に）ことはさほど驚くべき事実ではない。しかし，例えばまったく異なる業界において，伝統産業守るための垂直統合がみられたこと（細尾，田中酒造）や観光業と伝統産業を融合する動きがみられたこと（かけはし，田中酒造）は非常に興味深い事実である。

(5) 地域との関係
① かけはし株式会社

生成期において，地域に刺繍業の高度な社会的分業システムが構築されていたことで，インプット面の多くを地域に任せ，同社は手刺繍技術に特化して技術を高めていくことが可能だった。またアウトプット面についても，地域の悉皆屋，総合卸問屋などとの間で密接かつ規則的な流通システムが形成されていた。

形成期においては，同社を支えた社会的分業システムが崩壊し始め，生成期ほどインプット，アウトプットの両面で地域への依存度は高くなくなった。1件1件注文を依頼する従来の悉皆屋ではなく，大量生産を依頼するつぶし屋が

現れ始めた。同社も流通構造の変化に伴って，取引先は従来の悉皆屋に加えて，地域外の商社と取引するなど地域外との取引が多くなっていった。

　成長期においては，刺繡業とは全く異なる観光業をベースにしたビジネスシステムを構築していた。観光についてのノウハウが全く無い中で同社が観光業にシフトできたのは，京都が観光地として人気があり，それゆえ観光業に携わる企業と出会う機会も多かったからだろう。

　② 株式会社細尾

　生成期においては地域との関連性は非常に高く，地域内の関連企業とのネットワークを通じて，上流階級の人々に西陣織を納めていた。問屋業に事業転換した後も，地域の織屋と取引を行っており，インプット，アウトプットの両面で地域に依存していた。地域内で長年織屋を営んできたネットワークがあったからこそ，同社の問屋業としての事業が成立していたと考えられる。

　形成期には，一貫生産体制の構築に踏み切ったが，製織技術の失われた同社が生産機能を復活させることが出来たのは地域内で獲得した職人の働きによるところが大きいだろう。生産機能を復活させた同社はその後，千家十職塗師とコラボレーションを行うなど京都の文化やネットワークを最大限駆使した事業を行っている。

　成長期においては，地域内の異業種と国際見本市に出店するなど，地域内での横断的なネットワークが活かされている。また，広幅織物技術やソフトウェアを開発する際には，地域の職人や大学の知識・ノウハウが活かされており，海外進出の礎を地域とともに築いてきたと考えることができる。

　③ 株式会社三宅

　生成期においては，広島は軍都として政府のサポートを受けており，地場産業である製針業は成長し続けていたので，製針業への参入が比較的容易だったと考えられる。また，国内市場の萬国製針という強力な競合他社の存在が海外進出への理由の1つとなっている。

　形成期においては，日本政府がバーコード規格であるEAN（日本の規格は「JAN」）に加盟し，大手のコンビニエンスストア・チェーンがPOSシステムを導入したことが，バーコードの普及に大きな影響を与えた。

成長期では，防犯ラベルの開発にあたって，地域の大学・研究機関との共同研究を行っており，それが同社のコア資源の構築につながっている。また，咀嚼モニタリングシステムの開発にあたって，広島県から300万から500万円ほどの補助金を受けるなど，セキュリティビジネスの開発・企画における地域政府からの支援が見られる。

④　田中酒造株式会社

同社は生成期から一貫して，地域社会と深い関係を持って事業を行っていた。生成期の初期では，地域に分業システムが発展していなかったことから，製造機能と販売機能を自社内に抱え込み，自社店舗で直接販売する「造り酒屋」の形が取られていた。その後，地域内の分業システムが発展し始めると問屋や小売を専門とする企業が現れた。彼らの流通機能は，同社が事業を拡大する上で重要な役割を果たしていた。

形成期になると，清酒大手企業の台頭により北海道内の清酒産業が軒並み衰退し始め，その影響を重く見た行政から指示が下り，地域内の同業他社との企業合同が組まれた。この企業合同は，同社が単独で対処することの難しい地域内の需要と供給のバランスを調節する上で，一定の役割を果たしていた。

そして，成長期になると地域は，消極的な協働の場から積極的な協働の場へと意味が大きく変化している。同社は真の意味での北海道産「地酒」を造りたいという思いから，地域内の他企業とともに研究機関に北海道のオリジナル酒米を作ってくれるように働きかけた。それが功を奏し，北海道のオリジナル酒米が開発されるに至っている。これによって，地域内の関連産業の競争力が向上し，その優位性を活用することによって同社は同業他社に対し差別化を図ることが出来ている。また，地域の研究機関や行政機関との密接な関係は，同社が特産品開発に取り組むきっかけともなっており，彼らとの協働は同社にとって新たな経営資源を獲得する場として機能している。

⑤　まとめ

そもそも会社の事業内容が伝統産業に関連するものであれば，当該地域社会とも密接な関わりを持つことになる。かけはしや細尾の場合，昔から地域の各種問屋と密接な取引関係を持っていた。かけはしは京都という土地の利が生か

され，後に観光業におけるノウハウやネットワークを活用することになった。一方，細尾も西陣織の産業集積地に本社を置いた関係で西陣地域のネットワークを活用して各種新規顧客を獲得することが可能になったし，最近では地域内異業種交流会などを通じて国際的にも事業の幅を広げることができつつある。針の産業集積地に本社をおいた三宅が地域社会の中心企業として活躍し，2度に渡り業種転換に成功した背景には地域社会における商工会活動や異業種交流会，産学官連携などが大きな役割を果たした。田中酒造の場合は，先代経営者が市議会議員になるほど地域社会と密着してビジネスを営んでいたが，地方政府や国税庁との関係からすると受動的に与えられた仕事をこつこつとこなすタイプの企業であった。だが，現在では関連産業との積極的な関わりの中で本業の競争力を高めていく努力をする際に積極的に地域社会を巻き込んだ経営活動を展開している。例えば，産学官ネットワークを構築し，新製品開発などを通じて未来の成長の原動力になりうる事業を次々と打ち出している。

(6) 海外との関係
① かけはし株式会社
　生成期は，同社の事業が地域内で完結していたため，グローバルな競争環境の影響を受けることはなかった。そのため，海外との関係はほとんど見られなかった。
　形成期になると，刺繍の機械化によって刺繍技術が全体的に高度化かつ模倣しやすいものとなったため，中国や韓国との価格競争に巻き込まれるようになった。それに伴って，同社の経営も苦境に陥り，工場を設立しても仕事がなくまもなく閉鎖するに至った。
　成長期になると，経済のグローバル化によって，外国人観光客が京都を多く訪れるようになった。しかし，同社は積極的に外国人観光客を受け入れる体制を整えておらず，積極的な広報活動も行っていない。京都という土地柄，他の地域ではあまり見られない外国人観光客の需要を取り込みやすい環境にある。今後，そうした外国人観光客に対する対応をどのように行っていくかが同社の課題の1つになっている。

② 株式会社細尾

　生成期では，戦争等によって原料価格が高騰したりしたものの，海外製品との直接的な競合はほとんどなく，グローバル経済の影響は限定的であった。

　一方，形成期に入ると，グローバル経済の恩恵を受けることになった。伝統的な製織工程から脱却し，中国で帯を製織することでコストダウンにも成功した。それだけではなく，自社の管理下で製糸や染色をすることが可能となり，原料の品質管理まで目が届くため，手頃な価格で高品質な製品を届けることが可能になった。同社が高品質な織物を競争力ある価格で提供できたのは，中国で現地生産を行うことが出来たからこそであった。

　また成長期には，海外市場でファブリック素材としての西陣織の需要を開拓できたことが同社の転機となっている。また，デザイン面が進んでいる海外デザイナーと協働することで新たな付加価値を創出することができた。

③ 株式会社三宅

　生成期では，中国における針の需要が高まるにつれ，品質は少々落ちても低価格の針の生産が求められるようになっていた。また，太平洋戦争が始まると，戦時物資調達のために広島で針の生産が難しくなったので，生産拠点を中国の青島に移転することでリスクを回避していた。

　形成期には，三宅現社長がアメリカに留学をしているが，アメリカはバーコードと万引き予防システムの発祥地であり，工程管理や機械の操作を支える最先端技術が発達されていた。三宅現社長は留学を通じて，アメリカにおけるバーコードの性能や普及状況を知り，近いうちに日本にも普及することを確信するようになった。

　成長期において，三宅は中国とアメリカへの進出を狙っている。中国は日本より賃金が安く経費を削減することが可能で，また為替リスクも回避することができている。しかし，アメリカには，全世界の防犯タグ市場の90％以上のシェアを誇る業界最大の企業Checkpoint社が存在するため苦戦している。

④ 田中酒造株式会社

　同社がグローバルな競争環境に積極的に進出したのは成長期になってからのことである。生成期の同社は小樽で地域密着型の事業展開をしており，またそ

の当時はまだ経済のグローバル化が進んでいるわけではなかったため，海外との関係は希薄であった。

形成期になると，経済のグローバル化が進展し，ビールをはじめとする西洋酒が輸入されるようになり，同社を取り巻く競争環境を激化させた。この当時の同社は経済のグローバル化によって生じるであろう新たな事業機会を模索するというよりは，地域の需要に依存していた同社を脅かす脅威として捉えていた。

その後，成長期になると小樽が国際的な観光地となった影響で，多くの外国人観光客が同社を訪れるようになり，清酒需要の停滞もあって重要な顧客層として海外市場がターゲットに加えられることとなった。同社は輸出や現地法人の設立を通じて海外進出を図っているわけではなく，小樽という地域をベースとして，地域内の他の主体との協働を通じて「インバウンド」を促進し，海外市場の開拓に取り組んでいる点が特徴的である。

⑤ まとめ

もともと日本の伝統産業から発展してきた4社であるが，海外との関わりは時期や程度の差こそあるものの，一定程度存在する。

意外なのは業種がまったく異なるかけはしと田中酒造は事業の初期段階においては海外との関わりがあまりみられないが，最近では観光客を相手に商売を展開しているため，観光産業なかでもインバウンド（国内に海外の観光客を受け入れること）の景気変動と確保戦略に非常に関係深い。京都と小樽という観光地において時代の変化にあわせて老舗企業の産業の観光化を推進している両社の今後の動きに引き続き注目したい。

細尾と三宅に関しては原価節減のためにかなり早い段階から海外工場移転を試みている点で共通点が存在する。だが，現地の原料や労働者や管理者をうまく活用し，今日に至までスムーズに維持管理をしている細尾とは対照的に三宅は初期段階における海外工場運営は第2次世界大戦終戦を境に失敗に終わってしまう。特に技術漏洩の問題や国際情勢の変化が企業の経営に及ぼす大きな影響を経験した三宅はその後，後継者の海外留学，国際特特許の獲得，商社との連携，国際大手製造業者とのパートナーシップなどさまざまな手法を使って多様な方法で海外進出を推進してきた。ついに最近では中国に再び進出し，現地

第7章　本研究のまとめとインプリケーションの提示

における生産体制を強化してセキュリティ分野のほとんどの生産機能を海外に移転した。

一方，現在の細尾はファブリック素材としての需要を海外において開拓することや海外のデザイナーと共同することで西陣の付加価値を創出するほどまで海外との深い関わり持っている。

2．本研究のまとめ

本研究では地域伝統ファミリー企業4社の企業行動をフレームワークの構成要素であるファミリー企業家チーム，事業機会の認識，コア資源，ビジネスシステム，地域・海外との関係に注目して分析した。以下においては4社の事業形態の進化をファミリー企業における事業継承の計画性とビジネスシステムの

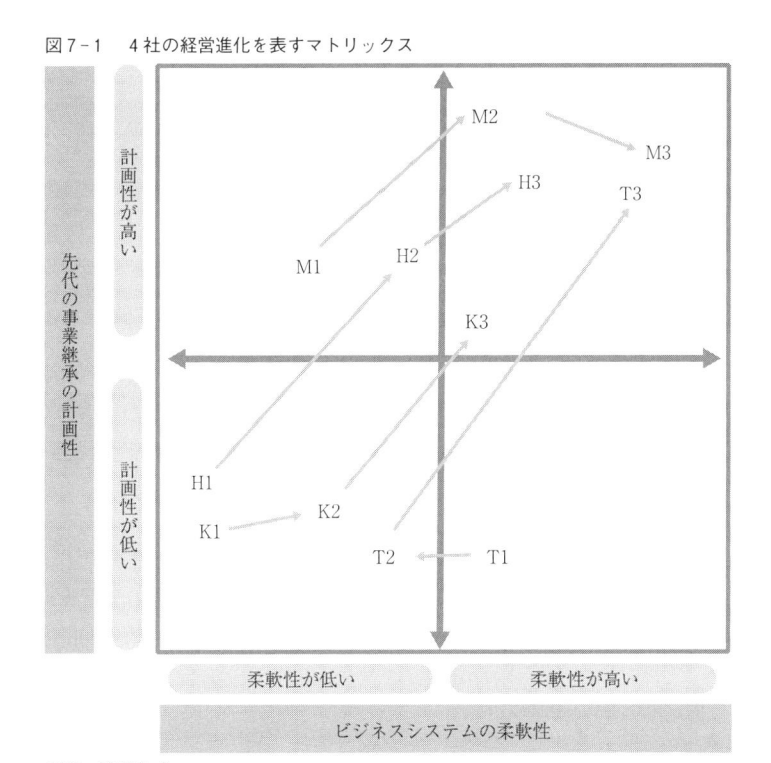

図7-1　4社の経営進化を表すマトリックス

出所：筆者作成。

柔軟性という両側面から分析し，ファミリー企業の最大の課題である事業の継承問題が新しいビジネスシステム構築とどのような関係にあるか記述しておきたい。

以下において，上記のマトリックス図の評価軸に関する説明を行う。

まず，縦軸の評価指標であるが，これは各ファミリー企業の先代（経営者）が意識的にあるいは無意識的に事業継承に向けて明確な計画を持っていたか，あるいは先代が後継者に新規市場（事業）の開拓を促しているか，もしくはそのためのサポートをしているかを表す。

次に，横軸の評価指標であるが，同業他社に比べて，社外のパートナーの選択およびその関係にどの程度異質性が見られたか，もしくは自社のコア資源が従来とは異なる市場の開拓にどの程度応用されているかを表している。

では，4社の企業行動の進化を事例分析の順番に従って解説することにしよう。

(1) かけはし株式会社

生成期のかけはしは事業継承の計画の面で，後継者（義夫氏）を他の職人のもとへ丁稚奉公に送っていたものの，新しい市場の開拓を促すようなことはなかった。むしろ自身の手刺繍の技術力に対する自負から後継者が大量生産に踏み切る際に対立し，良い相談役になれていなかった。また，ビジネスシステムの柔軟性の面では，業界内でも有数の技術力を有していたが，コア資源を多重利用して，新たな市場分野に進出するまでには至らなかった。なお，社外パートナーとの関係では高い信頼を得ていたものの，基本的な取引関係において同業他社との間に差異は見られなかった。

形成期に入り，晩年手刺繍技術を残すために絵画刺繍に取り組んだり，後継者（義行氏）を着物問屋に就職させて勤務経験を積ませたりしていた。後継者（義行氏）が観光業に業態転換を図る際にも基本的な方向性について反対はしなかった。また，ビジネスシステムの側面では，いち早く大量生産というシステムを構築し，洋服の刺繍を商社との商談に取り付けたことは画期的であった。しかし，そのシステムが比較的模倣が容易であったことから，その後異質性が失われていった。ただし，生成期とは異なり，刺繍技術が洋服市場の開拓に利用されている。

成長期のかけはしは，後継者を早い段階から経営に参画させアイデアを共有しており，経営についても大きな対立は見られない。しかし，後継者（真琴氏）は外部経験を積んでおらず，新規事業の創出にも積極的に取り組ませていなかった。これが，後継者（真琴氏）の視野を狭め，今後の事業展開に悪影響を及ぼす可能性も排除できない。なお，ビジネスシステムの面では，刺繍作品という同社独自の経営資源を多重利用し，観光業に進出している。同業者には同社のように，観光従事者とネットワークを構築して，観光業を営んでいるところが見られない。

　かけはしの場合，マトリックスにおける動きは生成期と形成期の時には左下のセルに留まっていたが，成長期に入り右上のセルに移動する形に事業進化を遂げている。後述する細尾と比較すると，先代の事業継承の計画性の低さが，生成期において大きな差のなかった両社に発展可能性という面において大きな違いを生んでいることが分かる。

(2) 株式会社細尾

　生成期の細尾は事業継承の計画性の面からすると，今後，流通業が盛んになることを見込んで，問屋へ丁稚奉公に送っている。これが，その後の問屋業としての創業につながっている。ビジネスシステムの面で，問屋に業態転換した際は，同業他社との間に大きな差異はなかった。しかし，その後業界の慣習に囚われない流通工程の単純化（上仲買と下仲買の統合）に成功しており，この点において同業他社と差別化が図られている。

　形成期に入り，細尾は後継者の意思を尊重して社外経験を積ませた。また，入社する際も海外で事業を行いたいという後継者（真生氏）の意思を尊重して受け入れている。さらに，長期的な視点から事業を継続させていくために，後継者（真生氏）とともに一貫生産体制の構築にも取り組んでいる。ビジネスシステムの面では，業界でもまれな一貫生産体制を構築し，コスト優位性を持った「製造卸」の企業として発展を遂げた。ただし，問屋としてのノウハウが異なる市場の開拓につながったという事実は見られなかった。

　成長期の細尾だが，西陣織の価値を海外に発信したいという後継者（真孝氏）の意思を尊重して，一定の猶予を与えて新規事業の開拓に取り組ませていた。その後も，同社の将来を担う新規事業の開拓・運営を一任している。ビジ

ネスシステムの柔軟性の面では，成長期に入り，これまで培ってきた製織技術・一貫生産体制をベースとして，広幅織物技術を新たに獲得し，それを用いて従来の市場（呉服市場）とは異なる高級ファブリック市場，ファッション市場への進出を果たしている。呉服市場という広いくくりで見ても，同社のように本格的な海外進出を果たしているところは少ない。

マトリックス上の細尾の動きは左下から左上へ，左上から右上にその事業進化の過程を見せている。先代が計画性を持って後継者育成を行い，後継者がそれに答えて自身の豊富な経験とネットワークを活かして企業家活動を行ったことが後の新事業展開に大きな影響を与えていることが分かる。

(3) 株式会社三宅

生成期の三宅は針の製造技術及び販売技術を親族と後継者（來次郎氏）に伝えている。また，積極的な企業家活動の必要性を家族構成員に強く説いていた。ビジネスシステムの面では，同業他社には見られない「直接輸出」という方式を採用している。ただ，この当時は製針技術を用いて異なる市場の開拓を行っているという事実は見られない。

形成期に入り，三宅は印刷事業の可能性を後継者と共有し，自身のネットワークを活用して，後継者を国内外の印刷会社に送って印刷技術を学ばせている。特に，アメリカの印刷会社での勤務経験はその後のバーコードの発展をいち早く認識させることにつながっている。ビジネスシステムの面では，製針技術を応用した独自のバーコード印刷技術を確立し，関連市場において従来とは異なる需要の獲得に成功している。また，顧客と直接対話をし，その顧客のニーズに合わせた商品を提供している点が特徴的である。

成長期の三宅は後継者探しに注力しており，関連会社は家族構成員が，本社は一時的に社内から優秀な人材を選抜し，経営を任せた上で，その後後継者候補の家族構成員が継ぐことが予定されている。現時点では正光氏がカリスマ性を発揮して新規事業の開拓に取り組んでいるが，後継者にも企業家活動を実行する能力を培わせていかなければ，正光氏の引退後会社が経営環境の変化にうまく対応できない危険性もはらんでいる。

ビジネスシステムの面では，バーコード印刷技術で培った技術をベースに「ダイカット製法」という独自の技術を確立して防犯タグ市場に参入した。そ

れ以来セキュリティ市場の開拓に本格的に取り組んでいる。企画・開発及び一部コア技術に関連する部分の生産のみ担い，国内における製造，販売，保守運用に関しては殆どアウトソーシング，中国では同社が生産管理・技術開発，合弁会社では人事・労務を含めた管理業務を行っている点が特徴的である。

　三宅は創業した時から現在まで事業継承の計画性が強く見られる企業である。しかし，左上から右上に水平移動する同社のマトリックス上の動きを見ればわかるように新規市場創造やビジネスシステムの革新の面では他の伝統ファミリー企業よりワンテンテンポ早い動きを見せている。これが同社による2度に渡る業種転換を可能にした源である。

(4)　田中酒造株式会社

　事業継承の計画性の面からみた生成期の田中酒造は番頭制を導入し，後継者（俊二氏）をサポートするような体制が整えられていた。しかし，先代（市太郎氏）が強い権限を握っており，後継者（俊二氏）が企業家活動を実行する能力を養う場もほとんど設けられていなかった。生成期のビジネスシステムは，製造や問屋など特定の工程に特化する企業が多い中で，「造り酒屋」として自社で作った酒は基本的に自社で販売するという独自の方針で事業を展開していた。

　形成期に入り，田中酒造は地域社会との関係構築が後継者（一良氏）の支えになっていたり，地方銀行での勤務経験がその後役に立っていたが，先代（俊二氏）が事業継承に直接的な関与をしたという事実は見られなかった。ビジネスシステムの面では，同時期多くの同業他社が地域内の大手酒造業者に委託製造していたため，異質性はあまり見られなかった。また，醸造技術が別の市場開拓に用いられるといった事実も確認することが出来なかった。

　成長期の田中酒造は家族構成員，非ファミリー人材のどちらが後継者になってもいいように，後継者育成の方針については，社内で合意形成がされている。また，もんじゅチームを通じて社内で後継者候補に新規事業の開拓を通じて，企業家活動を実行する能力が培われている。ビジネスシステムの柔軟性の面からは，同業他社に先駆けて，「観光造り酒屋」という業態を作り上げ，観光従事者と密接な関係を構築し，多くの観光客を誘致している。また，清酒を造る過程で培った「発酵技術」は新たなコア資源として従来とは異なる特産物事業

の開拓に用いられている。その際には地域の研究機関・行政機関と密接に連携を取りながら，事業が進められている。このような取り組みは，地域の同業他社にはほぼ見られない。

　田中酒造の場合，マトリックス上では右下から左下へ，さらに右上に企業行動のパターンが変化している。事業継承の計画性が先代経営者の時代にはほぼ見受けられない。一方，創業当時は業界において特徴のあるビジネスシステムであったものが形成期に入って後退する動きを見せる。しかし，成長期に入り，現社長の積極的な取り組みによって事業継承の計画性が強まり，ビジネスシステムの柔軟性が増して将来の発展の方向性が明確化されつつある。

　まとめると，4社全てが時代の変遷とともに事業継承の計画性がその強度を増しており，ビジネスシステムの柔軟性も徐々に高くなってきているのがわかる。先代の事業継承の計画性が低い場合（かけはし［形成期］，田中酒造［形成期］），社外経験を積んだ企業家の存在が事業継承に計画性をもたらし，ビジネスシステムに大きな飛躍をもたらしている。

　以上のように，先代の事業継承の計画性が高い企業ほど後継者が活発な企業家活動を展開し，ビジネスシステムに革新をもたらす。特に，事業継承の際に先代と後継者が事業継承においてビジネスシステム革新の必要性を共有し，先代がそれをサポートする企業はそのほかの企業に比べ，ビジネスシステムの大胆な変革を可能にしている点も注目に値するだろう。今回の4社のケースはその可能性の一部を示したに過ぎないが，地域ファミリー企業特有の性質がいかにビジネスシステムの構築に影響を与えているのかはこの図から明らかになったのではないだろうか。

3．インプリケーションと今後の課題

　以下に，本研究で得られた示唆を理論的インプリケーションと実践的インプリケーションに分けてまとめた。その後，本研究の限界と共に今後の課題に関して言及する。

(1) **理論的インプリケーション**
　第1に，ファミリー企業研究に対するインプリケーションである。まず，先

行研究の多くが規模の大きいファミリー企業を研究対象としているのに対して，本研究は業種と地域を乗り越えて日本の伝統産業を担う中小企業の革新的な進化プロセスを分析している。従来まで特定産業地域に限定された分析が多かったが，本研究ではより一般性を図るために広範囲にわたる詳細な事例分析を行うことで伝統産業におけるファミリー企業の研究に一助できたと自負している。

次に，従来のファミリー企業研究の多くは国際化や企業家活動，そのビジネスシステムに着目してこなかった。それに対して，本研究では企業家活動とビジネスシステムというミクロ分析に注目しながらも，将来ファミリー企業の国際化の類型分析を実現する可能性を提示した。また，ファミリー企業の先行研究の流れを体系的に整理したものも本研究の理論的な貢献として言えよう。

第2に，ビジネスシステム研究に対するインプリケーションとしては，先行研究では地域ファミリー企業を対象としたビジネスシステムの構築に焦点を当てた研究が少なく，地域ファミリー企業ならではのビジネスシステムの構築に十分な示唆を与えきれていなかった。特に従来の地域や中小企業研究の多くが経営資源の乏しさから水平型ネットワーク戦略が重要であり，製造業であればすべての生産過程を抱え込むのではなく，アウトソーシングなどを積極的に活用し，経営資源を補完していくべきであると言われてきた。

しかし，本研究で取り上げたいくつかの地域ファミリー企業の事例分析は面白い結果を残している。実は日本の伝統産業の多くは事業の初期段階から社会的分業システムを合理的に形成しており，当時は各社に任されている仕事をこなすだけで事業が成り立っていたため垂直統合の必要性などは全くなかった。しかし，伝統産業の後継者育成問題や総需要が減少していく現実を勘案したとき従来のやり方で伝統産業を維持していくことは不可能に近い。本研究の事例対象企業の一部において，伝統産業集積地における技術の継承が難しくなっていることに気づき，その工程をいち早く垂直統合したところが存在する。職人から職人へ各工程別に伝わってきていたものをインテグレーションすることで上述した問題点を解決する事例が示唆する点はかなり大きい。

第3に，グローバル経営（国際経営）に関する理論的なインプリケーションが挙げられる。先行研究の多くは比較的に大企業の海外進出戦略に注目していて，進出初期段階においては外国語や海外の法律，文化などに対する情報が少ない中小規模の企業が海外進出を狙う際には，総合商社や政府の関係機関の紹

介,海外視察などへの同行を通じて企業外部の力を借りて進出した方が効果的であるという見解が一般的だった。しかし,本研究の事例分析の結果は必ずしも大企業中心の一般的な国際化過程を支持していない。むしろ,国内志向,海外輸出志向,現地生産志向,グローバル経営志向という一般的な進化過程を辿るより企業が保有するコア資源との兼ね合いで適宜その海外進出のパターンを選択していると見た方が正しい。よって,海外進出のパターンが時には時代の流れを逆行している動きを見せる場合が存在する。

(2) 実践的インプリケーション

理論的インプリケーションに引き続き,次に実践的インプリケーションに論及する。

第1に,伝統産業に従事する中小企業の事業機会の認識やビジネスシステムの刷新,コア資源の発掘と応用の中心にはファミリー企業家チームが存在する。本研究で明らかになったようにファミリー企業家チームの役割分担は最終意思決定者の経営能力を補完してくれる重要な役割を果たす。だが,多くの中小企業において企業家の役割は非常に大きく,企業の成長発展の鍵を握っていると言っても過言ではない。そこで企業内部に継承問題が生じた時に先代は冷静になって客観的な立場で後継者選びをしなければならない。本研究においては親族経営を乗り越える大胆な意思決定を準備している企業も複数存在していた。このような意思決定は口にすることは簡単だが,実際の行動に移すのは容易なことではない。多くの経営者はわからなくてできないのではなく,決断力がなくて実行に移すことができないからである。

第2に,伝統産業におけるビジネスシステムは経営環境の変化に応じて柔軟な転換を余儀なくされる。その際,新規事業創造やビジネスシステムの転換を可能にする組織風土作りが重要となってくる。

例えば,田中酒造のもんじゅチームや細尾の若手後継者育成のように失敗を恐れず絶えず挑戦する組織,失敗をむしろ激励する組織の存在は組織活性化の起爆剤になるからである。伝統産業における後継者育成の弊害の1つとして技術伝授において聖域のようなものが存在していて師匠や先輩が言うことは絶対という意識がある。その中からは新しいものは生まれにくいし,慣例通りの作業では革新的な製品は生まれにくい。田中酒造の女性チームだけで作るお酒や

細尾の若手技術者に有名ブランド輸出用の作業を一任する制度は従来の制度を破壊する革新的なやり方であると言えよう。

第3に，伝統産業といえども企業内部にグローバルな視野を持ったあるいはグローバル企業家として成長する可能性が高い人材を育成しなければならない。

事例研究の多くの結果が企業家の外部経験と海外経験，異業種間交流などさまざまな利害関係者とのネットワーク形成が後に事業の飛躍的な発展の可能性を開いたと説明している。

第4に，伝統産業の老舗としてどこまでを守ってどこから刷新するのか，その範囲をしっかり決めなければならない。本研究で取り上げられた刺繍，西陣，針，清酒ともに数百年以上の歴史を有する日本の伝統産業であることから業界独特の慣例やしがらみがさまざまな形で存在する。誤解してほしくないのは古いから捨てる，新しいから取り入れるのは伝統産業におけるイノベーションのイメージではないと筆者は思っている。伝統技術を現代に活かしていく方法は会社ごとに異なるが，古い日本の伝統技術の中から現代のニーズに合致するものを再発見し，それを全国や世界に展開できるレベルまで成長発展させたケースが少なくないからである。

第5に，伝統産業においても産学官連携が強調されている昨今，その虚と実を吟味しなければならない。同じく，異業種交流会や地域のボランティア活動など各種地域貢献活動に関しても業界のみんなが参加するから自社も参加するという単純かつ形式的な動きではなく，真の意味での産学官交流やネットワーク形成のあり方を各社は検討しなければならない。

(3) 今後の課題

最後に本研究の限界と今後の課題を記載することにしよう。

まず，今後地域中小企業の更なる研究により研究成果の一般化を図る必要性がある。その際，分析対象の多様化が必要となってくるが，業種や地域進んでは国境を乗り越えた分析対象の拡大は地域企業論や中小企業論だけではなく国際経営論にも貢献することが期待できる。

次に，本研究では詳細な2次データと詳細なインタビュー調査による事例分析および比較時例分析を行ったが，今後膨大なアンケート調査による定量研究を通じて更なる分析結果の一般化と応用が可能になることが期待できる。特に，

ファミリー企業の経営には多くの複雑な要因が絡み合いながら行われている。ファミリー企業の経営についてより詳細に分析するためには，経営者の方と深い信頼関係を構築して長期的なスパンから分析をする必要があるかもしれない。
　また，「ファミリー企業家」はこれまで企業家の中でも特殊なケースとして位置づけられてきた。しかし，日本の地域中小企業の多くがファミリー企業であり，そこから様々な経緯で事業を継承し，「第2の創業」に取り組むファミリー「起業家」が生まれていることを考えると，今後この分野の理論をさらに緻密化させることで，起業家研究の分野にも新たな視座を与える可能性がある。今後，この分野について更なる理論の緻密化を図っていく必要があるだろう。
　最後に，本研究の先行研究と分析枠組みの更なる精緻化を図ることによって今後の企業家研究，ファミリー企業論，国際比較経営論，イノベーション論などの関連研究分野に更なる貢献をしていきたいと思っている。

注

〈はじめに〉

1 内閣府 マンスリー・トピックス「中小企業への景気回復の波及について」(http://www5.cao.go.jp/keizai3/monthly_topics/; 2014年3月4日アクセス)。

2 平成21年度の生産額は，約1,281億円となり，昭和50年代のピーク時に比べると約4分の1に減少。また，平成21年度の企業数は151百件，従事者数は79千人と，同じくピーク時より半分以上減少し，現在（平成23年度）も引き続き減少している。
　経済産業省製造産業局「伝統的工芸品産業をめぐる現状と今後の振興施策について（平成23年2月）」(http://www.meti.go.jp/committee/summary/0002466/006_06_00.pdf#search='%E6%97%A5%E6%9C%AC%E3%81%AE%E4%BC%9D%E7%B5%B1%E7%94%A3%E6%A5%AD＋%E4%BC%81%E6%A5%AD%E6%95%B0'; 2014年3月4日アクセス)。

3 都市ギャラリープロジェクトHP参照 (http://www42.atwiki.jp/citygalleryproject)。

〈序章〉

1 伝統的工芸品に登録されるためには，①日常生活で使用する工芸品であること，②製造工程の主要部分は手工芸的（高度な手作品）であること，③伝統的な技術・技法によって製造されるものであること，④伝統的に使用されてきた原材料であること，⑤一定の地域で産地形成がされていることの5つを満たす必要がある。

2 経済産業省 2013年度ニュースリソース参照
(http://www.meti.go.jp/press/index-2013.html)。

3 伝統工芸青山スクエア 「経済産業大臣『伝統的工芸品』とは」
(http://kougeihin.jp/densan/densanhin.html; 2014年2月23日アクセス)。

〈第1章〉

1 日本経営合理化協会経営コラム「欧米の資産家に学ぶ二世教育」(http://www.jmca.jp/column/shisan/; 2012年2月14日アクセス)。

2 経営者企業とは：所有者ではない，つまり，その企業の株式をほとんどあるいはまったく持たない専門経営者がトップ・マネジメントを掌握し，最高レベルの意思決定を行う。創業者，創業者の家族，大株主，金融機関（その代表者）は，経営権を専門経営者

に委譲してしまっている。場合によっては，トップ・マネジメントの任免権，言い代えると，企業の支配権さえ失っている。森川英正（1996）『トップ・マネジメントの経営史』有斐閣 p. 2。

〈第3章〉
1　贅沢品の製造・販売を禁止し，倹約を奨励するために制定された法律で，金銀を多く使う西陣織や京友禅もその規制対象となった。
2　梯義行氏へのインタビュー調査より（2013年7月18日実施）。
3　梯義行氏へのインタビュー資料より（2013年7月18日実施）。
4　梯義行氏へのインタビュー調査より（2013年6月21日実施）。
5　梯義行氏へのインタビュー調査より（2013年7月18日実施）。
6　梯義行氏へのインタビュー調査より（2013年6月21日実施）。
7　梯真琴氏へのインタビュー調査より（2013年6月22日実施）。

〈第4章〉
1　ある人の下でその人の仕事の一部を引き受けてすること。また，その職人。
2　ジャカード織機とは，パンチカード（紋紙）を用いた自動織機である。
3　指定されているのは，「綴」，「経錦」，「緯錦」をはじめとした12品種であり，品種によって生産工程が微妙に違っている。
4　京都府「京都府の伝統産業」（http://www.pref.kyoto.jp/senshoku/index.html；2013年9月2日アクセス）。
5　「座」とは，朝廷や貴族，自社などに金銭などを支払う代わりに営業や販売の独占権などを認められた商工業者や芸能者による同業者組合のことである。
6　渡辺純子（2008）「通産省の需給調整政策―繊維産業の事例」京都大学大学院経済学研究科 Working Paper　（http://hdl.handle.net/2433/84709; 2013年8月25日アクセス）。
7　J-Net21　地域資源活用チャンネル「西陣織の最高級素材を世界へ」（http://j-net21.smrj.go.jp/expand/shigen/nintei/hosoo.html; 2013年8月29日アクセス）。
8　J-Net21　地域資源活用チャンネル「西陣織の最高級素材を世界へ」（http://j-net21.smrj.go.jp/expand/shigen/nintei/hosoo.html; 2013年8月29日アクセス）。
9　経済産業省「感性 kansei – Japan Design Exhibition –（感性価値創造フェア）開催報告」（http://www.meti.go.jp/policy/mono_info_service/mono/creative/file/NYhoukokusyo.pdf; 2013年8月29日アクセス）。
10　GUEST & Me「GUEST & Me Style vol. 39」（http://www.guestandme.com/style/style39.html; 2013年8月29日アクセス）。
11　紡織用具のミシンの下糸を巻く糸巻。
12　J-Net21　地域資源活用チャンネル「西陣織の最高級素材を世界へ」

注

(http://j-net21.smrj.go.jp/expand/shigen/nintei/hosoo.html; 2013年8月29日アクセス)。
13 J-Net21　地域資源活用チャンネル「西陣織の最高級素材を世界へ」
(http://j-net21.smrj.go.jp/expand/shigen/nintei/hosoo.html; 2013年8月29日アクセス)。
14 GQJapan『伝統と革新が静かに同居。京都「HOUSE OF HOSOO with Stellar Works」の魅力』(http://gqjapan.jp/2012/12/21/w_stellarworks/; 2013年8月29日アクセス)。
15 経済産業省「平成24年度クール・ジャパン戦略推進事業(海外展開支援プロジェクト)事業報告書」(http://urx.nu/4XQb; 2013年8月30日アクセス)。
16 GO ON ホームページ (http://goon-project.com/#top; 2013年8月29日アクセス)。
17 生産地から産物を集めて消費地へ送りだす役割を果たす問屋。
18 商品流通の過程で、製造・収穫(生鮮食品)と小売の中間に位置する経済活動を行う業種。
19 織物生産にあたる業者。

〈第5章〉
1 広島郷土資料館 (1992)『広島市における針づくりとその技術』広島市教育委員会 pp.5-11をもとに筆者作成。
2 経済産業省大臣官房調査統計グループ (2003)「平成15年工業統計表　産業編」経済産業省　平成17年4月26日公表・掲載。
3 経済産業省大臣官房調査統計グループ (2010)「平成22年確報 産業編」経済産業省　平成24年4月13日公表・掲載。
4 矢野経済研究所 (2008, 2009, 2010)「国内POSターミナル市場に関する調査結果 2008～2010」(http://www.yano.co.jp/; 2014年3月6日アクセス)。
5 アプリケーション委員会資料「RFタグシステムの歴史」
(http://jaisa.jp/casestudy/pdfs/rfid_history02.pdf; 2014年3月5日アクセス)。
6 JEAS 日本万引防止システム協会 (2012)「経済損失面から万引犯罪を問う！」
(http://www.jeas.gr.jp/pdf/20120308-2.pdf; 2014年3月5日アクセス)。
7 法務省 (2012)「平成24年版犯罪白書」(http://hakusyo1.moj.go.jp/jp/59/nfm/n_59_2_1_1_2_1.html; 2014年3月5日アクセス)。
8 多くの哺乳類の雄が交尾のときにとる、ほかのものに馬乗りになる行動。サルでは個体間の優位性を誇示するためにも行う。背乗り(出所：goo辞書)。

〈第6章〉
1 酒税統計によると、蒸留酒(スピリッツ)に果実やハーブなどの副材料を加えて、香味をスピリッツに写し、砂糖やシロップ、着色料などを添加し調製した混合酒を指す。
2 連続式蒸留とはアルコール発酵した酒の醪を連続的に蒸留し不純物を除去する方式である。また、単式蒸留とは蒸留する都度アルコール発酵した酒の醪などの蒸留する溶液

を入れ，エタノールの蒸留を輩出する方式である。

3 この当時は，市場に流通する酒を政府が監査し，含有するアルコール度と酒質などから「特級」,「1級」,「2級」,「3級」,「4級」,「5級」に分類されていた。

4 北海道ニュース（http://www.hokkaido-jin.jp; 2014年2月5日アクセス）。

5 北海道新聞（朝刊）2013年12月20日「道産日本酒回復の兆し」。

6 パ酒ポートで巡るちょっと大人のスタンプラリー
（http://pashuport.jp/ ; 2014年2月5日アクセス）。

7 国税庁ホームページ（http://www.nta.go.jp/index.htm; 2014年2月5日アクセス）。

8 田中一良氏へインタビュー調査より（2014年1月27日実施）。

9 田中一良氏へインタビュー調査より（2011年11月9日実施）。

10 田中一良氏へメールインタビュー調査より（2014年1月14日実施）。

11 田中一良氏へインタビュー調査より（2014年1月27日実施）。

12 お漬物日本一決定戦T-1グランプリ「［全出場者・販売情報紹介］第4回T-1グランプリ北海道ブロック大会開催模様」
（https://t1gpx.com/t-1gpx2013/hokkaido/; 2014年2月5日アクセス）。

13 田中一良氏へインタビュー調査より（2014年1月28日実施）。

14 田中一良氏へのメールインタビュー調査より（2014年1月14日実施）。

15 田中一良氏へのインタビュー調査より（2014年1月27日実施）。

16 田中一良氏へのインタビュー調査より（2014年1月28日実施）。

参考文献

〈はじめに〉

金泰旭編(2013)『地域企業のリノベーション戦略：老舗ファミリー企業におけるビジネスモデルの進化』博英社

〈序章〉

上野和彦(2007)『地場産業産地の革新』古今書院
経済産業省(2011)「伝統的工芸品産業をめぐる現状と今後の振興施策について」
関満博(1995)『地域経済と中小企業』ちくま新書
中小企業庁(2013)「2013年度版 中小企業白書」
㈶伝統的工芸品産業振興協会監修(2006)『伝統工芸』ポプラ社

〈第1章〉

Afuah, A. (2003) *Bussiness Model: A Strategic Managemant Approach,* McGraw-Hill, Irwin
Chandler, A. (1977) *The Visible Hand: The Managerial Revolution in American Business,* Harvard University Press. 鳥羽欽一郎・小林袈裟治訳『経営者の時代（上)』東洋経済新報社
Handler, W. C. (1989) *Managing the Family Firm Succession Process: The Next-generation Family Member's Experience,* Doctoral Dissertation, Boston University School of Management
Kellermanns, W. & Eddleston, K. A. (2004) "Feuding Families: When Conflict Does a Family Firm Good," *Entrepreneurship Theory and Practice,* 28(3), pp. 209-208
Kenyon-Rouvines, D. & Word, J.L. (2005) *Family Business Key Issues,* Macmillan, pp. 36-37
Prahalad, F. C. K. & Hamel, G. (1990) *The Core Competence of the Corporation,* Harvard Business School Publishing Corporation
Tagiuri, R. & Davis, J. A. (1996) "Bivalent Attributes of the Family Firm," *Family Business Review,* 19(2), pp.199-208
伊丹敬之(2003)『経営戦略の論理［第3版]』日本経済新聞社

伊丹敬之・軽部大編著（2004）『見えざる資産の戦略と論理』日本経済新聞社
岩田智（2006）「グローバル戦略−多様な環境への適応」大滝精一・金井一頼・山田英夫・岩田智『経営戦略：理論性・創造性・社会性の追求』有斐閣
内田純一（2003）「eビジネスにおける価値創造のプロセス」『北海道大学大学院国際広報メディア研究科・言語文化部紀要』第44号，pp.33-64
大滝精一・金井一頼・山田英夫・岩田智（2006）『経営戦略：理論性・創造性・社会性の追求』有斐閣
大東和武司・金泰旭・内田純一編著（2008）『グローバル環境における地域企業の経営：ビジネスモデルの形成と発展』文眞堂
小川正博（2003）『中小企業のイノベーションⅡ 事業創造のビジネスシステム』中央経済社
加護野忠男（1999）『〈競争優位〉のシステム：事業戦略の静かな革命』PHP研究所
加護野忠男・石井淳蔵編著（1991）『伝統と革新：酒類産業におけるビジネスシステムの変貌』千倉書房
加護野忠男・井上達夫（2004）『事業システム戦略：事業の仕組みと競争優位』有斐閣
加藤敬太（2009）「老舗企業の長期存続プロセスと戦略転換：清州桜酒造における組織変動と組織学習」『企業家研究』第6号
加藤敬太（2011）「老舗企業の長期存続ダイナミズムとサステイナブルな戦略：八丁味噌と岡崎地域をめぐる継時的分析」『組織科学』45(1)，pp.29-39
加藤敬太（2013）「ファミリービジネスにおける企業家活動のダイナミズム」日本ベンチャー学会第16回全国大会
金井一頼（2004）「地域における産学官連携の推進と『場』の機能」『経営学論集』44(3)，pp.1-12（龍谷大学経営学会）
金井一頼（2006）「地域企業の戦略」大滝精一・金井一頼・山田英夫・岩田智『経営戦略：理論性・創造性・社会性の追求』有斐閣
金井一頼・角田隆太郎編（2002）『ベンチャー企業経営論』有斐閣
清成忠男（2010）『地域創生への挑戦』有斐閣
金泰旭編（2013）『地域企業のリノベーション戦略：老舗ファミリー企業におけるビジネスモデルの進化』博英社
金泰旭・内田純一（2008）「地域企業のグローバル・ビジネスに関する理論の検討」『経済学研究』58(1)，pp.117-141（北海道大学）
倉科敏材編著（2008）『オーナー企業の経営：進化するファミリービジネス』中央経済社
ケニオン＝ルヴィネ，D.＆ウォード，J.L.著，秋葉洋子訳，富樫直記監修（2007）『ファミリービジネス 永続の戦略：同族経営だから成功する』ダイヤモンド社
國領二郎（1999）『オープン・アーキテクチャ戦略：ネットワーク時代の協働モデル』ダイヤモンド社

参考文献

コッター, J.P.著, 黒田由貴子監訳 (1999)『リーダーシップ論:いま何をすべきか』ダイヤモンド社

後藤俊夫 (2005)「ファミリービジネスの現状と課題:研究序説」『静岡産業大学国際情報学部研究紀要』第7巻

後藤俊夫編著 (2012)『ファミリービジネス:知られざる実力と可能性』白桃書房

シュンペーター, J. A.著, 清成忠男編訳 (1998)『企業家とは何か』東洋経済新報社

新藤晴臣 (2003)「ベンチャー企業の成長・発展とビジネスモデル」北海道大学大学院経済学研究科修士論文

曽根秀一 (2010)「老舗企業の存続と衰退のメカニズム:宮大工企業の比較分析を通じて」ファミリービジネス学会—第3回全国大会

曽根秀一 (2013)「老舗企業の継承に伴う企業家精神の発露:宮大工企業による事業展開の比較分析」『ベンチャーズ・レビュー』第22号

(独) 中小企業基盤整備機構 (2011)「平成23年度 中小企業海外事業活動実態調査 報告書要約版」

東邦学園大学地域ビジネス研究所 (2003)『地場産業とまちづくりを考える』唯学書房

ドラッカー, P.F.著, 小林宏治監訳 (1985)『イノベーションと企業家精神』ダイヤモンド社

日本経営学会編 (2011)『新たな経営原理の探求』千倉書房

(一社) 日本経済団体連合会 (2013)「中小企業のアジア地域への海外展開をめぐる課題と求められる対応」

野間重光 (2000)『グローバル時代の地域戦略』ミネルヴァ書房

バーニー, J.B.著, 岡田正大訳 (2003)『企業戦略論:競争優位の構築と持続』ダイヤモンド社

ハメル, G.著, 鈴木主税・福嶋俊造訳 (2000)『リーディング・ザ・レボリューション』日本経済新聞社

星野妙子編 (2004)『ファミリービジネスの経営と革新:アジアとラテンアメリカ』アジア経済研究所

星野妙子・末廣昭編 (2006)『ファミリービジネスのトップ・マネジメント:アジアとラテンアメリカにおける企業経営』岩波書店

ポーター, M.E.著, 土岐坤・中辻萬治・小野寺武夫訳 (1985)『競争優位の戦略:いかに高業績を持続させるか』ダイヤモンド社

前川洋一郎 (2010)「地域社会における老舗の生成プロセスについての考察—旭川市, 松前町・江差町, 守口市・門真市の事例をもとに」『流通科学大学論集:流通・経営編』22(2), pp.51-74

ミラー, D.著, イカロス・パラドックス刊行会訳 (2006)『イカロス・パラドックス:企業の成功, 衰退, 及び復活の力学』亀田ブックサービス

ミラー，D. ＆ブレトン＝ミラー，I. le 著，斉藤裕一訳（2005）『同族経営はなぜ強いのか？』講談社
森川英正（1996）『トップ・マネジメントの経営史：経営者企業と家族企業』有斐閣
谷地向ゆかり（2009）「ファミリービジネス研究の論点とアプローチ：肯定的に捉え，長所を活かす方法を模索すべき」『産業企業情報』21(1)（信金中央金庫総合研究所）
山崎充（1977）『日本の地場産業』ダイヤモンド社
山田幸三（2013）『伝統産地の経営学：陶磁器産業の協働の仕組みと企業家活動』有斐閣
横澤利昌（2011）「新しい経営原理の探求：企業経営の永続性」日本経営学会編『新たな経営原理の探求』千倉書房
吉田健太郎（2006）「焼酎産業の発展と地域イノベーション」松井和久・山神進編『一村一品運動と開発途上国：日本の地域振興はどう伝えられたか』アジア経済研究所
米倉誠一郎（2003）『企業家の条件：イノベーション創出のための必修講義』ダイヤモンド社

〈第 2 章〉

Ahuah, A.（2003） *Bussiness Model: A Strategic Management Approach*, McGraw-Hill, Irwin
Tagiuri, R. & Davis, J. A.（1996）"Bivalent Attributes of the Family Firm," *Family Business Review*, 9(2), pp.199-208
伊丹敬之（2003）『経営戦略の論理［第 3 版］』日本経済新聞社
大東和武司・金泰旭・内田純一編著（2008）『グローバル環境における地域企業の経営：ビジネスモデルの形成と発展』文眞堂
加護野忠男（1999）『〈競争優位〉のシステム：事業戦略の静かな革命』PHP 研究所
加護野忠男・井上達夫（2004）『事業システム戦略：事業の仕組みと競争優位』有斐閣
金井一頼・角田隆太郎編（2002）『ベンチャー企業経営論』有斐閣
後藤俊夫編著（2012）『ファミリービジネス：知られざる実力と可能性』白桃書房
野間重光（2000）『グローバル時代の地域戦略』ミネルヴァ書房
ミラー，D. 著，イカロス・パラドックス刊行会訳（2006）『イカロス・パラドックス：企業の成功，衰退，及び復活の力学』亀田ブックサービス

〈第 3 章〉

Kenyon-Rouvines, D. & Word, J. L.（2005）*Family Business Key Issues*, Macmillan
Prahalad, F. C. K. & Hamel, G.（1990）*The Core Competence of the Corporation*, Harvard Business School Publishing Corporation
井口貢・池上惇編著（2012）『京都・観光文化への招待』ミネルヴァ書房
内田純一（2003）「e ビジネスにおける価値創造のプロセス」『北海道大学大学院国際広報

メディア研究科・言語文化部紀要』第44号，pp.33-64

大滝精一・金井一頼・山田英夫・岩田智（2006）『経営戦略：理論性・創造性・社会性の追求』有斐閣

加護野忠男（1999）『〈競争優位〉のシステム：事業戦略の静かな革命』PHP研究所

加藤敬太（2013）「ファミリービジネスにおける企業活動のダイナミズム」日本ベンチャー学会第16回全国大会

金井一頼（2006）「地域企業の戦略」大滝精一・金井一頼・山田英夫・岩田智『経営戦略：理論性・創造性・社会性の追求』有斐閣

金井一頼・角田隆太郎編（2002）『ベンチャー企業経営論』有斐閣

京都市（2006a）「京都市伝統産業活性化推進計画」

京都市（2006b）「「5000万人観光都市・京都」の実現を目指して」

京都市（2008）「京都市観光調査年報」

京都市（2012）「京都観光総合調査」

倉科敏材編著（2008）『オーナー企業の経営：進化するファミリービジネス』中央経済社

ケニオン＝ルヴィネ，D.＆ウォード，J.L.著，秋葉洋子訳，富樫直記監修（2007）『ファミリービジネス　永続の戦略：同族経営だから成功する』ダイヤモンド社

後藤俊夫編著（2012）『ファミリービジネス：知られざる実力と可能性』白桃書房

中江克巳企画編集（1978）『日本の染織　別巻刺繍：暮らしを彩る伝統美』泰流社

㈶日本修学旅行協会（2012）「2011年度実施の国内修学旅行の実態まとめ（中学校）〈抜粋〉」

ミラー，D.＆ブレトン＝ミラー，I.著，斉藤裕一訳（2005）『同族経営はなぜ強いのか？』講談社

〈第4章〉

朝日新聞（1総合　朝刊）2009年3月18日「京の着物柄，ネット販売　西陣織・友禅1万件デザイン力，海外に活路」

朝日新聞（京都府・2地方朝刊）2011年1月23日「（週刊まちぶら　番外編）西陣織物めぐり　独創の一本に熟練の技」

朝日新聞（滋賀全県・2地方朝刊）2013年6月18日「西陣織ネクタイ夏の陣　クールビズ余波生産もどれ　京都市職員に着用励行」

岡本昌幸（1972）「西陣機業の生産構造―生産動向の実態とその評価」『経済学論叢』19(5)，pp.131-155（同志社大学経済学会）

京都市（1990）『京都市の経済　1989年版』

京都府中小企業センター（2003）『京都府産業の大要　2002年版』

黒松巌（1969）「西陣機業の動向とその諸問題」『經濟學論叢』18(1)〜(2)，pp.1-48（同志社大学経済学会）

黒松巌編（1965）『西陣機業の研究』ミネルヴァ書房
中江克己企画編集（1978）『日本の染織　別巻刺繍：暮らしを彩る伝統美』泰流社
八田誠治（2007）「絹織物と西陣織」『繊維と工業』63(8)，pp.228-232
佛教大学西陣地域研究会・谷口浩司編（1993）『変容する西陣の暮らしと町』法律文化社
ミラー，D.著，イカロス・パラドックス刊行会訳（2006）『イカロス・パラドックス：企業の成功，衰退，及び復活の力学』亀田ブックサービス
読売新聞（大阪夕刊）2003年3月22日　7面
龍村光峯（2009）『錦 光を織る』小学館

〈第5章〉

Handler, W. C. (1989) *Managing the Family Firm Succession Process: The Next-generation Family Member's Experience*, Doctoral Dissertation, Boston University School of Management

Tagiuri, R. & Davis, J. A. (1982) "Bivalent Attributes of the Family Firm," *Family Business Review*, 9(2), pp.199-208

伊丹敬之・軽部大編著（2004）『見えざる資産の戦略と論理』日本経済新聞社
内田純一（2003）「eビジネスにおける価値創造のプロセス」『北海道大学大学院国際広報メディア研究科・言語文化部紀要』第44号，pp.33-64
NTTデータ・ユビキタス研究会（2003）『ICタグって何だ？［改訂版］』カットシステム
加護野忠男・石井淳蔵編著（1991）『伝統と革新：酒類産業におけるビジネスシステムの変貌』千倉書房
加藤敬太（2009）「老舗企業の長期存続プロセスと戦略転換：清州桜酒造における組織変動と組織学習」『企業家研究』第6号
加藤敬太（2013）「ファミリービジネスにおける企業家活動のダイナミズム」日本ベンチャー学会第16回全国大会
金井一頼（2004）「地域における産学官連携の推進と『場』の機能」『経営学論集』第44巻，第3号，pp.1-12（龍谷大学経営学会）
金井一頼（2006）「地域企業の戦略」大滝精一・金井一頼・山田英夫・岩田智『経営戦略：理論性・創造性・社会性の追求』有斐閣
金泰旭（2008）「第6章　三宅のビジネスの現状」大東和武司・金泰旭・内田純一編著『グローバル環境における地域企業の経営：ビジネスモデルの形成と発展』文眞堂
経済産業省大臣官房調査統計グループ（2003）「平成15年工業統計表　産業編」平成17年4月26日公表・掲載
経済産業省大臣官房調査統計グループ（2010）「平成22年確報　産業編」
ケニオン＝ルヴィネ，D.&ウォード，J.L.著，秋葉洋子訳，富樫直記監修（2007）『ファミリービジネス 永続の戦略：同族会社だから成功する』ダイヤモンド社

シュタイア, R.著, 黒川由美訳 (2012)『アビー・ホフマンと電子防犯タグ』『万引きの文化史』太田出版

シュンペーター, J.A.著, 清成忠男編訳 (1998)『企業家とは何か』東洋経済新報社

曽根秀一 (2010)「老舗企業の存続と衰退のメカニズム：宮大工企業の比較分析を通じて」ファミリービジネス学会―第3回全国大会

広島郷土資料館 (1992)『広島市における針づくりとその技術』広島市教育委員会

星野妙子編 (2004)『ファミリービジネスの経営と革新：アジアとラテンアメリカ』アジア経済研究所

前川洋一郎 (2010)「地域社会における老舗の生成プロセスについての考察―旭川市, 松前町・江差町, 守口市・門真市の事例をもとに」『流通科学大学論集：流通・経営編』22(2), pp.51-74

ミラー, D.著, イカロス・パラドックス刊行会訳 (2006)『イカロス・パラドックス：企業の成功, 衰退, 及び復活の力学』亀田ブックサービス

ミラー, D. & ブレトン＝ミラー, I. le 著, 斎藤裕一訳 (2005)『同族経営はなぜ強いのか?』講談社

横澤利昌 (2011)「新しい経営原理の探求：企業経営の永続性」日本経営学会編『新たな経営原理の探求』千倉書房

〈第6章〉

Handler, W. C. (1989) *Managing the Family Firm Succession Process: The Next-generation Family Member's Experience*, Doctoral Dissertation, Boston University School of Managrment

Kellermanns, W. & Eddleston, K. A. (2004) "Feuding Families: When Conflict Does a Family Firm Good," *Entrepreneurship Theory and Practice*, 28(3), pp.209-208

Tagiuri, R. & Davis, J. A. (1996) "Bivalent Attributes of the Family Firm," *Family Business Review*, 9(2), pp.199-208.

伊丹敬之・軽部大編著 (2004)『見えざる資産の戦略と論理』日本経済新聞社

岩田智・金井一頼 (2006)「経営戦略と社会―戦略的社会性とは何か」大滝精一・金井一頼・山田英夫・岩田智『経営戦略：理論性・創造性・社会性の追求』有斐閣

内田純一 (2003)「e ビジネスにおける価値創造のプロセス」『北海道大学大学院国際広報メディア研究科・言語文化部紀要』第44号, pp.33-64

加護野忠男 (1999)『〈競争優位〉のシステム：事業戦略の静かな革命』PHP研究所

加護野忠男・石井淳蔵編著 (1991)『伝統と革新：酒類産業におけるビジネスシステムの変貌』千倉書房

金井一頼 (2006)「地域企業の戦略」大滝精一・金井一頼・山田英夫・岩田智『経営戦略：理論性・創造性・社会性の追求』有斐閣

ケニョン=ルヴィネ，D.＆ウォード，J.L.著，秋葉洋子訳，富樫直記監修（2007）『ファミリービジネス 永続の戦略：同族会社だから成功する』ダイヤモンド社
星野妙子・末廣昭編（2006）『ファミリービジネスのトップ・マネジメント：アジアとラテンアメリカにおける企業経営』岩波書店
ミラー，D.著，イカロス・パラドックス刊行会訳（2006）『イカロス・パラドックス：企業の成功，衰退，及び復活の力学』亀田ブックサービス
吉田健太郎（2006）「焼酎産業の発展と地域イノベーション」松井和久・山神進編『一村一品運動と開発途上国：日本の地域振興はどう伝えられたか』アジア経済研究所
読売新聞（東京夕刊）2003年9月12日「女性だけで作った酒『雅夢』小樽で限定販売うまさアップで3年ぶりに」
読売新聞（東京夕刊）2004年11月2日「『きき酒教室』出前します 小樽・田中酒造 お年寄りに人気」
読売新聞（東京夕刊）2005年5月17日「［トピックス］岐路に立つ本道清酒業界（上）道産米に社の命運かけ」
読売新聞（東京夕刊）2006年7月18日「［親子学］田中酒造社長 田中一良さん」
読売新聞（東京夕刊）2006年10月7日「［詩的卒論］大学院で"経営者修行"田中一良さん」

〈第7章〉
伊丹敬之（1984）『新・経営戦略の論理：見えざる資産のダイナミズム』日本経済新聞社

編著者紹介

金　泰旭（きむ　てうく）

近畿大学経営学部教授，韓国仁川（Incheon）広域市国際諮問官，中国地方における日韓観光推進プロデューサ。博士（経営学／北海道大学）。

韓国ソウル出身。韓国ソウル延世（Yonsei）大学卒業。北海道大学大学院経済学研究科修了（経営学修士・博士）。専攻は国際経営論，経営戦略論，ベンチャー企業論。主な著書に『地域企業のリノベーション戦略―老舗ファミリー企業におけるビジネスモデルの進化―』（共編著・博英社），『社会企業家を中心とした観光・地域ブランディング―地域イノベーションの創出に向けて』（共編著・博英社），『大学発ベンチャーの日韓比較』（共著・中央経済社），『グローバル環境における地域企業の経営―ビジネスモデルの形成と発展』（共編著・文真堂），論文に「韓国ベンチャー企業の特性と成長」共著，龍谷大学経営学論集第53巻第1号，pp 1－15，「ハイテックスタートアップス（HS）支援の現状と課題―韓国のHS支援政策と若干の事例紹介―」，北海道大学経済学研究第61巻第4号，pp97－130，「市民企業家による資金獲得のプロセス分析―アートプロジェクトにおける企業家活動」，ベンチャーズレビューVol.17．p.43-52などがある。

担当箇所：序章（単著），第1章（単著），第2章（単著），第3・4・5・6章（金研究室との共著），第7章（単著）

広島市立大学国際学部金泰旭研究室

三宅　隆寛　（国際学部卒業生（2014年3月））

小杉　奈夏　（国際学部卒業生（2014年3月））

森山　彩絵　（国際学部卒業生（2014年3月））

白濱　萌子　（国際学部3年）

有富　莉穂　（国際学部4年）

金　眞那　（国際学研究科博士後期過程3年）

韓　尚眞　（国際学研究科博士前期過程2年）

■地域ファミリー企業におけるビジネスシステムの形成と発展
　　―日本の伝統産業における継承と革新

■発行日──2014年6月26日　　初版発行　　　　〈検印省略〉
　　　　　2016年12月6日　　第2刷発行

■編著者──金　泰旭
■発行者──大矢栄一郎
■発行所──株式会社　白桃書房
　　　　　〒101-0021　東京都千代田区外神田5-1-15
　　　　　☎ 03-3836-4781　FAX 03-3836-9370　振替 00100-4-20192
　　　　　http://www.hakutou.co.jp/

■印刷／製本──亜細亜印刷株式会社

　　Ⓒ Taewook Kim　2014　Printed in Japan
　　ISBN 978-4-561-26639-6 C3034

本書のコピー，スキャン，デジタル化等の無断複製は著作権法上での例外を除き禁じられています。本書を代行業者等の第三者に依頼してスキャンやデジタル化することは，たとえ個人や家庭内の利用であっても著作権法上認められておりません。

JCOPY 〈㈳出版者著作権管理機構　委託出版物〉
本書の無断複写は著作権法上での例外を除き禁じられています。複写される場合は，そのつど事前に，㈳出版者著作権管理機構（電話 03-3513-6969，FAX 03-3513-6979, e-mail：info@jcopy.or.jp）の許諾を得て下さい。

落丁本・乱丁本はおとりかえいたします。

好 評 書

後藤俊夫編著
ファミリービジネス　　　　　　　　本体価格2800円
　―知られざる実力と可能性

神田良・清水聰・北出芳久・岩崎尚人・西野正浩・黒川光博著
企業不老長寿の秘訣　　　　　　　　本体価格1400円
　―老舗に学ぶ

北寿郎・西口泰夫編著
ケースブック 京都モデル　　　　　　本体価格3000円
　―そのダイナミズムとイノベーション・マネジメント

板倉宏昭・木全晃・今井慈郎・大西平・河内一芳著
ネットワーク化が生み出す地域力　　　本体価格2381円

落合康裕著
事業承継のジレンマ　　　　　　　　本体価格3200円
　―後継者の制約と自律のマネジメント

―――――――― 東京　**白桃書房**　神田 ――――――――
本広告の価格は本体価格です。別途，消費税が加算されます。